지리산 둘레길 & 언저리길 걷기여행

길을 찾는 사람들 지음

길 따라 발길 따라 **5**

지리산 둘레길&언저리길 걷기여행

지은이 길을 찾는 사람들
펴낸이 정규도
펴낸곳 황금시간

초판발행 2009년 9월 1일
초판4쇄발행 2011년 8월 15일

편집 권명희 노진수 정규찬 김성중
디자인 이상준 김광규 이근우 김현숙

공급처 (주)다락원 (02)736-2031

경기도 파주시 교하읍 문발리 509-1
전화 (031)955-7272(대)
팩스 (031)955-7273
출판등록 제406-2007-00002호

Copyright ⓒ 2011, 황금시간

값 17,000원

ISBN 978-89-92533-25-6

http://www.darakwon.co.kr

• 다락원 홈페이지를 통해 인터넷 주문을 하시면 자세한 정보와 함께 다양한 혜택을 받으실 수 있습니다.
• 기타 문의사항은 황금시간 편집부로 연락 주십시오.

길따라 발길따라 5

지리산 둘레길 & 언저리길 걷기여행

길을 찾는 사람들 지음

황금시간
Golden Time

길에서 행복한 사람들을 위해

2008년 봄부터 단계적으로 열리고 있는 지리산길(이하 지리산 둘레길)은 우리나라 걷기여행의 패러다임을 바꾼 역사적 산물로 평가할 만합니다. '걷기여행'이란 단어조차 생소하게 받아들이던 세태에 큰 파문을 불러일으킨 해일과 같은 것이지요. 걷기 동호인들은 물론이고, 일반인들까지 폭발적인 관심과 호응을 보이고 있는 것이 그것을 입증합니다. 이런 성원에 부응하듯 (사)숲길에서 추진 중인 지리산 둘레길은 총 연장 300km, 18개 구간 가운데 2011년 8월 현재 대축~오미와 밤재~주천을 제외한 16개 구간이 개통되었습니다. 지리산 둘레길이 지나가는 5개 시군 행정관서에서도 이 일에 대단히 협조적이라고 합니다. 그래서 완전 개통이 예정된 2011년 말까지는 이 길이 차질 없이 완성돼 나가리라 믿습니다.

이런 둘레길 현장을 취재하는 내내 우리는 참 행복했습니다. 빠르게 달리는 차 안에서는 결코 보고 느낄 수 없었던 풍경과 향기를 체험했습니다. 지리산의 깊고 넓은 품에 뿌리 내리고 사는 사람들의 체취와 흔적들을 만나고, 그것에 감사하는 우리를 만났습니다.

지리산 둘레길 안내서를 기획하면서 저희는 좀 더 많은 길을 소개하고 싶었습니다. 이 책에는 지리산 둘레길의 주옥같은 8개 구간 외에도 지리산이 끼고 있는 5개 시군의 걷기 좋은 길을 추가로 담았습니다. 지리산의 동서남북에 위치한 남원·함양·산청·하동·구례 모두가 지리산 지맥이 흘러들어 아름답고 훌륭한 자연환경을 형성하고 있습니다. 이 지역에서 찾아낸 '지리산 언저리길'만 226km에 이릅니다.

지리산 둘레길은 전체가 하나로 이어져 완주를 하려면 몇날 며칠이고 그 길을 걷게 되지만, 저희가 찾아 소개하는 지리산 언저리길은 하루 코스로 걷기 좋게 토막토막 나누어져 있습니다. 이중에는 등반객들의 전유물처럼 여겨지던 지리산국립공원 내의 기막힌 자연 탐방로도 여럿 포함돼 있습니다. 뿐만 아니라 지리산 언저리길에

는 광한루원과 청학동같이 이름만 들어도 구미가 당기는 명승지와 인근의 산책코스가 연결됨으로써 관광과 걷기를 겸할 수 있는 코스도 많습니다. 그래서 온 가족이 함께 물길·산길·고갯길·들길·둑길 등 다양한 길을 자유롭게 선택하고 가벼운 마음으로 순례할 수 있을 것으로 기대합니다.

이번 지리산 둘레길과 언저리길을 답사하면서도 우리 '길을 찾는 사람들' 은 이전과 마찬가지로 정밀도 높은 GPS(위성항법장치)를 사용했습니다. 이정표가 정확하지 않은 숲길·물길 등을 상세하게 안내하기 위해서는 필수적인 장비이지요. 그리고 길찾사 멤버들의 지나친 주관적 판단을 억제하기 위해 현장 답사에 동행한 걷기 동호인들의 의견을 적극 반영했습니다.

언저리길 21개소를 소개하기 위해 후보 물망에 올랐던 곳은 대략 40개소였습니다. 그중 좋은 길만 고르고 골라 추린 것이지요. 여러 가지 자료를 수집하는 과정에서 제외된 코스가 있는가 하면, 현장 답사 후 '걷기코스로 적합하지 않다' 는 동호인들의 의견을 들어 뒤늦게 리스트에서 삭제한 길도 많습니다. 지면을 빌어 힘든 길, 어려운 길 마다않고 함께 답사해주신 길찾사 실사팀원들과 걷기동호인들께 감사드립니다. 다음 시리즈에서 멋진 길로 또 찾아뵙겠습니다. 늘 좋은 길에서 행복하세요.

2011년 8월
길을 찾는 사람들

–함께 답사해주신 분들(괄호 안은 걷기동호회 및 소속)
영마루님(나길도, 길찾사), 다빈님(길찾사), 모닝레인님(세상걷기, 길찾사), 두발로님(아도행, 길찾사), 아그네스님(나길도, 길찾사), 다솜님(나길도, 길찾사), 산아야님 외 60명(세상걷기), 류재관님(환경부 자연생태해설가).

C·O·N·T·E·N·T·S

머리말 – 길에서 행복한 사람들을 위해

제1부 지리산 둘레길

지리산 둘레길

01 주천~운봉 | 16
고원 위의 평원, 물이 흐르듯 산이 흐른다

02 운봉~인월 | 24
판소리처럼 유장한 람천 둑길 지나…

03 인월~금계 | 32
등구재에 올라 전라 · 경상 양도를 굽어보다

04 금계~동강 | 42
엄천강 굽이 따라 만나는 정겨운 마을들

05 동강~수철 | 52
물길 숲길 옛길로 재 너머 하늘 길에 오르다

06 어천~운리 | 62
비 그친 산자락에서 운무와 함께 놀다

07 오미~방광 | 72
들녘 품은 마을, 솔바람 부는 숲길

08 방광~탑동 | 82
원시림에서 걸어 나와 세상 속으로

제2부 지리산 언저리길

전북 남원시

09 교룡산 순환산책로 | 92
향긋하고 촉촉한 순환임도 한 바퀴

10 광한루원과 애기봉 | 100
오작교 너머 솔숲에도 흐르는 춘향연가

11 구룡계곡 자연관찰로 | 110
아홉 마리 용이 물장구치던 별천지

12 바래봉 철쭉능선 ∣ 118
죽기 전에 꼭 걸어야 할 지리산 꽃길 30리

13 뱀사골계곡과 와운마을 ∣ 126
사계절 요염하고 변화무쌍한 계곡

경남 함양군

14 벽소령 고갯길 ∣ 136
지리산 푸른 밤, 옛 소금장수 넘나들던 길

15 삼봉산 오도재와 법화산 임도 ∣ 144
옹녀와 변강쇠의 자취… 미성년자 관람불가 지역

16 상림 지나 필봉산까지 ∣ 152
신라 최치원이 가꾼 천년역사의 숲

17 개평한옥마을과 지네산 ∣ 160
양반고을 산책로 따라 고택순례 반나절

18 화림동계곡과 농월정 ∣ 168
'선비문화탐방로'에서 시 한 수 읊어보랴

경남 산청군

19 왕산 임도와 구형왕 유적 ∣ 178
류의태가 약초 찾아 걷던 길 따라

20 황매산 영화주제공원과 임도 ∣ 184
산정 평원에 차려지는 보랏빛 철쭉 제단

21 정취암과 선유동계곡 ∣ 192
속세의 번뇌, 벼랑 끝에 걸어두고

22 남사예담촌과 목면시배유지 ∣ 198
옛 돌담 사이로 매화 향기 흐르고

경남 하동군

23 하동송림과 하동공원 ㅣ 206
저기 섬진강, 백사청송(白沙靑松)이 다 보이네!

24 평사리 들판과 고소성 ㅣ 214
소설 〈토지〉의 무대 속으로…바람처럼

25 청학동 가는 길 ㅣ 222
전설의 이상향인가 세속의 도인촌인가

26 화개 십리벚꽃길과 불일폭포 ㅣ 230
남도제일의 명품 걷기코스

전남 구례군

27 연곡사와 피아골 ㅣ 240
지리산 남부계곡의 절경에 반하다

28 오산 사성암과 마고실 벚꽃길 ㅣ 248
굽어보는 섬진강 도도하고도 유유

29 서시천 둑길과 봉성산공원 ㅣ 256
구례읍과 섬진강이 일목요연하구나

제**3**부 권말 부록 & 별책 부록

01 Information ㅣ 264
남원시 / 함양군 / 산청군 / 하동군 / 구례군

02 지명 색인 ㅣ 274
주요 지명 색인

03 휴대용 코스 가이드북
지리산 둘레길 & 지리산 언저리길

이 책의 약물·약칭·기호

걷는거리 ● 총 14.7㎞(단축 10.5km, 2~7구간 제외)		**출 발 점** ● 경남 함양군 지곡면 개평리 지곡정류장	
걷는시간 ● 6시간~7시간(단축 5시간)		**종 착 점** ● 경남 함양군 지곡면 개평리 지곡정류장	
난 이 도 ● 쉬워요		**추천테마** ● 아이들과, 여럿이, 봄, 가을	

　괄호 안에 표기된 단축 거리와 시간은 전체 코스 중 일부를 생략할 경우임. 걷는거리 총 14.7km 가운데 2~7구간을 생략할 경우는 걷는거리가 10.5km로 단축되고, 그럴 경우 걷는시간 역시 5시간으로 단축된다는 뜻임.

　＊본문에 수록한 코스 개념도는 도보로 현장을 직접 답사하며 GPS에 저장한 디지털 정보를 실제 지도 위에 옮긴 것이다.

　＊지도 속의 숫자는 분기점 또는 갈림길을 진행 순서대로 표기한 것으로, 특정 지점을 나타내는 이 숫자는 지도 외 본문과 사진에도 같은 용도로 표기됨.

　＊괄호 속에 숫자가 추가로 표기되어 있는 경우, 예를 들어 【2(20)】는 중첩되는 지점을 나타내는 것으로, 지나온 2번 지점을 20번째에 다시 한 번 거치는 것을 뜻함.

　＊지도에 사용된 주요 약물은 다음과 같다.

ⓑ버스정류장, ⓣ화장실,
ⓦ식수보급처, ⓟ주차공간
●코스와 직접 연관된 지점
●기타 지점

"조금만 주의를 기울여 보세요"

1. 〈지리산 둘레길〉과 〈지리산 언저리길〉로 구성!

제1부 '지리산 둘레길'은 (사)숲길이 총 300여km를 목표로 지리산국립공원 둘레(바깥)를 따라 조성 중인 국내 최초의 장거리 도보 길을 말한다. 22011년 7월 현재 대축~오미와 밤재~주천을 제외한 16개 구간이 모두 개통되었다. 두 구간도 2011년 말쯤에는 모두 개통될 예정이다. 18개 구간이 모두 완공되면 3개 도(전북 · 전남 · 경남)와 5개 시군(남원 · 함양 · 산청 · 하동 · 구례), 16개 읍면의 80여개 마을을 잇게 될 것이다.

그러나 한 가닥으로 짜여진 '둘레길' 외에도 지리산 동서남북 자락과 그 언저리에는 온갖 명소 · 명물을 품은 비경의 자연 탐방로가 산재한다. 제2부 '지리산 언저리길'은 이렇듯 '둘레길'에서 배제된 지리산 자락의 명품 코스를 추가한 보너스 북이다.

2. '지리산 둘레길'의 공식명칭은 '지리산길'

'국내 최초의 장거리 도보길 조성으로 한국형 트레일의 전형을 만든다'는 목표로 2007년 1월 창립된 사단법인 숲길이 지리산국립공원 둘레를 따라 환(環)형으로 조성 중인 이 길의 정식명칭은 '지리산길'이다.

그러나 지리산에는 수많은 길들이 종횡무진 연결돼 있거나 토막토막 형성돼 있다. 이들 기존의 지리산 길과 환형으로 연결 중인 '지리산길'이 서로 혼동을 초래할 수 있어, 편의상 이 책에선 '지리산길'이란 공식명칭을 '지리산 둘레길'로 바꿔 표현하였다.

3. 개통된 5개 구간, 편의상 북쪽에서 시계방향으로 소개

2011년 7월 현재 개통된 지리산 둘레길 18개 구간은 걷는 순서가 정해져 있지 않다. 어느 쪽에서 시작해 어느 지점에서 여정을 끝내도 상관없다. 다만 이 책에서는 서술의 편의를 위해 지리산 서북단의 '주천~운봉' 구간을 기점으로 시계방향으로 소개했다.

4 지리산 둘레길에서 이정표 찾기

지리산 둘레길은 곳곳의 갈림길과 주요 지점마다 이정표와 길바닥에 그려둔 화살표 등으로 길 안내를 하고 있다. 따라서 중요한 갈림길인데도 이러한 이정표나 표지를 찾지 못한다면 길을 잘못 들었을 확률이 높다. 따라서 이때는 이정표가 있던 곳까지 되돌아나와 다시 길을 찾는 것이 좋다.

이정표의 빨간색 화살표는 시계방향을, 까만색은 시계반대방향을 가리킨다. 즉, 빨간색을 따라가면 남원→함양→산청→하동→구례 순으로 걷게 되고, 까만색은 그 역순이다.

5 지리산길 안내센터 도움받기

지리산 둘레길과 관련된 전반적인 안내를 위해 (사)숲길이 운영하는 종합안내센터가 있다. 남원시 인월면 소재지에 있는 안내센터를 직접 찾아가도 되고, 전화나 인터넷 홈페이지를 통한 안내를 받을 수도 있다. 현장에서 길을 잃었을 때나 길이 헷갈릴 때도 전화로 문제 해결이 가능하다.

전라북도 남원시 인월면 인월리 198번지.

063)635-0850. www.trail.or.kr

※이용시간 : 09:30~18:00(점심시간 12:30~13:30)·매주 월요일 휴무

6 지리산 둘레길에서 주의할 점

＊지리산 둘레길은 관광지가 아니므로 쓰레기 처리 시설이 없다. 본인의 쓰레기는 반드시 되가져와야 하고, 버려진 쓰레기 또한 앞장서 수거하는 자세가 필요하다.

＊농작물은 물론 산에 자라는 약초까지도 눈으로만 보고 절대 채취하지 말아야 한다. 지리산 둘레길의 많은 부분은 외지인들의 왕래로 생기는 불편과 피해를 감수하며 현지 주민들이 허락해준 길임을 잊지 말아야 한다.

＊사진을 찍을 때도 사생활 문제를 고려해야 한다. 무턱대고 주민의 신체 부위나 집안 풍경을 카메라에 담아선 안 된다. 정중히 양해를 구한 다음이어야 한다.

＊반려동물을 동반하면 타인에게 불편을 끼칠 수 있으므로 삼가야 한다.

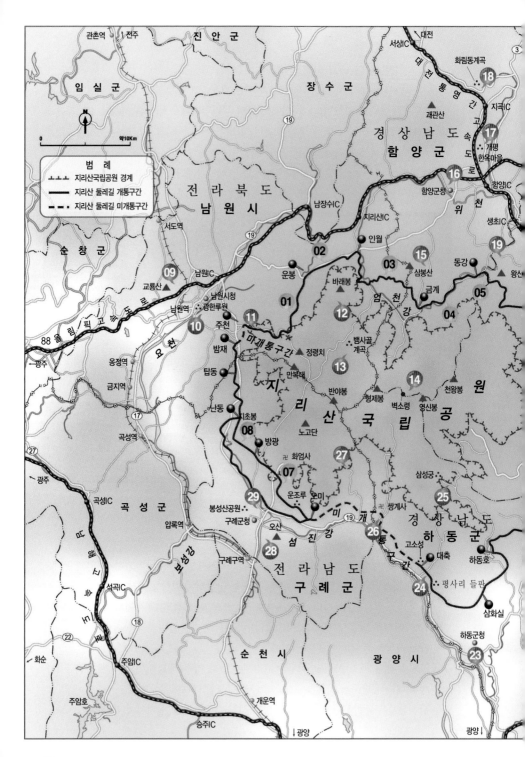

지리산
둘레길 & 언저리길 위치 일람

지리산 둘레길
01 주천~운봉 구간 _ 16p
02 운봉~인월 구간 _ 24p
03 인월~금계 구간 _ 32p
04 금계~동강 구간 _ 42p
05 동강~수철 구간 _ 52p
06 어천~운리 구간 _ 62p
07 오미~방광 구간 _ 72p
08 방광~탑동 구간 _ 82p

지리산 언저리길 - 전북 남원시
09 교룡산 순환산책로 _ 92p
10 광한루원과 애기봉 _ 100p
11 구룡계곡 자연관찰로 _ 110p
12 바래봉 철쭉능선 _ 118p
13 뱀사골계곡과 와운마을 _ 126p

지리산 언저리길 - 경남 함양군
14 벽소령 고갯길 _ 136p
15 삼봉산 오도재와 법화산 임도 _ 144p
16 상림 지나 필봉산까지 _ 152p
17 개평한옥마을과 지네산 _ 160p
18 화림동계곡과 농월정 _ 168p

지리산 언저리길 - 경남 산청군
19 왕산 임도와 구형왕 유적 _ 178p
20 황매산 영화주제공원과 임도 _ 184p
21 정취암과 선유동계곡 _ 192p
22 남사예담촌과 목면시배유지 _ 198p

지리산 언저리길 - 경남 하동군
23 하동송림과 하동공원 _ 206p
24 평사리 들판과 고소성 _ 214p
25 청학동 가는 길 _ 222p
26 화개 십리벚꽃길과 불일폭포 _ 230p

지리산 언저리길 - 전남 구례군
27 연곡사와 피아골 _ 240p
28 오산 사성암과 마고실 벚꽃길 _ 248p
29 서시천 둑길과 봉성산공원 _ 256p

제**1**부 지리산 둘레길

1. 주천~운봉 구간 / **2.** 운봉~인월 구간 / **3.** 인월~금계 구간 /
4. 금계~동강 구간 / **5.** 동강~수철 구간 / **6.** 어천~운리 구간 /
7. 오미~방광 구간 / **8.** 방광~탑동 구간

고원 위의 평원, 물이 흐르듯 산이 흐른다

주천~운봉

남원시 주천면은 바람이 적다. 백두대간이 지리산 서북능선과 만나면서 반(半) 분지 형태로 감싸고 있기 때문이다. 바람을 찾아 구룡치를 넘으면 운봉고원에 이른다. 높낮이의 변화 없이 평탄하게 이어지는 고원 들길은 절로 콧노래가 나오게 하고 발걸음에 신명을 불러일으킨다.

추천 테마	아이들과	연인끼리	여럿이	숲	들	계곡	강	바다	문화유적	봄	여름	가을	겨울	난이도 조금 힘들어요
	★	★	★★★	★★	★★★					★★★	★	★★★	★	

【 주천치안센터─구룡치 】 지도 1~8

장안리 '지리산 둘레길' 은 지리산 서북쪽, 남원시 주천면 주천치안센터
(1)에서 대장정이 시작된다. 출발점부터 사연을 담고 있다. 이 치안센터 자리
는 옛 시절 '원터거리' 라 불렸다. 남원시 이백면에서 구례군 산동면으로 향
하는 길손들이 쉬어가는 곳이었다. 현재 이 앞을 지나가는 60번 지방도로는
지리산국립공원으로 달려 춘향묘와 육모정으로 향할 테지만, 국립공원 지역
바깥으로 조성된 지리산 둘레길은 치안센터 뒤편의 외평마을로 들어간다.

지리산 둘레길은 지리산 자락에 살던 사람들이 지나다니던 옛길을 복원한
것이다. 옛길과 똑같지는 않지만 옛 정취와 숨결을 느껴볼 수 있다는 점에서
기대감이 부풀어 오른다. 지리산 둘레길을 만든 '사단법인 숲길' 이 세워놓
은 나무 이정표의 빨간 화살표를 따라가면 외평마을과 내송마을을 지나(4)
어느새 산으로 들어선다. 드디어 지리산 둘레길의 제1장 제1막이 열리는 것
이다.

내송마을 뒤편의 숲으로
진입하면 서어나무 군락지
인 개미정지(5)가 나온다. 숲
길로 들어서자마자 드리워
지는 나무 그늘과 그 밑의 평
상이 반갑다. 그러나 가장 반
가운 건 개미정지 이후로 이
어지는 소나무숲 그 자체다.
사람들이 땅 위에 길을 내고
지역을 나누었지만 사람이

◀ 노치마을의 논두렁. 고원 분지에 속하는 이곳
은 해발 500여m임에도 평지처럼 느껴진다
(12~13지점).
▶ 들판 위의 작은 섬처럼, 멀리서도 눈에 띄는 행
정마을 서어나무숲(17~18지점).

【운봉-인월 10.5km】

인월
동천리
23 운봉농협사거리
자생식물관찰원
22 양묘사업장 정문
양묘사업장 이정표 21
준향리
양묘사업장 이정표 21
엄계교 20
행정리
행정나무숲 18
행정서초 17
19 행정교
행정마을
16 가장교
운봉읍
가장마을
15 가장마을
13 노치마을
덕산지 14
노치마을
회덕마을 11
12 노치마을
덕치리
돌계단
구룡치
돌계단
개미정지
내송마을
4 내송마을
5
6
7
8
9
'주천 운봉 14' 이정표
10 느티나무 쉼터
사무락다무락
호경리
2
3
외평마을
주천면사무소
1 주천면치안센터
장안리
주 천 면
구룡계곡

이 백 면

전 라 북 도
남 원 시

효기리

은송리

수정봉

전 라 북 도
남 원 시

| 구례·뱀사골

구례 ↓

걷는거리 ● 총 14.7km	**출 발 점** ● 전북 남원시 주천면 장안리 주천치안센터
걷는시간 ● 4시간 30분~5시간	**종 착 점** ● 전북 남원시 운봉읍 서천리 운봉농협사거리
난 이 도 ● 조금 힘들어요	**추천테마** ● 아이들과, 여럿이, 봄, 여름, 가을

정해놓은 경계에 자연까지 따라오진 않는다. 이 숲길은 지리산국립공원 밖에
위치해있지만, 지리산의 그것과 형제이고 동무들이다. 이 숲길이 더 반가운
이유다.

　지리산 둘레길이 산행보다 걷기 편한 길임은 틀림없지만 모든 구간이 그
렇지는 않다. 특히 지금 목전에 두고 있는 구룡치란 고개는 백두대간이 스치
고 지나간 산자락이라 그 형세가 녹록치 않다. 아홉 마리 용이 똬리를 튼 듯,
생각보다 더 가파른 경사에 가쁜 숨을 몰아쉬며 구룡치로 다가가다 보면 '주
천 운봉 11' 이정표를 지나게 되고, 또 한 번 갈림길을 만나게 되는데(6) 이번
엔 이정표가 없다. 오른쪽은 완만하게 경사를 이루며 내려가는 길이고 왼쪽
은 돌계단으로 오르는 길이다. 당연히 공을 들여 새로 만든 길이 지리산 둘레
길이겠거니 생각하고 돌계단을 올라 한참을 진행하다 보니 뜻밖에도 '주천

운봉 14' 이정표(7)가 나온다. 이정표 2개를 건너뛰어 버린 것이다. 길의 역순을 알려주는 검정 화살표도 지금 올라온 방향과 달리 왼쪽 길을 가리키고 있다. '사단법인 숲길'에 확인해본 결과 길을 만드는 과정에서 두 개의 길이 생겼다고 하는데, 돌계단으로 해서 이정표를 건너뛴 길이 차라리 더 편한 듯싶다. 어차피 길을 잃은 것도 아니므로 그냥 이정표를 따라 이동하면 금세 구룡치(8)에 도착한다.

【 구룡치-덕산저수지 】 지도 8~13

구룡치(8)를 지나면 내리막길이 시작된다. 길이 편해지면서 마음이 넉넉해진 덕일까. 소나무 숲마저 더욱 풍성해진 느낌이다. 흙길과 하늘 사이로 소나무들이 세로줄을 긋고 있는 이 길은 '사무락다무락(9)'까지 이어진다. 사무락다무락에 이르면 그간 닫혔던 하늘이 열리고 좌측에 가지를 멋지게 늘어뜨린 소나무 한 그루와 돌무더기가 눈길을 끈다. 돌밭에 쌓여 있는 돌탑의 이름이 바로 사무락다무락이다. 어떤 일을 바란다는 뜻의 사망(事望)과 다무락(담벼락의 사투리)이 합쳐진 말이라는데, 이 길을 다닌 옛 사람들의 소망이 쌓인 돌탑에 지금의 둘레길 순례자들이 보태는 돌멩이로 탑의 높이가 차츰 높아가

구룡치를 넘으면 언덕도 끝나고 기분 좋은 숲 속 산책로가 펼쳐진다.

8~9

광활한 들길. 지리산 둘레길 1구간에서 흔히 볼 수 있다.

고 새로 쌓이는 돌탑도 늘어가는 중이다.

사무락다무락을 지나면 어느덧 숲길이 끝나면서 도로(10)가 나타난다. 빨간 화살표가 좌측을 가리키고 있는데, 좌회전하자마자 도로 오른편에 파란 화살표와 '느티나무 쉼터' 라는 글귀가 보인다. 이 파란 화살표는 길안내 외의 쉼터를 알려주는 표시로, 그 방향에 큰 느티나무가 멋진 그늘을 드리우고 있다.

회덕정류장을 지나 이어지는 마을은 노치마을이다. 도로를 벗어나 시원하게 펼쳐진 논 사이를 걷다 보면 이정표가 없는 갈림길(11)이 나온다. 일순 당황하면서 주변을 살펴보게 되는데, 바닥에 빨강과 검정으로 그려놓은 세모꼴 표식이 보인다. 이처럼 지리산 둘레길에선 이정표가 보이지 않아도 당황할 것 없다. 바닥이나 주변을 둘러보면 으레 표지 또는 표시가 있고, 그 표지와 표시를 찾는 재미도 쏠쏠하다.

노치마을 이정표(12)를 지나 계속 논길을 진행하다 보면 별안간 저수지가 나타난다(13). 덕산저수지다. 이곳 덕산지에 도착했다는 것은 백두대간을 가로질러 넘어왔다는 뜻인데, 백두대간 자락 치고는 길이 너무 평탄했던 것에 의구심이 생긴다. 바로 운봉고원이 품고 있는 비밀이다. 이곳 운봉고원은 해발고도 500m의 꽤 높은 지대임에도 주변 산세에 비해 낮고 평탄해 누구든 고원(高原)임을 알아채지 못하는 것이다. 그러나 가만히 서서 공기를 마셔보라. 귓가에 스치는 시원한 바람의 온도가 저지대 평지의 그것과는 전혀 다르다는 사실을 알게 된다.

노치마을을 지나면 덕산저수지가 모습을 드러낸다.

1 종착점인 운봉농협사거리에서 가까운 운봉 허브밸리의 허브농원(23~1지점).
2 서어나무 군락이 시원한 그늘과 쉼터를 제공하는 행정마을숲(18지점).
3 구룡치를 넘어 회덕마을 인근에 도착하면 느티나무 쉼터가 반긴다(10~1지점).
4 여느 갈림길에선 바닥에 그려진 페인트 화살표가 이정표 구실을 하기도 한다(11지점).
5 지리산 둘레길 통행을 허락해준 땅 소유자에게 감사의 마음을 공유하자는 안내판(14지점).

가장마을부터 시작되는 둑길은 람천과 논 사이로 오롯이 뻗어나간다.

【 덕산저수지−운봉농협사거리 】 지도 13~23

13번 지점의 덕산저수지를 지나면 가장마을이다. 마을을 잠시 거쳐 나온 후 이정표(15)가 가리키는 대로 행정마을로 향한다. 이후부터는 람천 주변의 둑길을 따라 이동하게 된다. 어느 때는 람천의 수량이 적어, 오히려 주변 논물이 더 많아 보이기도 하지만, 이곳 람천이 주변 수많은 논들을 먹여 살린다.

둑은 2km 가량이나 이어지다가 행정마을숲(18)에서 잠시 끊어진다. 행정마을숲은 들판에 홀로 있어 가장마을에서 걸어올 때부터 계속 눈길이 가던 곳이다. 숲에 의자가 있어 쉼터로서도 좋은 역할을 한다. 이 숲의 주 수종은 서어나무인데 산림청에서 주관한 '제1회 아름다운 숲 전국대회'에서 마을숲 부문 대상을 타기도 했다.

행정마을숲을 벗어나면 다시 둑길이 이어진다. 엄계교(20)를 지나면 이내 양묘(養苗)사업장(21)에 이른다. 이곳에서 둑길과 작별하고 양묘사업장의 묘목들을 둘러보자. 양묘사업장엔 자생식물관찰원도 있어 계절별로 변화하는 수목들을 구경할 수 있다. 자생식물관찰원을 왼쪽으로 끼고 돌면 양묘사업장 정문(22)을 통해 도로로 나서게 된다. 이제 운봉읍이 코앞이다. 도로에서 좌회전하여 쭉 직진하기만 하면 운봉읍 운봉농협사거리(23)에 이른다.

찾아가기

대중교통 – 동충동 남원시외터미널에 도착한 후 주천·육모정행 시내버스를 타고 주천면 장안리정류장(장안슈퍼)에서 하차한다. 남원역 또는 남원고속터미널에 도착한 경우는 주천·육모정행 시내버스가 정차하는 남원시외터미널까지 별도의 시내버스 또는 택시(3천원 내외)를 이용해야 한다.

남원까지 가기
서울 용산역→남원역(전라선) : 06:50~22:45(15회 운행)
서울 센트럴시티→남원고속터미널 : 06:00~22:00(15회 운행)
서울 동서울터미널→남원시외터미널 : 09:00, 10:00, 15:20
광주 종합터미널→남원시외터미널 : 05:50~21:40(수시 운행)

장안리정류장까지 가기
남원 : 06:10~20:10(12회 운행)

주천치안센터까지 걸어가기
장안리 장안슈퍼에서 버스를 내려 육모정 방향으로 가다보면 도로 왼편으로 주천치안센터가 보인다.

승용차 – 88올림픽고속도로 남원IC를 빠져나와 인월 방면으로 좌회전했다가 고죽교차로에서 구례·순천 방면 19번 국도에 올라선다. 바로 다음 교차로인 육모정교차로를 빠져나오면 장안사거리가 나오는데, 사거리에서 직진하여 이동하다 보면 왼쪽에 주천치안센터가 보인다.

P 주천치안센터 왼쪽에 주차할 만한 공터(N35 23 27.2 / E127 26 42.9)가 있다.

돌아오기

대중교통 – 운봉읍에서 시내버스를 이용해 남원이나 인월로 이동한 후, 다음 목적지로 향한다. 버스 승차 지점은 운봉농협사거리에서 좌측으로 이동하면 나오는 운봉우체국이다.

운봉읍에서 떠나기
남원 : 06:53~21:45(수시운행)
인월 : 06:30~20:50(수시운행)

남원에서 떠나기 〈찾아가기〉의 역순

인월에서 떠나기
동서울 : 07:45~18:25(7회 운행)

승용차 – 운봉에서 시내버스를 이용해 남원으로 이동한 후, 다시 육모정행 버스를 타고 주차해둔 주천면소재지로 이동한다.

알아두기

숙박 권말 부록 Information 참조
주천면 숙박시설 : 주천면사무소(063)625-8331
운봉읍 숙박시설 : 운봉읍사무소(063)620-6601
식당 주천치안센터 인근, 2~3구간 비부정, 운봉읍
매점 주천치안센터 인근, 운봉읍 **식수** 코스 내 없음
화장실 회덕정류장 인근, 가장마을 쉼터, 행정마을숲 인근

운봉 허브밸리

이곳 주천–운봉 구간의 종착점 인근에는 운봉 허브밸리가 있어 들러볼 가치가 있다. 갈림길도 편리하게 1코스 종착점인 운봉농협사거리에서 우회전으로 도로를 따라가면 된다. 지리산 자락 바로 아래에 있어 멀리서도 잘 보인다. 운봉 허브밸리에서는 캐모마일 등 각종 허브 식물을 구경하고 구입할 수 있다. 매년 5월 말~6월경 허브축제가 열려 볼거리를 제공한다.

소문난 맛집

북적대던 옛 주막터 | 비부정

지리산 둘레길 '주천–운봉' 구간 초반(2~3지점)에 위치한 식당으로 사연 서린 곳이다. 옛날 전남·경남에서 한양 가는 길목에 있던 주막자리인데, 가마솥이 항상 끓었다고 하여 '솟보거리'라 불렸다고 한다. 식당 주인도 그 정신을 이어 찾아온 손님이 식사를 하고 느긋하게 쉴 수 있도록 배려하며, 폐점 시간인 오후 9시가 넘어도 손님이 있다면 먼저 문을 닫지 않는다. 명절 연휴는 휴무가 원칙이지만 미리 예약을 하는 손님들이 있다면 휴일을 포기할 정도라고 한다. 직접 담근 고추장으로 맛을 내는 산채비빔밥과 한방백숙이 비부정의 대표 메뉴다.

☎(063)625-3388 ⏰09:00~21:00(명절 연휴 휴무) **P**가능 Ⓜ산채비빔밥 7천원, 한방백숙·닭도리탕 4만원 Ⓐ남원시 주천면 은송리 403

판소리처럼 유장한 람천 둑길 지나…

운봉~인월

'운봉 ~인월' 구간은 아이들과 함께 걷기에 좋은 길이다. 여전히 람천 주변의 둑길을 따라가는 여정이지만, 비전마을 인근의 볼거리가 새로 반긴다. 덕두산 자락의 임도에서 숲 향기를 즐기다보면 어느덧 인월면에 이른다.

추천 테마	아이들과	연인끼리	여럿이	숲	들	계곡	강	바다	문화유적	봄	여름	가을	겨울	난이도 무난해요
	★★★	★★★	★★★	★★★	★★	★	★★★		★	★★★	★★	★★★	★★	

【 운봉농협사거리-협동교 】 지도 1~7

전북 남원시 운봉읍은 지리산 서북능선과 백두대간에 둘러싸인 고원(高原) 분지에 형성된 고을이다. 매년 5월경이면 산자락을 가득 메우는 철쭉으로 유명한 지리산 바래봉이 굽어 내려다보는 곳이다.

운봉읍에서는 아무리 둘러봐도 지리산 둘레길로 들어서는 표지를 찾기 힘들다. 이정표를 세울 마땅한 장소가 없어서일까. 앞서 소개한 '주천 – 운봉' 구간의 끝 지점인 운봉농협사거리(1)에서 진행 방향을 따라 직진하다 보면 보도 바닥에 세모꼴 표지가 어렵게 눈에 띈다. 그 표지 방향으로 진행하여 운봉초교사거리(2)에서 좌회전하면 곧 운봉과 인월을 잇는 24번 국도와 마주하게 된다(3).

이 지점에서 도로 건너편으로 지리산길 이정표가 빤히 보이는데도 길바닥의 화살표는 왼쪽을 가리키고 있다. 24번 국도를 건너는 횡단보도(4)로 인도하는 것이다. 횡단보도를 건너 다시 3번 지점의 맞은편(5)으로 이동하면 이곳이 서림공원 입구다.

서림공원(6)은 운봉읍 주민들의 쉼터다. 또 지리산 둘레길을 순례하는 사람들에게는 서림교 앞에서부터 시작되는 람천의 둑길을 다시 안내하는 곳이기도 하다. 협동교(7)를 지나면서 람천은 그 폭을 넓

▲ 비전마을 쉼터. 맞은편의 송흥록 생가에서 판소리가 울려퍼지는 날엔 평상에 누워 잠들고 싶은 곳이다(10지점).
▶ 둑길을 걸을수록 람천은 폭을 넓혀가고 황산이 점점 다가온다(9~10지점).

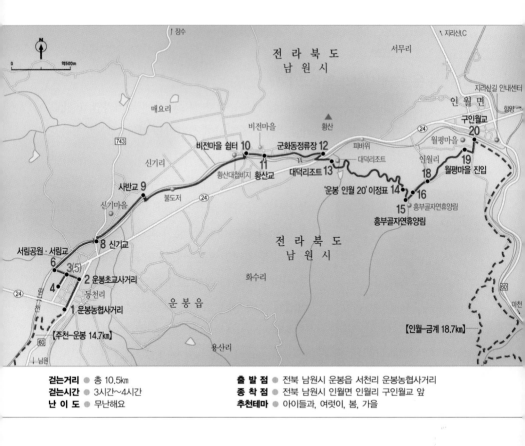

걷는거리 ●	총 10.5km	출 발 점 ●	전북 남원시 운봉읍 서천리 운봉농협사거리
걷는시간 ●	3시간~4시간	종 착 점 ●	전북 남원시 인월면 인월리 구인월교 앞
난 이 도 ●	무난해요	추천테마 ●	아이들과, 여럿이, 봄, 가을

히기 시작해 조금 다른 모습을 보여준다. 큰 볼거리는 없으므로 길이 평탄한
것에 위안을 느끼며 속도감 있게 지나는 것이 상책이다.

【 신기교-군화동정류장 】 지도 8~12

  신기교(8)를 건너 다시 람천 둑길에 오르니 천변으로 가로수처럼 늘어서있
던 앵두나무들이 자취를 감춘다. 일단 눈앞은 시원해져서 좋지만, 내리쬐는
햇볕을 피할 조그만 쉼터조차 없어 난감해진다. 비슷한 풍경이 이어지는 비
슷한 길의 연속. 언젠가 나올 쉼터를 기대하며 길을 이어가는 수밖에는 다른
도리가 없다.

  사반교(9)를 건넌 후 길 가운데를 떡하니 막고 있는 불도저 한 대를 만난다.
불도저 주변으로는 잡풀이 무성하게 자라 오랫동안 방치되었음을 알 수 있

다. 어떤 사연이 담겨 있는지 궁금한 불도저다.

한결같은 모습의 둑길에 전환점이 생기는 것은 비전마을 근처에 이르러서다. 길 오른쪽으로 넓은 주차장이 나타나는데, 이정표가 가리키는 대로 왼쪽 다리를 건너면 무슨 유적지처럼 보이는 기와건물들이 위치한다. 바로 황산대첩비지다. 고려 말에 이성계가 왜구를 격퇴했던 황산대첩을 기념하는 비가 있는 곳이다. 당시 고려군이 사살한 왜구들의 피가 람천에 흘러들어 한동안 개천 물을 마시지 못했다고 한다. 이 전투의 승리로 이성계는 정치적 입지를 굳혔으니, 조선 건국의 기틀이 이곳에서 마련됐다고 할 수도 있다.

황산대첩비를 둘러보고 나오면 코앞에 비전마을 쉼터(10)가 있다. 쉼터로 가는 길에 어디선가 들려오는 국악 소리. 쉼터 왼쪽에 있는 판소리의 대가 송흥록과 박초월의 생가에서 흘러나오는 소리다. 쉼터 평상에 누워 구성진 가락을 감상해본다. 큰 나무 그늘아래 시원한 바람이 분다.

다시 둑길을 따라 이동해 황산교(11)를 지나노라면 개천이 점점 멀어져가는 것을 알 수 있다. 개천이 자취를 완전히 감추었다가 다시 모습을 드러낼 즈음, 또 하나의 전환점인 군화동정류장(12)에 도착한다.

【 군화동정류장–구인월교 】 지도 12~20

12번 지점의 군화동정류장에서 또 한 번 난감한 상황에 처한다. 주변을 아무리 둘러봐도 지리산 둘레길을 알리는 표지를 찾을 수가 없기 때문이다. 이

군화동정류장에 이르면 잠시 몸을 숨겼던 람천이 다시 나타난다.

대덕리조트 뒤편부터 덕두산 임도가 펼쳐진다.

곳은 도로 소유권 문제로 이정표를 세울 수 없었던 곳이라 한다. 그러므로 안내지도가 유일한 길잡이다. 이곳에서는 도로를 만나자마자 우회전하여 화수교를 건넌 다음, 왼쪽에 보이는 대덕리조트 입간판이 있는 길로 들어서야 한다.

대덕리조트 길로 들어선 다음에는 이정표(13)를 보고 저수지 방향으로 올라가는 길을 따른다. 드디어 덕두산 허리를 지나는 임도로 접어드는 것이다. 철쭉으로 유명한 바래봉에서 북쪽으로 뻗은 덕두산은 지리산국립공원 중 가장 북쪽에 위치한 봉우리다. 지금까지 걸어 온 길이 워낙 평탄했던 탓으로 조금만 올라도 힘이 드는 기분이다. 소나무들이 기세 좋게 자라 있지만 그늘은 옅은 편이다. 인월면이 얼마 남지 않았다는 기대감으로 걸음에 힘을 실어야 한다.

임도만 따라가다 보면 이윽고 흥부골자연휴양림(15)에 이른다. 이정표가 도로를 따라 내려가라고 가리키고 있는데, 끝 지점이 보이지도 않는 도로를 따라 내려갈 생각을 하면 앞이 막막해진다. 그러나 곧 새로운 이정표(16)가 숲으로 들어가라는 희소식을 전한다. 그늘 짙은 숲길은 잠시 도로(17)를 만나지만, 다시 이정표(18)가 건너편 숲길로 인도해준다. 지금까지 잠시 고단했던 구간에 비해 그 마무리가 아주 평탄한 숲길이다. 그 숲길의 끝에서 월평마을(19)을 만나면 이제 인월면으로 향하는 일만 남았다.

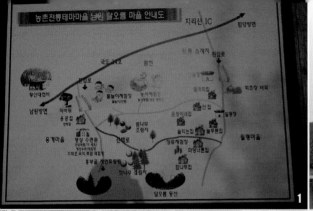

1 코스 막바지에 있는 월평(달오름)마을 안내도(19-1지점).

2 서림공원에 있는 마을의 수호신 방어대장군(좌)과 진서대장군(6지점).

3 황산대첩비지 인근에 있는 어휘각. 이성계가 황산대첩의 공이 자기 혼자만의 것이 아니라 하여 8원수 4종사관의 명단을 새긴 곳이라 한다(10-1지점).

4 고려말 이성계가 황산에서 왜구를 크게 무찌른 업적을 기리기 위해 건립한 황산대첩비지(10-2지점).

5 국악 역사의 한 획을 그은 가왕(歌王) 송흥록과 국창(國唱) 박초월이 살았던 생가(10-3지점).

6 덕두산 임도 초입에서 옥계저수지가 빠끔히 보이는 장소가 있다(13~14지점).

전통예술의 보고 | '국악의 성지' 운봉

운봉은 판소리 다섯마당 중 춘향가와 흥부가의 무대이자 수많은 명인·명창을 배출한 국악의 요람지다. 신라 말의 악성 옥보고는 이곳에서 거문고를 전수·보급하였고, 조선 후기 판소리의 중시조인 가왕 송흥록이 동편제를 창시한 이외에도 송광록, 박초월 등 많은 국악선인들이 운봉에서 실력을 갈고 닦았다. 이처럼 국악 발전에 기여한 국악선인들의 묘역과 위패를 봉안하고, 국악의 계승 발전이라는 염원을 모아 조성한 곳이 '국악의 성지'다. 이곳을 찾아가면 국악 관련 전시물들을 관람할 수 있고, 때에 따라 상설공연(매주 수요일 14시)이나 국악체험(화~토요일 10시, 14시)도 할 수 있다. 단 예약자 우선이므로 미리 예약하고 가는 것이 필수다((063)620-6905, http://gukak.namwon.go.kr). 신정과 설날·추석, 매주 월요일은 휴관하며, 개관은 오전 9시~오후 6시.

월평마을은 달오름마을이라고도 불린다. 팜스테이가 가능한 농촌테마마을이라 민박이 많다. 인월면에 있는 모텔보다 훨씬 정감이 가는 곳이니 숙

18~19

코스 막바지에 이르면 호젓한 숲길이 월평마을까지 인도한다.

박을 할 작정이라면 이곳의 민박을 이용해보는 것도 좋겠다. 월평마을을 빠져나오면 금세 구인월교(20)를 만난다. 다리 건너편이 인월면소재지인데, 다리를 건너자마자 오른쪽으로 나아가면 '지리산길 안내센터'로 갈 수 있고, 다리를 건너기 전 오른쪽 둑길을 따르면 지리산 둘레길 '인월-금계' 구간이 이어진다.

찾아가기

대중교통 - 동충동 남원시외터미널이나 인월면 인월리 인월터미널에서 시내버스를 타고 운봉읍 서천리 운봉우체국으로 이동한다. 운봉우체국에서 '운봉-인월' 구간 걷기의 시작점인 운봉농협사거리까지는 걸어간다.

남원역 또는 남원고속터미널에 도착한 경우는 남원시외터미널까지 별도의 시내버스 또는 택시(3천원 내외)를 이용해야 한다.

남원까지 가기

서울 용산역→남원역(전라선) : 06:50~22:45(15회 운행)

서울 센트럴시티→남원고속터미널 : 06:00~22:00(15회 운행)

서울 동서울터미널→남원시외터미널 : 09:00, 10:00, 15:20

광주 종합터미널→남원시외터미널 : 05:50~21:40(수시 운행)

인월까지 가기

서울 동서울터미널 : 08:20~24:00(8회 운행)

운봉우체국까지 가기

남원 : 06:02~20:52(수시 운행)

인월 : 06:30~21:35(수시 운행)

운봉농협사거리까지 걸어가기

운봉우체국 버스정류장에 내려 운봉농협까지는 도보로 3분 거리다.

승용차 - 88올림픽고속도로 남원IC를 빠져나와 인월 방면으로 좌회전하여 계속 직진한다. 요천삼거리가 나오면 우회전하여 다시 계속 직진한다. 고개를 넘으면 넓은 평야가 나오면서 운봉읍에 이르는데, 주차 편의를 위해 운봉삼거리에서 좌회전하여 운봉읍사무소로 이동한다.

Ⓟ 지도 4번 지점의 운봉읍사무소 무료 주차장(N35 26 20.4 / E127 31 46.5)을 이용하거나 6번 지점의 서림공원(N35 26 29.0 / E127 31 43.9)에 주차한다.

돌아오기

대중교통 - 인월면 인월리 구인월교에서 인월터미널까지 도보로 이동한 휴(약 5분 소요), 다음 목적지로 향한다.

인월에서 떠나기

동서울 : 07:45~18:25(7회 운행)

승용차 - 인월에서 시내·시외버스를 이용해 주차 장소로 돌아간다.

알아두기

숙박 권말 부록 Information 참조

운봉읍 숙박시설 : 운봉읍사무소(063)620-6601

흥부골자연휴양림 : (063)636-4032

인월면 숙박시설 : 인월면사무소(063)636-2301

식당·매점 운봉읍소재지, 인월면소재지

식수 매점에서 구입하거나 사전 준비

화장실 운봉읍소재지, 10지점 인근 주차장, 인월면소재지

비빔밥과 육회의 만남 | 명승정

남원의 음식이라면 추어탕을 첫째로 치지만 육회비빔밥의 전통도 무시할 수 없다. 옆 동네인 함양이 예부터 한우 산지였기에 신선한 고기의 공급이 쉬웠기 때문이다. 비빔밥의 고장에 육회가 시집 온 셈이다. 그리하여 남원에서 육회비빔밥을 먹어보지 않을 수 없는데, 고기의 신선도를 믿기 위해서는 정육점을 겸한 고기집이 좋다. 남원시외터미널과 가까운 거리에 있는 명승정이 바로 그런 곳이다. 식당 옆으로 정육점을 함께 운영하고 있어 고기의 신선도가 보장되고 맛 또한 뛰어나다. 고기와 밥맛을 더욱 배가시켜주는 깔끔한 밑반찬도 이 집의 장점. 특히 선지와 무가 한 덩어리씩 들어간 맑은 소고기국 맛이 일품이다.

📞(063)631-4453 🕐11:00~23:00(첫째·셋째 일요일, 명절 당일 휴무) Ⓟ가능 Ⓜ등심 2만 2천원, 생삼겹살 1만원, 육회비빔밥 6천원 Ⓐ남원시 죽항동 11-13

등구재에 올라 전라 · 경상 양도를 굽어보다

인월~금계

들판을 걷고 때로는 산자락 숲길을 지나며 마을과 마을을 잇는 길이다.
'인월~금계' 구간은 여행객의 길이라기보다 마을 사람들의 마실 길 같다.
전라도에서 경상도로 넘어가며 둘레길의 매력에 흠뻑 빠질 수 있다.

추천 테마	아이들과	연인끼리	여럿이	숲	들	계곡	강	바다	문화유적	봄	여름	가을	겨울	난이도 무난해요
	★	★★	★★★	★★★	★★★	★	★			★★★	★★	★★★	★★	

【 구인월교－장항정류장 】 지도 1~8

　'인월-금계' 구간의 시발점인 구인월교(1)에서 걸음을 옮기자마자 다시 만나는 람천변 둑길은 앞서 '운봉-인월' 구간의 둑길과는 사뭇 분위기가 다르다. 인월면을 벗어나자마자 펼쳐지는 한적한 시골 풍경이 여행의 정취를 한껏 자아낸다. 강으로 불러도 될 만큼 넓어진 람천변 시원한 둑길이 그냥 쭈욱 이어졌으면 싶은데, 아쉽게도 중군마을이 가까워지면서 작별을 고하고 만다.

　중군마을 입구(2)는 목이 넓어서 지리산 둘레길을 안내하는 표지판이 눈에 잘 띄지 않는다. 왼쪽을 잘 살펴보면 이정표를 찾을 수 있는데, 여기서부터는 그냥 크게 눈에 띄는 백련사 간판을 따라도 된다. 왼쪽 백련사 방향으로 진행하면 금세 시원스레 펼쳐지는 논 사이로 진입한다. 정면의 산자락이 점점 다가올수록 발걸음에도 탄력이 붙는 기분이다. 중군마을의 논이 끝날 때쯤, 백련사와 황매암으로 나뉘는 갈림길(4)에 이른다. '사단법인 숲길' 측에서도 두 길 중 어느 길을 택해도 된다고 해놓은 장소인데, 황매암 가는 직진 코스를 택하면 산자락을 넘어야 하고, 왼쪽 백련사 방향 길은 임도를 통해 산자락을 돌게 된다. 일

▲ 창원마을 윗당산나무. 이곳 쉼터에 오르면 창원마을이 오롯이 내려다보인다(18-1지점).
▶ 등구재로 오르는 고갯길이 시작된다(15~16지점).

걷는거리 ● 총 18.7km	**출 발 점** ● 전북 남원시 인월면 인월리 구인월교 앞
걷는시간 ● 5시간~6시간	**종 착 점** ● 경남 함양군 마천면 의탄리 금계정류장
난 이 도 ● 무난해요	**추천테마** ● 여럿이, 봄, 가을

단 초반 길이 쉽고, 함께 따라온 람천이 얼핏얼핏 보이는 백련사 방향의 길을
택한다.

길 주변으로 점차 숲이 우거지면서 이내 오르막길이 시작된다. 이 오르막
임도는 백련사 갈림길(5) 지점까지 타야 하는데, 꾹 참고 오르다보면 기분 좋
은 숲길이 나타난다(6). 고생 끝에 들어선 숲길에서 멋진 계곡을 만나는데 그
이름마저도 멋진 수성대(水聲臺)다. 이름 그대로 흐르는 물소리에 반하고 수
면 위의 징검다리가 마음을 사로잡는다. 이 계곡의 물은 인근 중군마을과 장
항마을의 식수원으로 이용되니 오염시킬 행동은 금물이다.

수성대를 지나면 소나무를 비롯한 각종 수목들이 들어찬 좁은 오솔길이
이어진다. 지리산 자락의 오솔길이라 더욱 소중하고 포근하게 느껴진다. 이
런 오솔길이 조금만 더 계속되었으면 하고 욕심낼 무렵, 아쉽게도 장항마을

이 나타나고 이어 도로(7)를 마주하게 된다. 장항정류장(8)을 지나 매동마을 방향으로 나아가야 한다.

【 장항정류장—논두렁 】 지도 8~14

8번 지점의 장항정류장부터는 잠시 60번 지방도로를 따라 걸어야 하는데 금세 '감식초공장' 입간판 지점(9)에 이르러 매동마을 뒤쪽을 지나는 아스팔트 길로 접어들게 된다. 이 길은 지리산 둘레길을 단계적으로 개통하면서 새로이 조성한 길이다. 임도 같은 마을 뒤편 길을 걷다보면 '등구재' 방향을 가리키는 이정표(10)가 나타나는데, 지리산 둘레길이 처음 만들어졌을 때와 새로 만들어진 지금의 길이 합쳐지는 곳이기도 하다.

매동마을 뒤쪽에서 숲으로 접어들기 위해선 경사가 제법 심한 오르막을 거쳐야 한다. 숨이 벅차오르는 구간이지만 착실히 오르다보면 평평한 지역에 마련된 쉼터(11)가 반긴다. 고생 끝에 맞이하는 휴식과 물 한 모금이 그야말로 꿀맛이다.

▶ 장항마을로 넘어가는 길은 덕두산 아랫자락을 휘감으면서 이어진다.
▼ 물도 맑고 소리도 맑은 수성대의 징검다리를 지난다.

4~5

6~7

1 상황마을에서 등구재로 향하는 길 옆으로 다랑이논이 펼쳐져 있다(15~16지점).
2 지리산 둘레길을 알리는 안내판과 각종 이정표들.
3 숲길을 지나 장항마을로 들어서면 당산나무가 길손을 반긴다(6~7지점).
4 종군마을 주민의 밭갈이 모습. 봄기운 가득한 날, 활력이 물씬 피어오른다(3~4지점).
5 '인월~금계' 구간의 대표적인 주막인 '할매쉼터'. 막걸리 한 잔이 절로 생각나게 만든다(12~13지점).
6 람천 주변을 가득 메운 가을 갈대숲 풍경(1~2지점).

중황마을 뒤편의 숲을 뚫고 나오면 평평한 논이 하늘과 맞닿는 멋진 풍경이 연출된다.

여기서부터 새롭게 전개되는 길은 산허리를 감으며 지나는 고요한 숲길이다. 적당히 위아래로 구불거리며 지루함을 덜어준다. 특히 이 구간의 매력은 마을 뒤편의 논밭과 숲길이 번갈아 이어진다는 점인데, 하황-중황-상황마을까지 이처럼 기분 좋은 변화가 계속된다. 마을 안쪽의 산허리를 돌며 아래쪽 마을을 굽어보는 고즈넉한 산골 풍경이 일품인 이 구간은 '인월-금계' 구간 걷기의 하이라이트라 할 만하다. 더구나 하황마을 갈림길(12)에서 등구재 방향으로 향하면 오른쪽 멀리로 지리산 주능선이 가시거리에 들어와 진정 지리산 둘레를 걷는다는 느낌이 확실하게 와 닿는다.

눈길이 즐거워 발길마저 신나는 길을 그렇게 이어가다보면 지리산 둘레길의 명소 하나가 나타난다. 누군가 '할매쉼터'라 이름 붙인 곳인데, 오가는 나그네들의 발걸음을 멈춰 세우는 주막이다. 막걸리·감식초 같은 마실거리가 있고, 파전·도토리묵 같은 먹을거리와 안줏거리도 있다. 이 주막은 중황마을에 사는 할머니가 직접 운영하는 것이라 넉넉한 시골 인심을 곁들여 맛볼 수 있다.

다시 길을 재촉하면 지리산 둘레길 관련 사진에서 흔히 보았던 논두렁(14)

을 만난다. 단순히 논두렁 주변을 돌아가는 길이지만, 유독 이 장소가 회자되는 이유는 독특한 풍경 때문이다. 숲을 뚫고 나오자마자 눈높이에서 확 다가오는 평평한 논과 그 뒤로 열리는 하늘이, 마치 신세계가 열리는 듯한 황홀경이다.

【 상황마을 갈림길―금계정류장 】 지도 15~21

상황마을 갈림길(15)에 이르면 등구재가 얼마 남지 않았다. 마을 뒤편으로 다닥다닥 붙은 다랑이논을 끼고 한달음에 올라서고 싶지만 또 하나의 주막이 길손을 기다린다. 이곳도 된장·꿀 같은 지역 특산품을 팔면서 간단한 마실거리가 준비되어 있는데, 심한 오르막길 직전에 있는 가게라서 쉬어가고 싶다. 이곳에서도 넉넉한 인심을 느낄 수 있다. 지리산 둘레길의 매력은 자연과의 교감뿐만이 아니라, 현지에서 만나는 사람과의 소통에 있기도 하다.

등구재(16)는 전라북도 남원에서 경상남도 함양으로 넘어가는 경계이기도 하다. 쉬 지치지 않도록 천천히 오르며 전라도 땅과 아쉬운 작별을 고한다. 이 고개는 함양 창원마을에서 남원 인월로 장을 보러 다니던 길이었고, 젊은이들이 시집·장가가는 길이었다. 함양보다 남원이 더 큰 고을이다 보니, 주로 창원마을에서 상황마을로 시집을 많이 갔다고 한다. 꽃가마를 타고 이 고개를 넘으며 아쉽고도 서러운 눈물 쏟았을 새색시들을 생각하면, 애달픈 사연이 겹겹이 쌓였을 법한 길이다.

창원마을 윗당산나무 쉼터에서 내려다본 창원마을의 가을 풍경.

18-2

20~21
금계마을에 들어선 후 금계정류장으로 내려가는 길. 19㎞여 대장정이 곧 마무리된다.

등구재를 넘어 숲길을 빠져나오면 무인판매를 하는 주막이 또 나온다. 고개를 막 넘어온 입장에서는 크게 반갑지 않을 테지만, 반대로 이 고개를 오르는 사람들에겐 아주 반가운 쉼터가 될 것이다. 이어 창원마을(경남 함양군 마천면 창원리)로 내려가는 길도 반대편 고개 너머 상황마을(전북 남원시 산내면 중황리)처럼 다랑이논이 펼쳐지지만 그 느낌은 아주 색다르다. 주변 산자락에 둘러싸인 마을이 요람에라도 담긴 듯 포근한 모습인데, 마을을 향해 내리막길로 계속 직진하지 말고 '인월 금계 50' 이정표 지점(17)에서 우측으로 돌아 내려서야 한다. 윗당산나무 쉼터로 향하기 위해 창원마을 이정표(18)까지 내려간 후 좌측으로 잠시 오르면 고즈넉한 마을 풍경은 물론 주변 지리산 자락을 한눈에 바라볼 수 있다.

시원한 당산나무 그늘 아래서 꿀맛 같은 휴식을 취하노라면 그냥 눌러앉고 싶은 마음이 절로 생긴다. 남원 인월에서 등구재를 넘어 이곳까지의 거리가 약 16㎞. 제법 지칠 만도 하지만 마지막 힘을 다하기로 한다. 18번 지점의 창원마을 이정표에서 우측으로 진행하다보면 다시 숲길이 나온다. 몸이 지친 나머지 경치가 눈에 들어오지 않고 습관적으로 발길이 옮겨진다. 키 큰 소나무들이 차츰 사라지면서 하늘이 활짝 열리면 의탄리 금계마을에 이른 것이다(20). 가파른 마을길을 따라 내려가 평지에 닿고, 이윽고 60번 지방도로를 만나면 왼쪽에 금계정류장(21)이 기다린다.

총 18.7㎞에 달하는 '인월-금계' 구간은 여기서 끝나고, 다음 '금계-동강' 구간으로 이어지는 길은 도로 건너 오른쪽에 있는 의탄교에서부터 시작된다.

찾아가기

대중교통 – 남원시 인월면 인월리 인월터미널까지 간 후, 도보로 구 인월교로 이동한다(약 5분 소요).

인월까지 가기
서울 동서울터미널 : 08:20~24:00(8회 운행)
대전 동부시외터미널 : 07:10
광주 종합터미널 : 06:50 11:05
부산 서부시외터미널 : 06:20~17:28(6회 운행)

구인월교까지 걸어가기
인월터미널에서 패밀리마트 편의점 쪽으로 나와 도로를 건너 골목길로 직진하면 람천을 만난다. 람천에서 우측으로 이동하면 제일 처음 나오는 다리가 구인월교다.

승용차 – 88올림픽고속도로 지리산IC를 빠져나와 계속 직진하면 인월면 소재지가 나온다. 주차 편의를 위해 인월면에 들어서기 바로 전인 인월교 차로에서 좌회전한 뒤, 이어 나오는 신촌교차로에서 우회전한다. 쭉 직진하면 다리(풍천교) 하나가 나오는데, 다리를 건너지 말고 샛길로 우회전하면 '지리산길 안내센터'와 주차장이 있다.

P '지리산길 안내센터' 주차장(N35 27 30.7 / E127 36 20.9)에 주차한다.

돌아오기

대중교통 – 함양군 마천면 의탄리 금계정류장에서 버스를 이용해 인월이나 함양으로 이동한 후, 다음 목적지로 향한다.

금계에서 떠나기
인월 : 07:50~20:05(5회 운행)
함양 : 07:35~19:55(수시 운행)

인월에서 떠나기 〈찾아가기〉의 역순

함양에서 떠나기
서울 동서울터미널 : 06:30~19:00(10회 운행)
서울 남부터미널 : 10:10 11:20 13:10 14:50 00:10
인천터미널(수원, 안산 경유) : 08:00~18:30(7회 운행)

승용차 – 금계마을에서 인월행 버스를 타고 주차를 해놓은 '지리산길 안내센터'로 돌아간다.

알아두기

숙박 권말 부록 Information 참조
남원 인월면 숙박시설 : 인월면사무소 (063)636-2301
남원 매동마을 민박 : 마을 사무장 011-524-5325
함양 창원마을 민박 : 마천면사무소 (055)960-5421
식당 인월면소재지, 12~13구간 주막
매점 인월면소재지, 코스 내 주막, 창원마을
식수 매점에서 구입하거나 사전 준비
화장실 창원마을 윗당산나무 쉼터

'지리산길 안내센터'

본 코스는 '지리산길 안내센터'가 있는 인월면소재지에서 시작하므로, 먼저 이곳에 들러 여정을 시작하는 것이 좋다. '지리산길 안내센터'에 들르면 구간별로 제작된 팸플릿 지도와 함께 헷갈릴 만한 지점의 안내 설명을 들을 수 있고, 템플 스테이가 가능한 사찰 등의 추가적인 정보도 얻을 수 있다. '지리산길 안내센터'의 운영시간은 9시 30분부터 18시까지이며, 길을 걷는 도중 의문점이 생겼을 시에도 운영시간 내에 전화(063)636-0850로 문의할 수 있다.

소문난 맛집

얼큰 시원한 어탕 | 두꺼비집

어릴 적 강변에서 갓 잡은 물고기에 고추장을 풀어 어탕을 끓여먹던 추억을 되살려주는 집이다. 이 집이 내세우는 어탕국수는 경남 서부지역과 전라도에서 '어죽'이라 부르는 것으로, 여러 가지 민물고기들을 푹 고아 뼈를 걸러낸 국물에 여러 가지 야채와 국수를 곁들여 먹는 음식이다. 맵게 끓여낸 시원한 국물과 소면 국수의 조화를 맛볼 수 있으며, 민물고기에 함유된 다량의 단백질·칼슘 등을 섭취할 수 있는 영양식품이라 더욱 좋다. 구인월교 인근에 위치해 있어 '운봉-인월' 구간 걷기를 끝내거나 '인월-금계' 구간 걷기를 시작할 때 편리하게 이용할 수 있다.

☎(063)636-2979 ⏰08:30~21:00(연중무휴) Ⓟ가능 Ⓜ 어탕국수·어탕 7천원, 붕어찜·메기찜 3만원~4만원 Ⓐ남원시 인월면 인월리 250-4

금계~동강 구간 지리산 둘레길이 수정되었다.

금계마을을 거쳐 의중마을~벽송사~빨치산루트~송대마을을 지나던 길은 의중마을에서

벽송사로 향하지 않고 엄천강으로 방향을 튼다.

이 길의 백미였던 빨치산루트를 걸을 수 없어 아쉽지만,

한적한 오솔길과 너른 들판, 은은한 정취가 느껴지는 엄천강이 걷는 내내 좋은 벗이 되어준다.

추천 테마	아이들과	연인끼리	여럿이	숲	들	계곡	강	바다	문화유적	봄	여름	가을	겨울	난이도
	★★	★★	★★	★★	★		★★★			★★★	★	★★★	★★	무난해요

엄천강 굽이 따라 만나는 정겨운 마을들

금계~동강

【 금계마을─의중마을─모전마을 】 지도 1~4

　　제주 올레만큼 대중적인 인기를 누리고 있는 지리산 둘레길은 약 300km에 걸쳐 총 18개 구간으로 나뉘어져 있다. 지나는 마을만 무려 80여 곳. 소박한 마을을 둘러보며 인심 좋은 주민들과 만나는 즐거움이 지리산 둘레길의 가장 큰 매력이자 자랑이다.

　　금계마을 버스정류장에 내리면 뒤편으로 금계초교(폐교) 내에 위치한 지리산 둘레길 함양안내센터(1)가 나온다. 이곳에서 무료로 지리산 둘레길 안내지도를 받아볼 수 있고, 마을 주민인 안내원으로부터 코스 설명을 들을 수 있다. 특히 4구간은 처음과 달리 길이 많이 바뀌었으므로 안내원의 자세한 설명을 듣고 출발하는 것이 좋다.

　　안내센터에서 도로로 나와 의탄교를 건넌다. 다리 아래 장맛비로 인해 물이 불어난 엄천강이 시원하게 흐른다. 의탄교를 건너면 칠선계곡으로 가는 길과 나뉜다. 칠선계곡은 설악산의 천불동계곡, 한라산의 탐라계곡과 함께 우리나라 3대 계곡으로 뽑힌다. 2009년 10년 만에 개방된 후 손때를 타지 않은 비경을 보기 위해 탐방객들의 문의가 끊이지 않는다.

◀ 함양의 젖줄인 엄천강은 지리산 북부 지역을 가로질러 남강으로 흘러든다(1~2지점).
▶ 의중마을 쉼터에 세워진 안내판. 변경된 길은 옛 구간인 벽송사~빨치산루트 대신 왼쪽 엄천강 숲길로 이어진다(3지점).

【인월―금계 18.7km】

오도재 함양 · 인월

창원리

경 상 남 도
함양군
마천면

1023

마천 · 산내 · 인월

금계마을

지리산 둘레길 1
함양안내센터

의탄교

견불마을

문정리

약 1Km

3
의중마을 쉼터 숲 길

의탄리

서암정사

용유담

엄 천 강

백련마을

문하마을

문하교
송문교

운서 쉼터

4
모전마을

5
송전마을

와룡암

6

7

벽송사교

빨치산루트

8
운서마을

운서리

원기 버스정류장 10
원기마을

엄천교 함양 · 산청

송대마을

송전리

휴 천 면

동강리

9
동강마을

추성리

【동강―수철 11.9km】

걷는거리 ● 총 11.2km
걷는시간 ● 4시간
난 이 도 ● 무난해요

출 발 점 ● 경남 함양군 마천면 의탄리 금계마을
종 착 점 ● 경남 함양군 휴천면 동강리 동강마을
추천테마 ● 아이들과, 여럿이, 숲길, 물길, 봄, 가을

갈림길에서 왼쪽 포장도로로 가면 오른쪽 산기슭 입구에 '의중마을 길' 이라 적힌 조그만 안내판이 보인다(2). 여기서 안내판을 따라 호젓한 숲을 10분쯤 오르면 커다란 보호수가 자라고 있는 의중마을 쉼터(3)에 닿는다. 길은 다시 두 갈래로 나뉘는데, 직진하면 벽송사~빨치산루트~송대마을로 가는 옛 구간 쪽이다. 지금은 벽송사까지만 갈 수 있다. 벽송사는 108명의 큰스님을 배출한 고찰로 국보급 문화재를 여럿 보유하고 있다.

새 코스는 의중마을 쉼터에서 오른쪽 '동강길' 이정표 방향으로 가야 한다. 출입이 통제된 기존의 벽송사~빨치산루트~송대마을 구간은 재개통 여부가 불투명하다. 이 구간은 둘레길을 걷는 탐방객들이 농작물을 무단 채취하거나 마을 주변에 쓰레기를 버리곤 해 주민들의 항의로 2010년 4월 통제됐다. 미래에 다시 둘레길에 포함된다면, 다시는 마을 주민들에게 피해를 끼치는 일이 없어야한다.

마을 골목을 지나 엄천강이 내려다보이는 울창한 숲으로 들어선다. 이전의 길은 꽤 가파른 편이었는데, 바뀐 구간은 완만한 산사면을 따라 나 있어 좀더 여유롭고 편하게 걸을 수 있다. 시누대가 높다랗게 자란 숲길을 지나 농로를 잠시 걷는다. 개망초가 흐드러지게 핀 좁은 오솔길로 들어서면 계곡 주변으로 다랑이논이 펼쳐져 있다.

도심 주변 숲길과 뭐 다르랴 싶겠지만, 오랜 숲의 기운과 감흥은 도심의 숲에 비할 바가 아니다. 어깨 높이까지 자란 풀들을 헤치며 걷는데 갑자기 귀에 거슬리는 소음이 들린다. 한적한 숲에서 들어야 할 종류의 소리가 아니다. 공사장 주변에서나 나는 거친 굴삭기의 굉음이다. 소리 나는 곳을 찾아보니 엄천강 너머 산중턱에서 장비를 동원해 산을 깎고 그 벽면에 거대한 석불을 새기고 있다. 과연 부처님이 바라는 풍경일지 아닐지 생각해 보다가 소음에 떠밀려 발길이 빨라진다. 공사가 마무리될 때까지, 이 한적한 길은 소음으로 시

5~6
한적한 운서마을 풍경.

▲ 걷기 좋은 숲길 옆으로 개망초가 흐드러지게 피었다.

▼개망초 꽃잎에 내려앉은 꽃등에.

끌벅적할 것이다.

　30분 정도 숲길을 걷다가 도로와 만나는 모전마을 입구 삼거리(4)에 닿으면 숲속의 어둑한 기운이 가신다. 여기서부터는 강렬한 태양과 발바닥을 달구는 아스팔트도로를 견디며 걸어야 한다. 아스팔트도로는 와룡암이 있는 송문교까지 이어진다.

【 모전마을 송전마을 동강마을 】 지도 5~10

　삼거리 옆 용유교 아래, 넓은 소를 이룬 용유담에서 잠시 쉰다. 아홉 마리 용이 살았다는 용유담은 기암들과 어우러진 경치가 아름다워 예부터 많은 시인묵객들이 찾던 곳이다. 용유담 옆 정자에 앉아 땀을 식히고 송전마을로 향한다. 얼마 걷지 않았는데도 다시 온몸이 땀에 젖는다. 한여름 햇살이 수백

커다란 보호수가 자라는 의중마을 쉼터.

7~8

만 개의 바늘처럼 느껴진다. 둘레길 모든 구간이 숲길이고 흙길일 수야 없지
만, 뙤약볕 아래 아스팔트도로를 걷는 일은 즐겁지 않다. 도시의 아스팔트길
과 다른 점이 있다면 지리산 품에 안긴 시골마을 집들과 논밭의 풍경이 작은
위로가 된다는 것이다.

송전마을(5)에서 벽송사~빨치산루트~송대마을을 거치는 이전의 길과 합
류한다. 이후부터 동강마을까지 구간은 이전과 같다. 엄천강이 흐르는 송문
교에서는 용이 누운 모습과 비슷하다는 와룡암이 내려다보인다.

송문교(6)를 지나면서 땡볕의 아스팔트도로가 끝나고 시멘트포장길이 시
작된다. 바짝 열이 오른 발바닥이 차츰 진정이 된다. 주변으로 나무가 울창해
더위도 덜하다. 걷는 길에 만나는, 간판도 없이 조그마한 메뉴판 하나 달랑
내건 주막이 지나는 소낙비처럼 반갑다. 마을 주민들이 운영하는 곳인데, 이
지역에서 나는 차와 시원한 얼음 막걸리 등을 싸게 판다.

▲ 운서마을로 향하는 길에는 엄천강과 다랑이논이 펼쳐진 시
원한 풍광이 기다린다.
▶ 흰 바위들이 눈길을 끄는 엄천강 전경.

4~5

지리산 둘레길은 지리산을 터전으로 살아가는 주민들의 삶을 가감 없이 보여준다.

쉬엄쉬엄 걸어 숲길을 지나자 커다란 정자가 있는 운서 쉼터(7)가 나온다. 이곳을 지나고 부터는 옹기종기 모여 있는 집들과 지리산 둘레길의 상징이 된 드넓은 다랑이논, 그 사이를 가로지르는 도도한 엄천강의 물줄기가 한눈에 잡힌다. 산과 강, 들판이 어우러진 풍경에 취해 걷다보면 어느새 4구간의 종착점인 동강마을이다.

마을 내 삼거리(8)에서 오른쪽으로 가면 수철마을까지 가는 5구간과 연결된다. 동강마을에서 일정을 끝낼 경우에는 엄천교(9)를 건너 원기마을 버스정류장(10)에서 마무리한다. 이곳에서 군내버스를 타면 시작점이었던 금계마을로 되돌아갈 수 있다

찾아가기

대중교통 - 경남 함양군 함양읍 함양터미널(055-963-3745)에서 함양군 마천면 방면 군내버스를 타고 금계마을 버스정류장에서 내린다.

함양터미널까지 가기
서울 동서울터미널 : 07:00~24:00(11회 운행)
서울 남부터미널 : 08:40~23:00(4회 운행)
인천터미널(수원, 안산 경유) : 07:50~18:20(7회 운행)
부산 서부터미널 : 07:00~17:00(6회 운행)
대구 서부터미널 : 06:33~19:30(14회 운행)

금계마을까지 가기
함양 : 06:20~19:40(24회 운행)
남원시외터미널(시내버스) : 06:05~20:15(16회 운행)

승용차 - 88올림픽고속도로를 타고 가다 함양IC로 빠져 함양 방면으로 우회전한다. 약 2km 거리의 함양읍내 입구사거리에서 인월 방면으로 좌회전한 후 24번 국도를 따라 6km 정도 간다. 왼쪽에 '한국의 아름다운 길 푯말과 함께 오도재를 가리키는 이정표가 나오면 좌회전한다. 마을길 옆으로 잠시 지나 지안재와 오도재의 구불거리는 길을 12km 정도 가다 엄천강이 나오는 삼거리에서 우회전하면 200m 전방 오른쪽에 금계마을이 보인다.

Ⓟ 금계마을 버스정류장 뒤편 금계초교(폐교) 내 운동장(N35 24 13.1 E127 41 07.7)에 주차한다.

돌아오기

대중교통 - 엄천교를 건너 원기마을 버스정류장에서 금계마을로 되돌아가거나 함양터미널로 가는 버스를 탄다.

동강마을에서 떠나기
동강→함양 : 07:47~20:07(21회 운행)
동강→금계 : 07:00~19:00(21회 운행)

함양터미널에서 떠나기
서울 동서울터미널 : 06:30~19:00(11회 운행)
서울 남부터미널 : 10:10~00:10(5회 운행)
인천터미널(수원, 안산 경유) : 08:00~18:30(7회 운행)
부산 서부터미널 : 08:00~18:30(6회 운행)
대구 서부터미널 : 07:20~19:50(17회 운행)

승용차 - 원기마을 버스정류장에서 약 30분마다 오는 군내버스를 타고 주차해 둔 금계초교로 돌아간다.

알아두기

숙박 금계마을(1지점), 송전마을(5지점), 동강마을(8, 9지점)
식당 의중마을(2지점), 칠선계곡 입구, 송전마을(5지점), 동강마을(8, 10지점)
매점 금계마을(1지점), 송전마을(5지점), 동강마을(8지점)
식수 코스 내 없음. 매점에서 구입
화장실 금계마을(1지점), 동강마을(8지점)

소문난 맛집

송전마을찻집

밀레니엄으로 한창 떠들썩하던 2000년, 대구에 살던 노부부는 그저 산이 좋아 지리산에 기댄 송전마을로 짐을 싸들고 들어와 정착했다. 소박하고 아담한 송전마을찻집은 이 노부부가 소일삼아 혹은 본업삼아 운영하는 민박집이자 밥집이다. 간판도 없이 길옆에 내걸은 자그마한 메뉴판에는 '막걸리·라면·커피·꿀차'라는 문구가 매직으로 단출하게 쓰여 있다. 하지만 재료만 있으면 안 되는 것이 없을 정도로 안주인 서복연씨의 요리 솜씨는 마술의 경지다.

이른 아침이면 개간하는 오미자 밭으로 일을 나가기 때문에 혹여 지나는 길손이 빈 찻집에 들르면, 그냥 알아서 마시라고 냉장고에 차가운 물을 비치해 둔단다. 또 밭에 나가 있다가도 손님이 전화를 하면 얼른 달려오는 정성을 보여준다. 이 노부부의 찻집에서는 식사시간이면 손님과 주인이 모두 한 상에 둘러앉아 지리산이 키워낸 채소 등으로 푸짐한 웰빙식사를 한다. 그러면 20년 넘게 청바지를 멀리 해본 적이 없다는 입담 좋은 바깥주인의 산 이야기가 덤으로 주어진다. 지리산 둘레길 송대마을에서 송전마을로 내려오면 마을 입구 왼쪽에 있다.

☎(055)963-7590, 011-822-3733 ✿08:00~22:00(연중무휴) Ⓟ마을회관에 세우고 도보 5분 ☯백반 5천원 ⌂함양군 휴천면 송전리 351번지

물길 숲길 옛길로 재 너머 하늘 길에 오르다

동강~수철

엄천강을 벗어난 지리산 둘레길은 우리 현대사의 상흔 속으로 흘러 들어간다.
'산청·함양사건추모공원'을 지나면 아름다운 상사계곡 숲길이 기다린다.
왕산 자락의 쌍재와 고동재를 잇는 낡은 옛길은 오래 입은 옷처럼 편안하다.

추천 테마	아이들과	연인끼리	여럿이	숲	들	계곡	강	바다	문화유적	봄	여름	가을	겨울	난이도
	★★★	★★	★★★	★★★	★	★★★			★	★★★	★★	★★	★	무난해요

【 동강마을─추모공원─상사계곡 】 지도 1~5

동강마을을 벗어나는 길은 엄천강을 훑고 날아온 바람이 왈칵 안기는 들길이다. 들길을 지나 마을과 멀어지면 찻길이 나온다(2). 찻길 옆에 세워진 방곡마을 표지석이 오른쪽을 가리킨다. 그대로 따라 걷는다. 시원스레 뚫린 왕복 2차선 아스팔트 차도지만 자동차는 커녕 인적조차 드물다. 차도가 지겨워 찻길 왼쪽으로 흐르는 오봉천 너머의 나란한 논길로 걷고 싶다는 생각이 들 무렵 2단으로 맞배지붕을 올린 '회양문(廻陽門)'(3)이 길 오른쪽에 나온다. 이 문은 6.25전쟁 당시 빨치산 소탕이라는 구실 아래 우리 국군의 총검에 무고하게 학살당한 양민들의 넋을 위로하기 위해 조성한 '산청·함양사건추모공원' 의 정문이다.

산청·함양사건은 빨치산 토벌 책임을 맡은 한 부대가 인근 주민들도 빨치산과 한통속이라는 적개심으로, 가현·방곡·점촌 마을을 초토화하는 작전을 감행한 결과, 705명의 양민을 학살한 참극이다. 고인들의 영령을 위로하며 추모공원 앞을 지난다.

▲ 상사계곡과 왕산 임도를 연결하는 대나무 길(7~8지점).
▶ 아름다운 물길이 거푸 이어지는 상사계곡(6~7지점).

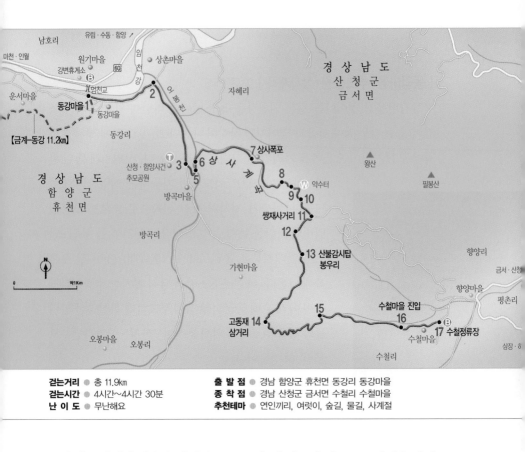

걷는거리 ● 총 11.9km		**출 발 점** ● 경남 함양군 휴천면 동강리 동강마을	
걷는시간 ● 4시간~4시간 30분		**종 착 점** ● 경남 산청군 금서면 수철리 수철마을	
난 이 도 ● 무난해요		**추천테마** ● 연인끼리, 여럿이, 숲길, 물길, 사계절	

　잠시 무거웠던 마음을 벗어두고 100m만 더 걸으면 왼쪽으로 찻길을 벗어나면서 곧 왕산 가는 좁은 길이 이어진다(4). 오봉천(5)을 건너 잘 다져진 소로를 따라가면 점점 좁아지는 길이 상사계곡으로 들어선다. 계곡을 따라 전개되는 숲길. '졸졸졸' '찍찍찍' 물소리에 산새들이 화답한다. 짙푸른 녹음 사이를 용케도 비집고 들어와 군데군데 내려앉은 햇빛이 빗살무늬를 그린다. 이 길을 걷는 마음까지 싱그러움으로 물들이는 빛이다.

【 상사계곡 왕산 임도 】 지도 6~8

　점점 깊은 산중으로 끌어들이는 좁은 숲길이지만, 무너진 곳은 메우고 끊긴 곳은 이어놓은 덕택에 산보하듯 가볍게 계곡을 오를 수 있다. 이렇듯 왕산 자락을 잇는 지리산 둘레길은 푸근하게 웃는 낯으로 길손을 받아들인다. 기

왕산으로 오르는 상사계곡길은 잘 정비돼 있어 편하게 오를 수 있다.

암괴석 사이로 흐르는 계곡길을 30여분 걸으면 '상사폭포의 전설'이란 안내판이 보인다. 내용인 즉, 한 남자가 속으로만 사모하던 여인네를 못 잊어 상사병에 걸려 죽고 말았단다. 그렇게 죽은 남자가 뱀으로 환생해 그 여인의 몸속으로 꼬리를 감추고 들어가려는데, 놀란 여인이 손으로 뿌리쳐 그만 뱀이 죽고 말았다. 이때 뱀이 죽은 자리가 지금의 상사계곡이 되었고, 여인은 폭포의 바위가 되어 계곡물과 함께 어우러지고 있다는 것이다.

상사폭포는 높이 20m의 그리 크지 않은 외형이지만 온통 바위로 병풍을 두른 듯하여 아늑하고 은밀하다. 안내판의 전설 때문인지, 희롱하듯 여러 갈래로 바위를 쓰다듬으며 흘러내리는 폭포 물줄기가 정녕 에로틱하다.

다시 발걸음을 옮긴다. 오솔길이 계곡과 거리를 벌리면서 물소리가 잦아든 숲길은 대번에 고요해진다. 그리고 곧 이어지는 멋진 풍경. 대나무 난간이 조성된

엄천강을 끼고 있는 동강마을 어귀 들길.

좁은 숲길에서는 왠지 떠드는 소리를 내면 안 될 것 같아 발걸음조차 차분해진다. 길가로 늘어진 상수리나무 가지를 피해 고개를 숙이며 가다 보면 오른쪽에 민가 한 채가 스르르 나타난다.

이곳엔 누가 살까? 지리산 시인 이원규씨가 어느 글에서 이야기한, 쌍재 가는 길에서 만난 '초식동물의 눈빛을 가진 사내'가 기거하는 곳일까? 조금 전 대나무길을 지날 때 몇 마디 건네고 무심히 앞질러 간 바로 그 사내의 집? 그 순박해보이던 사내는 왕산 임도와 만나는 갈림길(8)에서 자신의 지프차에 시동을 걸며 편하게 내려가라고 옆자리를 권했다. 감사하지만 걸어가겠다고 사양을 하자 흙먼지가 날리지 않도록 조심스레 출발했다.

【 쌍재-고동재-수철마을 】 지도 9~17

시멘트로 포장된 왕산 임도를 5분여 걸으면 소박한 약수터와 쉼터가 나온다. 석축 사이로 파고든 파이프에서 약수가 졸졸 흘러내린다. 그늘이 없어 쉬어가기엔 아쉬워도 기막힌 물맛 하나는 발목을 낚아채기에 충분하다. 약초와 산삼 재배로 유명한 왕산이 빚어낸 명수(明水)다. 배낭 속 물병을 모두 비우고 새 약수로 채우고서야 자리를 뜬다.

산약초로 유명한 왕산이 빚어낸 약수. 물맛이 일품이다.

▲ 형제지간처럼 좌우로 나란히 솟은 왕산(가장 왼쪽)과 필봉산 봉우리(중간). 장쾌한 시야를 제공하는 산불감시탑 봉우리 조망이다.
▶ 고동재를 지나면 넓은 임도가 수철마을까지 이어진다.

왕산 임도 걷기는 약수터를 지난 지 10분여 만에 쌍재사거리(11)에서 고동재로 난 아늑한 숲길로 발걸음을 옮기면서 마무리된다. 고동재 가는 숲길은 소나무와 굴참·신갈·떡갈·상수리 같은 참나무들이 병정처럼 양옆을 지키고 있다. 마른 가지를 버석거리며 밟고 가다 능선 쪽으로 꺾어 작은 바위 하나를 오르면 갑자기 눈앞이 환해지며 하늘이 내려앉은 듯 전망 좋은 봉우리에 닿는다. 진행 방향에서 왼쪽을 보면 형제지간쯤 돼 보이는 왕산과 필봉산이 좌우 능선으로 어깨동무를 하고 수철마을을 수호하듯 당당하게 솟아 있다.

봉우리를 지나 20분 정도 숲길을 진행하면 비포장 임도를 만나는 고동재

1 수철마을정류장 옆 마을회관. 지리산 둘레길 '동강~수철' 구간의 종착점이다(17지점).

2 지리산처럼 맑은 심성을 가졌을 법한 동강마을 아이들(1~2지점).

3 왕산 입구에서 만나는 등산 안내도. 둘레길은 오른쪽에 보이는 쌍 재와 고동재를 거친다(4지점).

4 애잔한 러브스토리가 깃든 상사폭포(7-1지점).

5 벼농사에 열중인 동강마을 촌로. 농촌 기계화가 진행되어도 땀 한 방울이 쌀 한 톨이라는 공식은 여전하다(1~2지점).

6 현대사의 가장 비극적인 사건으로 꼽히는 '산청·함양사건'의 추 모공원(3지점).

7 '열심히 걸어 건강하게 살라'며 기운을 북돋아 주던 수철마을 몸 빼 할머니.

8 주민이 적은 산촌에는 사람보다 강아지들이 낯선 길손을 먼저 반 긴다.

9 '길찾사' 실사팀의 손기조씨는 하루 걷기가 끝나면 숙소에서 걷기 일지를 꼼꼼히 작성했다.

하얗게 피어오른 밤꽃이 반기는 수철마을 가는 길.

(14)가 나온다. 여기서부터 수철마을까지는 폭넓은 임도 내리막 길이다. 이정표가 안내하는 수철마을까지의 거리는 3.5㎞. 고동재에서 비포장 임도를 1㎞ 정도 내려오다 보면 시멘트길을 만난다. 수철마을이 가까워지자 들큼한 향기가 와락 밀려온다. 산기슭을 개간해 조성한 밤나무밭에 하얀 밤꽃들이 두툼하게 피어있다.

15~16

수철마을을 지나다가 꽃무늬 몸뻬에 맨발로 성큼성큼 걷는 깡마른 마을 할머니를 만났다. 밝은 표정으로 "건강이 최고다. 열심히들 걸어라!' 하며 성원해준다.

"할머니, 너무너무 정정하시네요."

"아이고, 몸이 성한 데가 없다. 인자 힘에 부쳐 농사도 못 짓겠다."

몇 년 전 자동차에 부딪쳐 허리에 보조벨트를 찼고, 콤바인에 쓸린 손가락도 성치 않다는 할머니. 아픈 몸에도 아직까지 혼자 30마지기(3만㎡)의 논농사를 짓고 있단다.

도시생활은 이렇게까지 고되지 않을 것이다. 하지만 도시에는 산이 없고 물이 없다. 놀라운 자연의 치유력이 없다. 이런 도시에서 우리는 경주마처럼 앞만 보고 달린다. 쓰러진 다음에야 뒤돌아보고, 비로소 또 자연의 품을 생각한다.

지리산 둘레길의 의미를 새삼 깨닫게 해준 수철마을 몸뻬 할머니의 전송을 받으며 우리는 그곳에서 1차 지리산 걷기를 마무리했다.

Traffic Guide

찾아가기

대중교통 – 함양군 함양읍 함양공용터미널까지 간 후 금계 방면 군
내버스를 타고 동강마을 맞은편인 원기정류장에서 내린다.

함양터미널까지 가기

서울 동서울터미널 : 07:00~24:00(11회 운행)

서울 남부터미널 : 08:40 10:32 16:10 23:00(4회 운행)

인천터미널(수원, 안산 경유) : 07:50~18:20(7회 운행)

부산 서부터미널 : 07:00~17:00(6회 운행)

대구 서부터미널 : 06:33~19:30(14회 운행)

동강마을까지 가기

버스로 원기정류장에 내린 후, 도보로 엄천교를 건너 좌회전하면 동
강마을 출발지점이다.

함양 : 06:20~19:40분(24회 운행)

승용차 – 88올림픽고속도로 함양IC를 나와 휴천 방면으로 진행한다. 약
6km 지점의 휴천면소재지 삼거리에서 마천·산청 방면 1001번 지방도로로
좌회전, 6km 정도 더 가면 남호삼거리에 닿는다. 여기서 마천 방향으로 우
회전하면 500m 전방 왼쪽에 동강마을로 넘어가는 엄천교가 있다.

🅿 엄천교를 건너지 말고 직진하면 오른쪽에 바로 나오는 강변휴게소
(N35 26 19.0 / E127 45 47,8)에 조심스레 주차한다. 그러나 종착점인 수
철마을에서 대중교통으로 이곳 주차장소까지 돌아오기가 불편하므로 가급
적 대중교통 이용을 권한다.

돌아오기

대중교통 – 산청군 금서면 수철리 수철마을정류장에서 군내버스를 이용,
산청터미널까지 이동한 후 다음 목적지로 향한다.

수철마을에서 떠나기

산청 : 07:10~18:50(8회 운행)

산청터미널에서 떠나기

서울 남부터미널 : 07:32~18:32(7회 운행)

부산서부시외터미널 : 05:40~19:41(수시 운행)

승용차 – 주차 장소까지 가려면 버스를 두 번 갈아타야 한다. 먼저 수철
정류장에서 하루 5회 운행하는 군내버스를 타고 산청까지 간 후, 화계 방
면 군내버스(7회 운행)로 유림면소재지까지 간다. 유림면소재지에서 산내
방면 군내버스(30분 간격)로 다시 갈아타고 5분 정도 가면 주차장소인 원
기정류장에 닿는다.

알아두기

숙박

동강마을 민박 문의 : 휴천면사무소(055)960-5431

수철마을 민박 문의 : 금서면사무소(055)970-8201

식당 동강마을(1지점 부근) **매점** 강변휴게소(1지점 부근)

식수 추모공원 약수터(9~10구간) **화장실** 추모공원

지리산약두부

　친환경 검정콩을 사용해 직접 만드는 일명 약두부와 유
기농 농산물을 사용하는 반찬으로 산청읍에서 잘 알려진
맛집이다. 주 메뉴인 약두부보쌈은 10가지 한방 약초를 우
려낸 물에 산청돼지고기의 삼겹 부위 만을 삶아 손님상에
낸다. 여기에 함께 나오는 약두부를 곁들이면 특유의 고소
한 맛이 입 안 가득 담긴다. 약두부버섯전골과 쇠고기버섯
전골은 약두부와 다양한 천연재료를 진하게 우려낸 육수
에 각종 버섯이 가미되어 담백한 맛을 낸다. 그밖에도 해물
찜과 김치찌개, 비지파전 등의 메뉴도 인기. 산청터미널에
서 도보 10분 거리에 있다. 터미널에서 차황면 방면 59번
국도를 따라 400여m 가다 산청교육청 앞에서 왼쪽으로
120m 진행한 후 오른쪽으로 가면 된다.

📞 (055)974-0288　🕐 11:00~21:00(명절 연휴 휴무)　🅿 가능
🍽 4인 식사 기준(약두부버섯전골 3만 4천원, 쇠고기 3만 9천
원), 약두부보쌈 2만 6천원　📍 산청군 산청읍 지리 750-18

비 그친 산자락에서 운무와 함께 놀다

어천 ~ 운리

경호강이 흐르는 어천마을에서 시작해 웅석봉 임도를 거쳐 운리마을까지 걷는 구간이다.
계곡 쉼터부터 정상 갈림길까지는 웅석봉으로 이어진 등산로를 올라야 하므로 힘든 편이다.
이후에는 한적한 임도를 따라 지리산의 멋진 풍광을 눈에 담을 수 있다.

추천 테마	아이들과	연인끼리	여럿이	숲	들	계곡	강	바다	문화유적	봄	여름	가을	겨울	난이도 청룡터스
	★	★★	★★★	★		★★★	★		★	★★★	★★	★★★		

【 어천마을-아침재-계곡 쉼터 】 지도 1∼6

어천~운리 구간은 웅석봉(1099m) 산자락을 올라야하는 꽤 부담스러운 길이다. 특히 어천마을을 지나 계곡 쉼터부터 정상 갈림길까지는 무릎이 머리에 닿을 정도로 경사가 급하다. 가파른 산길을 1시간 30분쯤 올라야 하므로 어린이나 산행 경험이 없는 이라면 힘에 부칠 수 있다.

어천마을로 갈 수 있는 심거마을 버스정류장(1)에서 내린다. 눈앞으로 경호강(남강 상류)이 펼쳐진다. 인제의 내린천이나 연천의 한탄강 못지않게 급류가 흐르는 경호강에는 이른 아침부터 래프팅을 즐기는 사람들이 북적인다.

어천마을로 이어진 어천교를 건너 큰길을 따라 간다. 수철~어천 구간과 만나는 삼거리(2) 한쪽에는 널찍한 주차장이 있다. 차를 가져 왔다면 이곳에 주차하면 된다. 어천마을에서 다시 5분쯤 걸으면 마을길로 연결된 삼거리(3)가 나온다. 여기서 오른쪽 마을길로 들어선 후 고추 등이 심어진 텃밭과 맑은 계곡을 건너면 고즈넉한 숲길이 이어진다.

야트막한 고개인 아침재(4)는 지리산 둘레길의 6구간과 7구간이 만나는 접점이다. 6구간부터 걷기 시작했다면 어천마을로 내려가지 않고 풍현마을에

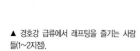

▲ 경호강 급류에서 래프팅을 즐기는 사람들(1∼2지점).
▶ 어천마을을 지나면 걷기 좋은 숲길이 이어진다(4∼5지점).

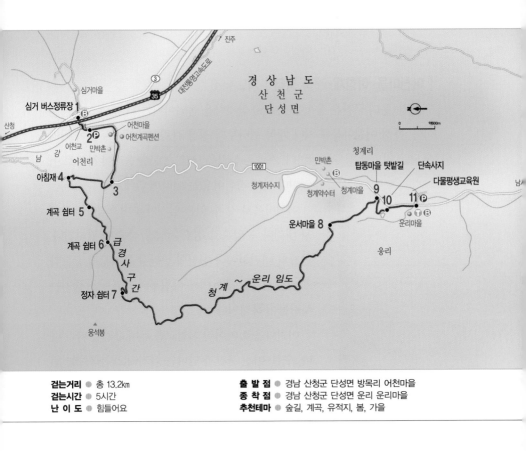

걷는거리	● 총 13.2km
걷는시간	● 5시간
난 이 도	● 힘들어요

출 발 점	● 경남 산청군 단성면 방목리 어천마을
종 착 점	● 경남 산청군 단성면 운리 운리마을
추천테마	● 숲길, 계곡, 유적지, 봄, 가을

서 곧바로 아침재로 오르면 된다. 길은 조그만 사찰인 능석사에 닿으면서 좁은 오솔길로 바뀌고, 그늘 짙은 숲속으로 향한다.

　숲에는 맑게 지저귀는 새소리와 청량한 계곡 소리만 들린다. 인적 드문 길가에는 꽃잎을 흔드는 야생화들이 곳곳에 피었다. 쉬었다 가기 좋은 계곡 쉼터(5, 6)를 연이어 지난다. 걷는 이들을 위해 천천히 쉬었다 가라고 벤치도 놓여 있다. 지리산의 깊은 산골짜기부터 흘러내린 계곡 물은 얼음처럼 차갑다. 7구간은 운리마을에 닿을 때까지 식수를 구하기 어려운데, 이곳에 흐르는 물은 식수로 쓸 수 있을 만큼 깨끗하다.

　계곡 쉼터에서 충분히 쉬었다 가길 잘했다. 길은 계곡을 건너면서 가파른 웅석봉 등산로로 이어진다. 웅석봉은 지리산 천왕봉(1917m)에서 갈라져 나온 산줄기가 점차 낮아지다가 다시 용틀임하듯 솟아오른 산이다. 7구간의 난

이도를 한두 단계 끌어올린 장본인으로, '천왕봉이 그리울 때 오르는 산'이라 이야기할 만큼 조망이 빼어나다.

【 정상 갈림길–웅석봉 임도–운리마을 】 지도 7~11

울창한 나무들이 그늘을 만들어주지 않았다면 포기했을지도 모른다. 만만치 않은 오르막은 끝을 알 수 없을 만큼 길다. 몇 번을 쉬었는지 모를 정도로 자주 멈췄다. 하늘에는 먹구름이 잔뜩 끼어 있지만 머리와 등줄기를 타고 땀이 비 오듯 한다.

얼마 지나지 않아 빗방울이 떨어지더니 금세 장대비로 변한다. 부지런히 걸음을 옮겨 웅석봉의 정상 가는 길과 나뉘는 삼거리(7)에 이르렀다. 다행이다. 6~7명은 충분히 쉴 수 있을 정도로 커다란 정자가 옆에 있다. 먼저 도착해 비를 피하고 있던 사람들도 그칠 줄 모르는 빗줄기만 바라볼 뿐 선뜻 일어서지 않는다.

모든 사물이 움직임을 멈춘 가운데 내리는 비만 연주 중이다. 빗소리가 커졌다 작아졌다 할 뿐 좀처럼 멈출 것 같지 않다. 정자 처마에서 일정한 간격으

어천마을의 맑고 시원한 계곡.

아침재를 지나면 한동안 숲길이 이어진다.

4~5

▲ 웅석봉 맑은 계곡의 무당개구리.
◀ 지리산 둘레길의 전 구간을 종주하는 한 부부. 지리산 둘레길은 혼자 걸어도 좋지만 함께 걷고 싶은 이와 동행할 때 더 좋은 길이다.

로 떨어지는 빗방울을 보다가 최면에 걸린 듯 눈꺼풀이 감겼다. 얼마나 졸았을까, 서늘한 기운에 퍼뜩 정신을 차리고 보니 어느새 비가 그쳤다. 차가운 공기가 주위에 가득하다. 함께 비를 피하던 사람들은 다 제 갈 길을 갔는데 혼자 졸고 있었다. 아직 먹구름이 가시지 않은 하늘을 한번 쳐다보고 서둘러 걸음을 옮긴다. 운리마을에 닿기 전에는 비를 피할 곳이 없다.

길은 웅석봉 정상으로 향하지 않고 '어천·청계 임도' 이정표 방향으로 휘어진다. 여기서부터 탑동마을까지 흙길과 포장길이 뒤섞인 임도가 이어진다. 힘들게 올라야 하는 구간은 더 이상 없다.

깊은 산골짜기에서 피어오른 운무가 기다란 웅석봉 산줄기를 타고 놀다 먹구름 속으로 사라진다. 한여름 비 그친 뒤의 산 풍경은 맑은 날 못지않게 아름답다. 걷기 좋은 임도를 1시간 30분쯤 내려가면 삼거리(8)에 닿는다. 여기서 오른쪽 '탑동마을' 이정표 방향으로 10분쯤 가다가 1001번 지방도와 만나는 오거리(9)에 이르면 오른쪽 흙길로 들어선다. 우스꽝스런 허수아비들이 서 있는 논밭과 텃밭을 지나 탑동마을 골목길로 들어선 후 마을 입구로 가면

▲▲ 안개가 짙게 낀 웅석봉 임도.
▲ 비온 뒤 탑동마을의 깨끗한 풍경.

울창한 숲길이 매력적인 어천~운리 구간. 내내 자연의 소리만 들으며 걸을 수 있다.

단속사지(10)다.

통일신라시대에 지어진 단속사는 한때 스님 수백 명이 머물던 대사찰이었지만 지금은 두 기의 석탑만 남아 있다. 두 석탑(보물 제72 · 73호)은 감은사지에 있는 3층석탑(국보 제112호)처럼 쌍둥이 석탑이다. 크기는 감은사지의 석탑보다 훨씬 작다. 단속사지 옆에는 고려 말 문신인 강회백(1357~1402)이 심었다는 수령 600년의 매화나무가 자라고 있다. 정당매라 불리는 이 매화나무는 강회백이 정당문학 벼슬을 지냈기에 붙인 이름이라고 한다.

단속사지를 지나 1001번 지방도를 따라 10분쯤 내려가면 7구간 종착점인 운리마을(11)에 닿는다. 여기서 다물평생교육원을 지나 갈림길에서 오른쪽 길로 들어서면 8구간으로 연결된다. 8구간은 백운동계곡~마근담~남명조식 기념관을 거쳐 곶감장이 열리는 덕산마을까지다.

통일신라시대 때 대사찰이었던 단속사 터. 현재 두 기의 석탑(국보 제112호)만 남아 있다.

찾아가기

대중교통 – 경남 산청군 산청읍 산청터미널 버스정류장에서 원지 방면이나, 경남 산청군 신안면 원지터미널 버스정류장에서 산청 방면 군내버스를 타고 어천마을로 이어진 심거마을 버스정류장에서 내린다. 버스정류장에서 경호강을 가로지르는 어천교를 건너 5분쯤 걸어가면 어천마을이다.

산청터미널까지 가기
서울 남부터미널 : 08:30~23:00(7회 운행)
부산 서부터미널(원지 경유) : 05:40~19:40(수시 운행)

원지터미널까지 가기
울 남부터미널 : 06:00~24:00(25회 운행)
인천 종합터미널 : 10:20, 13:20, 16:30, 18:50

어천마을 버스정류장까지 가기
산청터미널→어천 : 07:00~18:30(11회 운행)
원지터미널→어천 : 07:30~19:00(11회 운행)

승용차 – 대전·통영고속도로에서 산청IC로 나와 산청교차로에서 신안면 방면 3번 국도(산청대로)로 갈아탄다. 심거교로 빠져나와 어천교를 건너 300m쯤 가면 어천마을이다.

P 어천교를 건너 어천마을 방향으로 100m쯤 가면 지리산 둘레길 공용주차장(N35 21.980 E127 54.830)이 있다. 주차는 무료.

돌아오기

대중교통 – 운리마을에서 청계마을을 거쳐 1001번 지방도를 따라가면 바로 어천마을로 이어지지만, 운행하는 버스가 없다. 마을 앞 정류장에서 진주 방면 버스를 타고 원지에서 내린 후 어천마을(심거마을 버스정류장에서 하차 후 도보 이동)로 가는 군내버스로 갈아탄다. 시외버스를 타려면 산청터미널보다 시외버스 노선이 많은 원지터미널을 이용하는 게 편리하다.

운리마을에서 떠나기
운리→원지 : 06:55, 09:30, 14:50, 18:10
원지→어천 : 07:30~18:50(11회 운행)

원지터미널에서 떠나기
서울 남부터미널 : 05:30~24:20(24회 운행)
인천 종합터미널 : 10:40, 13:20, 16:50, 18:50

승용차 – 〈돌아오기〉 대중교통 참조

알아두기

숙박 어천마을(2~3지점)
식당 어천마을(2~3지점)
매점 어천마을(2~3지점), 운리마을(11지점)
식수 코스 내 식수대 없음. 5, 6번 지점의 계곡물을 식수로 이용하거나 매점에서 미리 구입
화장실 운리마을(11지점)

남사예담촌

구간 종착점에서 인접한 단성면 남사마을은 전통 가옥과 옛 돌담길의 정취가 고스란히 남아 있는 마을이다. 옛 담벼락이 잘 보존된 덕분에 남사예담촌이라고 불린다. 이곳에서는 '산청3매화' 중 하나인 원정매가 자라는 분양고가를 비롯해 경남의 전통 가옥 양식을 그대로 간직한 이씨고가와 최씨고가 등 여러 고택들을 둘러볼 수 있다. 남사예담촌에서는 문화해설프로그램도 진행하고 있으며, 숙박도 가능하다.

남사예담촌에서 멀지 않은 곳에 문익점이 목화를 처음 심었던 목면시배유지와 종교를 불문하고 성인으로 인정받는 성철스님의 생가도 있어 함께 둘러보면 좋다.

문의 : 010-2987-9984, 홈페이지 : yedam.go2vil.org, 주소 : 경남 선청군 단성면 남사리 일대, 입장료 : 없음

들녘 품은 마을, 솔바람 부는 숲길

오미 ~ 방광

오미마을에서는 지리산 둘레길이 두 갈래로 갈라진다. 시원한 강바람을 벗하며 걷는 오미~난동 구간과 숲과 마을, 들판을 지나는 오미~방광 구간이 이곳에서 시작된다. 어느 길을 선택하든 후회가 없을 것이다. 봄이나 가을에 걷는다면 오미~난동 구간이, 여름에는 오미~방광 구간이 괜찮다.

추천 테마	아이들과	연인끼리	여럿이	숲	들	계곡	강	바다	문화유적	봄	여름	가을	겨울	난이도 무난해요
	★★★	★★★	★★★	★★	★★★	★★★			★	★★★	★	★★★	★	

【 오미마을—상사마을—소나무 숲길 】 지도 1~9

섬진강 물줄기가 적시는 들녘에 허리춤까지 자란 벼들이 출렁인다. 그 너머에는 한옥들이 옹기종기 모여 있고, 마을 뒤편에는 지리산이 치마폭 같은 산자락을 펼쳐 놓았다. 보기만 해도 행복해지는 오미마을의 첫 풍경이다.

오미마을 버스정류장(1) 주변은 온통 바람에 흔들리는 논밭이다. 한적한 느낌이 경남 하동군 악양면의 평사리 들판 못지않다. 논길을 걷다가 높다랗게 자란 대나무로 담장을 두른 곡전재에 들렀다. 곡전재는 조선 후기에 지은 한옥이다. 1929년 이 지역의 부농이었던 박승림 씨가 짓고 1940년 곡전 이교신 씨가 인수해 지금까지 그 후손들이 살고 있다. 안으로 들어가자 아담하고 운치 있는 정원이 눈에 들어온다.

곡전재에서 오미마을로 들어서면 또 하나의 고택을 만나게 된다. 조선 영조 52년(1776)에 당시 삼수부사를 지낸 유이주(1726~1797)가 세운 운조루(2)다. 잘 보존한 옛집 특유의 단아한 이미지와 연못에 핀 연분홍 수련이 기막힌 조화를 이루었다.

◀ 전통 한옥과 정원을 둘러볼 수 있는 곡전재(1~2지점).
▶ 오미마을에는 최근 조성한 한옥황토민박마을이 들어서 있다 (2~3지점).

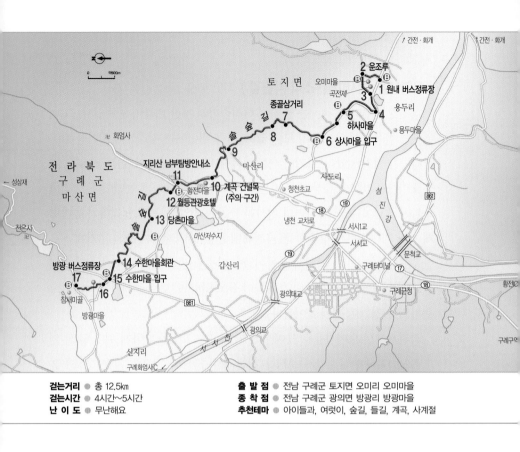

걷는거리 ● 총 12.5km	**출 발 점** ● 전남 구례군 토지면 오미리 오미마을	
걷는시간 ● 4시간~5시간	**종 착 점** ● 전남 구례군 광의면 방광리 방광마을	
난 이 도 ● 무난해요	**추천테마** ● 아이들과, 여럿이, 숲길, 들길, 계곡, 사계절	

운조루에서 한옥황토민박마을과 오솔길(3)을 거쳐 큰 사거리(4)에 도착한
다. 이곳에서 길은 두 갈래로 나뉜다. 용두마을 표석이 서 있는 왼쪽 길로 들
어서면 섬진강 줄기를 따라 걷는 14구간(오미~난동)이다. 숲길이 주를 이룬
15구간(오미~방광)은 오른쪽 '하사마을' 이정표 방향으로 가야 한다. 두 길은
16구간(방광~난동~탑동)에서 다시 만난다.

지리산 둘레길은 주철마을에서 시작해 지리산국립공원을 중심으로 원을
그리면서 다시 출발지로 돌아오는데, 오미마을에서 길이 두 갈래로 나뉜 건
두 길 모두 놓치기 아까울 만큼 아름답다는 게 이유일 것이다. 강을 따라 걷느
냐 숲길을 걷느냐의 차이뿐, 두 길이 지닌 매력은 서로 겨룰 것이 못된다.

섬진강을 따라 걷는 14구간은 시원한 바람이 부는 봄이나 가을 무렵 더 좋
지 않을까? 지금은 여름이니, 숲이 많아 햇빛을 피할 수 있는 15구간을 걷기로

74

조선 영조 때 지은 운조루. 단아하고 정갈한 느낌이다.

한다.

넓은 논밭이 내려다보이는 고개를 넘어 시골 냄새 물씬한 하사마을(5)로 들어선다. 사람들의 발길이 드문 덕분인지 고추, 파 등이 아무런 방해 없이 쑥쑥 자라고 있는 텃밭에는 1~5구간 마을을 지날 때 흔히 보았던 '외부인 출입금지'나 '채취금지' 등의 경고판을 볼 수가 없다. 오래도록 이 모습 그대로 지켜지길.

마을을 에둘러가는 하사마을과 달리 윗동네인 상사마을(6)부터는 골목길을 걷게 된다. 길은 '마을안길'과 '녹차길'로 나뉘는데, 가정집들 사이를 지나는 마을안길보다는 아담한 녹차밭이 조성된 녹차길을 선택한다. 초록 들판이 시원시원 펼쳐진 길이다.

상사마을 뒤편 숲길을 오르면 잠시 후 계곡이 졸졸 흐르는 종골삼거리(7)다. 여기서부터 한참 동안 솔향기 짙은 숲길이다. 계곡을 건너 조경농원과 과

길 찾기를 도와주는 지리산 둘레길 나무표지판.　　수한마을에 닿기 전 그림 같은 시누대 숲을 지난다.

들 러 보 세 요

각황전이 사찰의 중심인 천년고찰 | 화엄사

　황전마을을 지날 때 화엄사도 들러보자. 지리산 대표 사찰의 하나인 화엄사는 신라 진흥왕 5년(544)에 인도 승려인 연기조사가 세웠다고 전한다. 경내로 들어서면 웅장한 각황전에 저절로 눈길이 간다. 보통 대웅전이 눈에 먼저 들기 마련인데, 화엄사는 비로자나불을 모시는 각황전이 중심을 이루고 있다. 단청 빛은 고색창연하면서도 곱다.

　화엄사는 숙종의 친필 현판이 걸려 있는 각황전(국보 제67호)을 비롯해 석등(국보 제12호), 4사자3층석탑(국보 제35호), 대웅전(보물 제299호) 등 수많은 문화재를 보유하고 있다. 봄철에는 경내 주변의 홍매화가, 가을에는 짙게 물든 지리산 단풍이 화엄사의 아름다움을 더한다.

　문의 : (061)782−0019, 주소 : 전남 구례군 마산면 황전리 12, 입장료 : 성인 3천원, 청소년 1천600원, 어린이 1천300원

수원을 지난다(8, 9). 오른쪽으로 보이는 사방댐 징검다리를 건너면 다시 그늘 드리운 소나무 숲길이다.

【 황전마을-소나무 숲길-방광마을 】 지도 10~17

소나무 숲을 나오면 갑자기 시야가 탁 트인다. 저수지 옆 풀숲을 헤치며 내려가자 저 멀리 꽤 높은 건물들이 모여 있는 마을이 보인다. 지리산 둘레길에서는 좀처럼 보기 어려운, '먹을거리 풍부한' 황전마을이다. 화엄사로 가는 길목에 있는 황전마을에는 가족호텔 같은 숙박시설과 식당들이 모여 있다. 꽤 오랜 시간 아무것도 먹지 않고 걸었던 탓에 입에 침부터 고인다.

그런데 맙소사, 계곡 앞에 다다르자 어안이 벙벙하다. 계곡을 건너야 황전마을로 갈 수 있는데, 전날 비가 많이 온 탓에 물줄기가 폭포처럼 변했다. 계곡 위아래를 샅샅이 훑어 봤지만 우회할 방법이 없다.

굶주리니 용감해진다. 계곡을 유심히 살펴보니 가운데 급류만 조심하면 건널 수 있을지도 모른다는 생각이 든다. 한 발을 내딛는다. 구름 한 점 없는 여름 한낮이지만 온몸에 소름이 돋을 만큼 물이 차다. 애국가를 부를 때 빼고는 입 밖으로 내어본 적 없던 하느님 소리가 절로 나온다. 잔뜩 긴장한 채 조심조심 계곡을 건너는 데 성공. 건너자마자 다리 힘이 빠져 땡볕이 달군 바닥 위에 대자로 뻗어버렸다. 곧이어 차 한 대가 다가온다. 군청에서 나온 공무원인 모양이다. 잠시 서로 황당한 표정으로 쳐다본다. '여길 어떻게 건너셨어요?' '죽을 고비 넘기고 나니까 오시네요.' 무언의 대화는 처량한 눈빛만으로 충분하다. 계곡 사진을 찍으며 상황을 체크하고 그들은 돌아갔다. 이후 군청

▶ 황전마을(화엄사 입구)로 가려면 계곡을 건너야 한다. 물줄기가 거셀 때는 건널 수 없으므로 코스를 걷기 전 기상 체크는 필수다.

▲▲ 수한마을의 집들.
▲ 수한마을에서 방광마을로 가는 길에 만난 너른 들판.

하사마을로 가는 길, 철원의 평야지대 못지않은 드넓은 논밭이 펼쳐진다.

에 문의해 보니 이곳에 다리를 놓을지 아직 결정하지 않았다고 한다. 다리가 놓이기 전까지는, 계곡물이 불었을 때는 절대 건너서는 안 될 구간이다.

계곡 옆으로 난 마을길(10)을 따라 걸어 화엄사 입구 관광지구 내로 들어섰다. 생명 연장의 꿈이 이뤄져서인지 배고픈 것도 모르겠다. 허기만 달랜 후 지리산국립공원 남부탐방안내소(11)를 지나 월등관광호텔 앞 삼거리(12)까지 걷는다. 이곳에 표지판이 있는데, 나무 아래 어둑한 곳에 있어 잘 보이지 않으니 주의해서 찾아보아야 한다. 이 표지판을 보지 못하고 무심코 지나쳐 꽤 먼 난동마을까지 갔다가 되돌아왔다.

길은 월등관광호텔에서 오른쪽 오르막길을 따라 소나무 숲으로 이어진다. 당촌마을 가는 길과 나뉘는 삼거리(13)에서 오른쪽 길로 접어든 후 대나무 숲을 지나면 수한마을 뒷골목에 이른다. 돌담을 벗하며 걷다가 수한마을회관 앞 삼거리(14)에서 커다란 보호수가 서 있는 오른쪽으로 길이 휘어진다. 수한마을 표석이 서 있는 사거리(15)에서 길을 건너 직진하면 다시 사거리(16)와 만나는데, 왼쪽으로 가면 용정마을이고 오른쪽으로 가면 이 길의 종착점인 방광마을이다.

저 멀리 방광마을 입구 너른 들판에 커다란 보호수가 우뚝 서 있다. 지리산 둘레길을 걸으면 많은 마을을 지나게 되는데 마을마다 수백 년은 되었을 법한 보호수가 꼭 있다. 오랜 세월 마을을 지켜 온 그 나무들을 보면 이상하게 안심이 되고 마음이 푸근해진다.

여름, 마을은 온통 푸르다. 온 세상에 생명의 기운이 가득하다. 풍요를 약속하는 여름이길 바라며 유달리 짜릿했던 산책을 마무리한다. 노인당 앞 삼거리에서 왼쪽 골목길로 걸어가면 방광마을 버스정류장(17)이 나온다. 지리산 둘레길의 16구간(방광~탑동)은 정류장 앞 사거리에서 길 건너 참새미골 쉼터로 이어진다.

◀ 방광마을 초입에 서 있는 커다란 보호수.
▼ 오미~방광 구간에는 울창한 소나무 숲이 많다.

Traffic Guide

찾아가기

대중교통 – 전남 구례군 구례읍 구례터미널(061-780-2730, 구례여객 061-782-8584)에서 운조루로 바로 가는 버스도 있지만 하루 6회만 운행한다. 이 버스를 이용하기보다는 하루 20~30분 간격으로 운행하는 토지·화개 방면 버스를 이용하는 게 편리하다. 19번 국도변에 위치한 오미마을 버스정류장에 내려 '곡전재·운조루' 이정표 방향으로 10분쯤 걸어가면 운조루다.

구례터미널까지 가기
서울 남부터미널 : 07:30~22:00(8회 운행)
광주 종합터미널 : 06:20~20:35(26회 운행)
부산 서부터미널 : 07:00~19:00(11회 운행)

오미마을까지 가기
구례→오미 : 06:10~19:40(20분~30분 간격)
구례→운조루 : 06:40, 08:40, 11:10, 13:30, 15:00, 18:30

승용차 – 순천완주고속도로에서 구례화엄사IC로 나와 광의·산동 방면 19번 국도를 이용한다. 용두마을 입구 GS토지주유소를 지나 700m 직진하면 오미마을 버스정류장이 나오고, 왼쪽 '운조루' 이정표 방향으로 300m 더 들어가면 오미마을 내에 있는 운조루가 보인다.

Ⓟ 운조루 버스정류장 옆 공터(N35 12,321 E127 30,883)를 이용한다.

돌아오기

대중교통 – 방광마을에서 오미마을로 바로 가는 버스는 없다. 구례까지 간 후 토지 방면 버스로 갈아타서 오미마을 버스정류장에서 내린다.

방광마을에서 떠나기
방광→구례 : 06:40~20:00(20회 운행)
구례→오미 : 06:10~19:40(20분~30분 간격)
구례→운조루 : 06:40, 08:40, 11:10, 13:30, 15:00, 18:30

구례터미널에서 떠나기
구례→서울 남부터미널 : 07:10~19:45(8회 운행)
구례→광주 종합터미널 : 06:35~20:30(26회 운행)
구례→부산 서부터미널 : 06:30~19:30(12회 운행)

승용차 – 〈돌아오기〉 대중교통 참조

알아두기

숙박 운조루(2지점), 한옥황토민박마을(2~3지점), 황전마을(화엄사 입구 관광지구) 내 다수(10~12지점)
식당 황전마을 내 다수(10~12지점)
매점 황전마을(11지점), 수한마을 입구(15지점)
식수 지리산 남부탐방안내소(11지점)
화장실 운조루(2지점), 지리산 남부탐방안내소(11지점), 참새골 쉼터(17지점)
운조루 입장료 성인 1천 원, 청소년 800원, 어린이 무료

소문난 맛집

지리산대통밥

화엄사 입구 관광지구 내에 위치한 지리산대통밥 식당은 매체에 수없이 소개될 정도로 유명한 맛집이다. 대통밥은 대나무를 적당한 크기로 잘라 그 안에 쌀과 은행, 대추, 밤, 잣 등을 넣어 지은 밥이다. 영양식으로 충분한데 은은한 대나무향이 식욕을 자극한다.

이 집의 모든 음식은 죽염으로 요리하고, 조미료를 일체 사용하지 않아 담백하다. 죽순, 취나물, 고사리 등 산나물을 비롯한 20여 가지 반찬과 청국장이 함께 나온다.

☎(061)783-0997 ◷08:00~21:00(연중 무휴) Ⓟ가능 Ⓦ 대통밥정식 1만천원, 산채정식 1만원, 더덕구이 2만원 Ⓐ전남 구례군 마산면 황전리 443-10(화엄사 입구)

원시림에서 걸어 나와 세상 속으로

방광~탑동

방광마을에서 참새미골 쉼터를 지나 울창한 숲과 초록 들판을 걷는다. 난동마을부터 지초봉 임도를 따라
해발 600m 고개를 넘는 길은 꽤 숨차지만, 철쭉 피는 봄이라면 풍경에 취해 힘든 줄도 모를 것이다.
고갯마루부터 구례수목원을 지나 탑동마을에 닿을 때까지는 내내 걷기 편한 내리막길이다.

추천 테마	아이들과	연인끼리	여럿이	숲	들	계곡	강	바다	문화유적	봄	여름	가을	겨울	난이도 힘들어요
	★	★★	★★★	★★	★	★★				★★★	★	★★★	★	

【 방광마을─난동마을 】 지도 1~7

방광마을 버스정류장(1)에서 길 건너 내리막길로 들어서면 물놀이 시설과 조경공원을 갖춘 참새미골 쉼터(2)다. 길은 참새미골 쉼터에서 계곡 너머 오솔길로 이어진다. 꽤 으슥한 숲에는 잡풀이 무성하게 자라 무릎까지 쓸어댄

다. 숲에는 둘레길을 걸으며 흔히 보았던 나무표지판이 보이지 않는다. 대신 이정표 역할을 하는 빨간색 리본이 나뭇가지에 드문드문 달려 있어 어렵지 않게 길을 찾을 수 있다.

고요했던 숲길을 나와 소나무 조경수가 빼곡한 포장길로 들어서면 저 멀리 한적한 마을 풍경이 눈에 들어온다. 딱딱한 바닥의 감촉도 잠시, 다시 어둑한 숲이다. 원시림 같은 울창한 숲을 걷는 동안 중간 중간 시멘트 구조물과 만나는데 예전 인근 농장에 물을 대는 수로로 사용했던 것이라고 한다. 오랫동안 방치되었는지 수로 곳곳에 흙과 낙엽이 수북하다.

숲을 지나 한동안 논길을 걷는다. 초록빛으로 출렁이는 논밭이 끝을 알 수 없을 만큼 넓다. 그렇게 논 사이로 길이 계속 이어질 줄 알았다. 한참 걷다가 이상한 느낌이 들어 주위를 살펴보니 나무표지판이 보

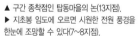
▲ 구간 종착점인 탑동마을의 논(13지점).
▶ 지초봉 임도에 오르면 시원한 전원 풍경을 한눈에 조망할 수 있다(7~8지점).

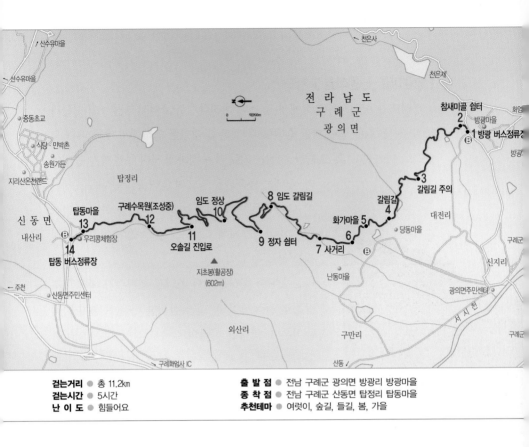

걷는거리 ● 총 11.2km
걷는시간 ● 5시간
난 이 도 ● 힘들어요

출 발 점 ● 전남 구례군 광의면 방광리 방광마을
종 착 점 ● 전남 구례군 산동면 탑정리 탑동마을
추천테마 ● 여럿이, 숲길, 들길, 봄, 가을

이지 않는다. 지리산 둘레길에는 보통 갈림길마다 나무표지판이 세워져 있다. 길을 잘못 든 것이다.

왔던 길을 되짚어 무심코 지나쳤던 삼거리(3)에 도착하자 이정표 방향이 오른쪽 숲을 가리키고 있다. 나무표지판의 방향이 조금 애매해 헷갈렸다. 오른쪽 숲에 빨간색 이정표가 있는 게 눈에 띄지 않았다면 다시 포장길을 따라 내려갔을지도 모를 일이다. 실수하기 쉬운 구간이니 주의해야겠다.

숲과 감나무 과수원을 지나(4) 농업용수로 쓰이는 아담한 저수지와 만나면 당동마을과 화가마을에 닿을 때까지 계속해서 포장길이다. 화가마을(5)은 최근 새롭게 조성 중인 마을이다. 아직은 시멘트 건물들이 대부분이지만 공사가 끝나면 꽤 운치 있을 것 같다. 도로 공사가 한창 진행되고 있어 이정표가 잘 보이지 않는다. 길은 화가마을의 꼭대기 부근인 산중턱 소나무 숲으로 이어진다.

아담한 소나무 숲을 지나자 사각형의 반듯한 논밭이 펼쳐진다. 논밭에 고인 물이 햇빛에 반사되어 눈부시다. 곧이어 나오는 삼거리(6)에서 오른쪽 포장도로를 10분쯤 오르면 난동마을 뒤편 사거리(7)에 닿는다. 소박한 시골 풍경을 지닌 난동마을은 14구간(오미~난동)과 15구간(오미~방광)이 만나는 접점이다. 이 길의 종착점인 탑동마을로 가려면 이곳 사거리에서 '탑동마을 8㎞' 이정표가 가리키는 오른쪽 길로 들어서야 한다.

【 지초봉 임도-임도 정상-탑동마을 】 지도 8~14

사거리부터 이어지는 시멘트 포장길은 지초봉 임도라 불린다. 길은 이 임도를 따라 탑동마을까지 이어진다. 임도 정상인 고갯마루에 닿을 때까지 쉼 없는 오르막이고 거의 그늘이 없어 한여름에는 피하는 게 좋다. 방광마을~난동마을에서 지나온 어둑했던 숲길이 고맙게 느껴지는 구간이다.

지초봉(602m)은 전남 구례군 산동면과 광의면을 가르는 지리산 능선의 한 봉우리다. 수 년 전 일대에 산불이 나서 한동안 벌거숭이였다가 지금은 철쭉

참새미골 쉼터부터 한동안 원시림 같은 울창한 숲길이 이어진다.

2~3

▲▶ 초록 물 흠뻑 오른 난동마을의 논들.

들러 보세요

구례 명물 산수유의 고장 | 상위마을

　구간 종착점인 탑동마을을 비롯한 구례군 산동면 일대에는 산수유나무가 많다. 그 중에서도 산수유마을로 널리 알려진 곳이 상위마을이다. 이른 봄에 찾으면 온통 노랗게 물든 마을 풍경을 볼 수 있다. 마을로 가기 전 관광지구 내에는 최근 새롭게 개장한 지리산온천랜드(061-780-7800)를 비롯해 가족호텔, 펜션 등 숙박시설과 식당이 모여 있다.

을 심어놓아 봄이면 산 전체가 온통 붉게 물든다. 지초봉 정상에는 활공장이 있어 운이 좋으면 하늘을 나는 패러글라이더의 모습도 볼 수 있다.

지초봉 임도에서는 흙길과 포장길이 번갈아가며 이어진다. 흙의 유실을 막기 위해 가파른 구간에는 길을 포장해 놓았다. 길가에는 키보다 높게 자란 나무들과 철탑이 곳곳에 서 있다. 간간히 나무 사이로 보이는 섬진강과 마을 풍경이 시원시원하다.

계곡 삼거리(8)에서 주먹밥으로 허기를 달랜다. 방광마을에서 탑동마을에 닿을 때까지 식당이 없기 때문에 미리 준비해온 것이다. 풍광 좋은 정자 쉼터 (9)를 지나 임도 정상인 고갯마루(10)에 오른다. 길은 지초봉 정상으로 향하지 않고 고갯마루를 넘어 내리막길로 이어진다. 오른쪽으로 보이는 지초봉 정상까지 20~30분이면 갔다 올 수 있으니 여유가 된다면 들러보자.

고갯마루에서 30분 정도 내려가면 이정표가 왼쪽 숲속을 가리킨다(11). 깊은 골짜기에서 흘러내린 계곡을 따라 걷는 길이라 더위를 식히기에 그만이다. 계곡 옆으로 난 오솔길을 지나면 다시 임도와 만난다(12). 길 주변에는 한창 구례수목원이 조성 중이다. 꽤 넓은 부지에 아기자기하게 꾸며질 구례수목원은 이 길의 새로운 명소가 될 것이다.

구례수목원에서 5분쯤 내려가자 이 길의 종착점인 탑동마을(13)이다. 산수

지초봉 고갯마루를 넘는 길은 걷기 좋은 임도다. 저 멀리 볼록하게 솟아 있는 산이 지초봉이다.

7~8

유나무가 군락을 이룬 17구간(탑동~밤재)으로 가려면 탑동마을 앞 큰 사거리 (14)에서 길 건너 효동마을로 가면 된다. 17구간은 효동마을을 거쳐 현천마을 ~계척마을~밤재로 이어진다.

지리산 둘레길은 수평의 눈높이로 지리산과 마을 풍경을 담으며 걸을 수 있는 길이다.

Traffic Guide

찾아가기

대중교통 – 전남 구례군 구례읍에 있는 구례터미널(061-780-2730, 구례여객 061-782-8584)에서 구만리 · 천은사 방면 버스를 타면 모두 시작점인 방광마을을 경유한다.

구례터미널까지 가기
서울 남부터미널 : 07:30~22:00(8회 운행)
광주 종합터미널 : 06:20~20:35(26회 운행)
부산 서부터미널 : 07:00~19:00(11회 운행)

방광마을까지 가기
구례→방광 : 06:40~20:00(20회 운행)

어천마을 버스정류장까지 가기
산청터미널→어천 : 07:00~18:30(11회 운행)
원지터미널→어천 : 07:30~19:00(11회 운행)

승용차 – 순천완주고속도로에서 구례회엄IC로 나와 용방교차로에서 구례 방면 19번 국도를 이용한다. 1.3km 정도 직진하다가 용방삼거리가 나오면 광의 · 천은사 방면으로 좌회전한다. 광의초교를 지나 천은사삼거리 방향으로 2km 더 들어가면 오른쪽으로 방광마을 표석이 보인다.

P 방광마을 버스정류장에서 왼쪽 참새미골 쉼터 내에 주차장(N35 15.831 E127 27.859)이 있다. 주차료는 무료.

돌아오기

대중교통 – 우리마을에서 청계마을을 거쳐 1001번 지방도를 따라가면 바로 어천마을로 이어지지만, 운행하는 버스가 없다. 마을 앞 정류장에서 진주 방면 버스를 타고 원지에서 내린 후 어천마을(심거마을 버스정류장에서 하차 후 도보 이동)로 가는 군내버스로 갈아탄다. 시외버스를 타려면 산청터미널보다 시외버스 노선이 많은 원지터미널을 이용하는 게 편리하다.

우리마을에서 떠나기
우리→원지 : 06:55, 09:30, 14:50, 18:10
원지→어천 : 07:30~18:50(11회 운행)

원지터미널에서 떠나기
서울 남부터미널 : 05:30~24:20(24회 운행)
인천 종합터미널 : 10:40, 13:20, 16:50, 18:50

승용차 – 〈돌아오기〉 대중교통 참조

제2부 지리산 언저리길

전북 남원시

9. 교룡산 순환산책로 / **10.** 광한루원과 애기봉 / **11.** 구룡계곡 자연관찰로 / **12.** 바래봉 철쭉능선 / **13.** 뱀사골계곡과 와운마을

향긋하고 촉촉한 순환임도 한 바퀴

교룡산 순환산책로

교룡산에는 백제 때 축조한 석성이 있어 남원의 철옹성이라 불렸다.
등산도 좋지만 교룡산 기슭을 따라 순환하는 임도는 남원시민들이 즐겨 찾는
산책 코스다. 잘 닦인 숲길에 발 지압장과 다양한 운동시설을 갖췄다.

추천 테마	아이들과	연인끼리	여럿이	숲	들	계곡	강	바다	문화유적	봄	여름	가을	겨울	난이도 쉬워요
	★★★	★★★	★★★	★★★		★	★		★	★★★	★★★	★★★	★★	

【 산곡마을회관-교룡산 순환임도 입구 】 지도 1~2

남원시내 서북쪽에 외떨어져 피라미드마냥 불쑥 솟아난 교룡산. 봉우리 부근의 험준한 산세를 바탕으로 한 지리적 이점으로 백제시대부터 석성이 축조되었다. 성 안에는 우물이 99개나 있었다고 전해지니 그야말로 수비에는 천혜의 요새였으리라. 정유재란 당시 크게 쓰일 기회가 있었으나 당시 원군으로 왔던 양원이란 명나라 장수가 이곳 교룡산성을 버리고, 평지에 있던 남원성에서 전투를 고집하다가 크게 패한 일이 있다. 지금도 석성 일부가 남아 있어 전북기념물 제9호로 지정되어 있다.

등산 코스로도 알려져 있지만 그보다는 교룡산 기슭을 따라 순환하는 임도 숲길이 걷기 코스로 큰 사랑을 받는다. 순환임도 숲길이나 교룡산성 모두 외지에는 별로 알려지지 않았으나 도심과 가까운 덕에 남원시민들에게는 없어선 안 될 쉼터가 되는 것이다. 특히 휴일에는 교룡산국민관광지 주변으로 나들이 온 사람들이 장사진을 이룬다.

교룡산 순환임도를 걷기 위한 시작은 버스정류장이 있는 산곡동 마을회관 앞(1)이다. 이곳에서 약간 경사진 차도를 따라 교룡산성 방면으로 향한다. 마을회관 건물에 작은 구멍가게가 있으므로 살 것이 있다면 미리 구입하고 떠나자. 인적 드문 찻길을 5분 정도 걸어 올라가면 교룡산국민

▲ 고슬고슬 가랑비가 내리는 교룡산 숲길. 청량감이 넘친다(11~12지점).
▶ 교룡산은 그 옛날 동학 농민군들의 근거지이기도 했다(2-1지점).

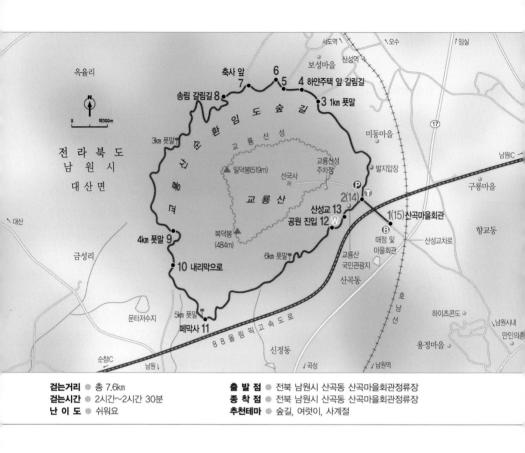

축사 앞
6
옥율리
7 5 4 하얀주택 앞 갈림길
서도역 오수 임실
보성마을 산성역
송림 갈림길 8 3 1km 푯말
순환임도숲길
3km 푯말 교룡산성 미동마을 17
전라북도 밀덕봉(519m) 교룡산성 주차장 발지압장 남원IC 구룡마을
남원시 선국사 P
대산면 교룡산 2(14) T
산성교 13 1(15)산곡마을회관 향교동
대산 공원 진입 12 W
4km 푯말 9 북덕봉 매점 및 교룡산 B 산성교차로
(484m) 마을회관 국민관광지 하이츠콘도 남원시내
금성리 10 내리막로 6km 푯말 산곡동 만인의총
8 8 올 림 픽 고 속 도 로 남 용정마을
문터저수지 산 호
5km 푯말 남원역
순창IC 페막사 11 신정동
남원 곡성

걷는거리 ● 총 7.6km	**출 발 점** ● 전북 남원시 산곡동 산곡마을회관정류장
걷는시간 ● 2시간~2시간 30분	**종 착 점** ● 전북 남원시 산곡동 산곡마을회관정류장
난 이 도 ● 쉬워요	**추천테마** ● 숲길, 여럿이, 사계절

관광지 입구(2)가 나온다. 따로 국민관광지라는 푯말이 있진 않지만 넓은 주
차장과 잘 구비된 대형 화장실 등으로 관광지라는 것을 알 수 있다.

이제 본격적인 숲길 걷기를 위해 순환임도 입구를 찾을 차례다. 관광지 입
구에 있는 첫 번째 주차장을 지나쳐 바로 이어지는 두 번째 주차장에서 오른
쪽으로 향하면 주차장이 끝나는 지점에 이르러 임도 입구를 알리는 '교룡산
성 산책로 조성사업 현장' 안내판이 보인다. 교룡산 순환임도는 복권기금으
로 조성된 산림청 녹색자금으로 꾸며졌으며, 건강체험로와 다양한 운동시설
등이 설치돼 있음을 안내판이 알린다.

【 교룡산 순환임도 】 지도 3~8

아담한 숲길로 조성된 교룡산 순환임도로 들어서면 이팝나무가 고슬고슬

한 쌀밥 같은 꽃잎을 흔들며 산보객을 맞는다. 얼마 걷지 않아 길 한 쪽으로 '맨발로 나를 밟아달라'는 발 지압장이 100m 정도 길게 이어진다. 그리고선 시멘트 포장길이 흙길로 자태를 바꾼다. 임도 전체를 놓고 보면 경사진 곳은 시멘트로 포장을 한 반면, 평지 구간은 자연 그대로의 흙길을 유지한다.

싱그러움이 넘치는 숲길을 걷다 보면 어느새 '1km지점(3)' 이라는 안내판을 만난다. 순환임도에는 1km마다 이런 거리 안내판이 설치돼 있어 어느 때고 자신의 위치를 가늠할 수 있다. 1km 푯말을 지나 오른쪽으로 시원하게 펼쳐지는 마을을 보며 룰루랄라 걷노라면 하얀 주택 앞 T자 갈림길(4)에 닿는다. 왼쪽 과수원 길을 택해 콧노래 흥얼거리며 걸음을 잇는다. 이후로도 오른쪽으로 갈라지는 길이 몇 번 나오지만 교룡산 기슭을 시계 반대방향으로 도는 것이므로 직진하거나 왼쪽 길을 택하면 큰 무리가 없다.

하지만 갈림길 중 주의할 곳이 두 곳 있다. 먼저 4번 지점인 하얀 주택 앞 갈림길을 지나 10분 정도 걸으면 축사 앞 갈림길(7)이 기다린다. 이곳에서 왼쪽을 택한 후 곧바로 만나는 소나무숲 갈림길에선 직진하듯 진행해야 한다. 그리고 두 번째로 신경 써야 할 곳은 축사 앞 갈림길을 5분 정도 지난 지점의 삼거리(8)다. 언뜻 보면 직진하는 게 맞을 것 같지만 왼쪽 길이 바른 코스다. 이

산책로 초반은 교룡산 기슭의 과수원과 농장을 지난다.

12~13

진초록 터널 속의 긴 기지개. 심호흡을 거듭하다 보면 온몸이 날아오를 듯 가뿐해진다.

갈림길을 지난 지 얼마 안 돼 '2km 지점' 푯말을 봤다면 제대로 길을 찾은 것이다.

【 교룡산 순환임도─산곡마을회관 】 지도 9~15

이후로는 교룡산 기슭을 따라 원점으로 되돌아오는 숲길이라는 것만 염두

둘 러 보 세 요

교룡산성과 선국사(善國寺)

신라 신문왕 때 용천사라는 이름으로 창건된 이래, 1894년 동학농민운동 당시 동학군의 은신처가 되기도 한 선국사(善國寺)는 입구의 보제루(普濟樓)에서 내려다보는 남원시가지 풍경이 일품이다. 이 보제루는 마룻바닥 밑에서 임진왜란 당시 승병을 지휘하던 처영스님에게 나라가 내려준 '교룡산성승장동인'이라는 인장이 발견되어 화제가 되기도 했다.

하지만 무엇보다 선국사를 돋보이게 하는 것은 발을 들여놓는 것만으로도 마음을 편안하게 해주는 소탈한 전각과 가람배치에 있다. 그리고 이곳으로 오는 도중에 만나는 교룡산성 입구 석조물의 멋진 조형미도 산사를 찾는 선물로 추가된다.

본 걷기코스의 순환임도 원점회귀가 끝난 14번 지점에서 왼쪽 오르막을 350m 정도 오르면 교룡산성 입구가 나오고, 여기서 3000여m 더 오르면 보제루가 방문객을 맞는다. 경사가 있긴 하지만 험하진 않으므로 쉬엄쉬엄 올라가면 20여분 만에 도달할 수 있다.

▲ 소탈한 가람배치가 편안함을 주는 선국사.
◀ 교룡산성 입구에 있는 아치형 석문.
◀◀ 선국사 보제루. 누각에 서서 남원시내를 조망하는 맛이 특출하다.

에 두면 된다. 길이 갈라지는 곳도 별로 없고, 설령 나온다 해도 어림잡아 방향을 찾아도 길을 잃을 만한 곳이 나오지 않는다. 산책로 왼쪽에 자리한 험준한 교룡산 비탈은 그 옛날 적군에겐 넘보기 힘든 방벽이었을 테지만 지금은 산보객들에게 시원한 산바람의 루트가 되었다. 실타래에서 풀려난 듯 구불거리는 숲길을 계속 이어가면 땀으로 몸은 후줄근해지지만 마음은 씻어낸 듯 온통 생기로 충전된다.

코스 중간 중간 거치는 소나무 숲에서는 폴폴 풍기는 솔향기를 맡으며 솔가리를 아작아작 밟고, 참나무들이 만들어낸 짙푸른 터널에서는 거듭 거듭 심호흡을 하며 지나온 길을 되돌아본다. 어느 지점에서도 위압적인 느낌이 없는 잘 정돈된 숲길 산책로다. 오히려 너무 편안하게 닦인 것이 아쉬울 정도.

그렇게 허위허위 걷다가 '6㎞ 푯말'이 보이면, 임도가 얼마 남지 않았구나 생각하면 된다. 그리고 다시 한 번 꼬부랑거리는 내리막을 걸어 내리면 곧 식수대와 벤치 등의 쉼터(12~13) 시설이 갖춰진 공원이 나온다. 교룡산국민관광지인 이 공원에는 너른 마당까지 있어 흡사 야영장 같아 보이지만 화기(火氣)와 관련한 일체의 행위는 금지되는 곳이다.

이 공원에서 지금까지의 숲길 걷기를 마무리하는 기분으로 잠시 쉬었다 가자. 바짓가랑이에 붙은 먼지도 털고, 시원한 물로 말끔하게 세안을 해도 좋으리라. 공원지역을 그대로 가로지르면 곧 임도 입구가 시작됐던 주차장 부근으로 다시 왔음을 알게 된다(14). 여기서 처음 오던 찻길을 따라 오른쪽으로 내려가면 역시 출발점이었던 산곡마을회관정류장(15)이 기다린다.

Traffic Guide

찾아가기

대중교통 – 남원시 남원시외터미널까지 간 후 산곡동 방면 시내버스를 타고 산곡마을회관 앞에서 내린다.

남원까지 가기
서울 용산역→남원역(전라선) : 06:50~22:45(15회 운행)
서울 센트럴시티→남원고속터미널 : 06:00~22:00(15회 운행)
서울 동서울터미널→남원시외터미널 : 09:00, 10:00, 15:20
광주 종합터미널→남원시외터미널 : 05:50~21:40(수시 운행)
산곡마을회관까지 가기
남원(시내버스) : 10:15 15:00
남원(택시) : 요금 4천원 내외

승용차 – 88올림픽고속도로 남원IC를 나와 남원 방면으로 우회전한다. 약 3km 지점에서 만나는 서문로터리에서 만인의총 방면으로 우회전한다. 약 2km 앞에서 산곡마을회관이 왼쪽에 나온다.

🅿 산곡마을회관을 지나쳐 큰길로 300m 정도 더 가면 2번 지점인 교룡산국민관광지 주차장(N35 25 42.1 / E127 21 51.5)이 오른쪽에 있다. 이곳에 주차한 후 2번 지점부터 걷기를 시작하면 된다.

돌아오기

대중교통 – 산곡마을회관에서 남원행 시내버스를 타고 남원시외터미널까지 이동한 후 다음 목적지로 향한다.

산곡마을회관에서 떠나기
남원행 시내버스 : 10:35 15:30
남원행 택시 : 요금 4천원 내외.
남원에서 떠나기 : (찾아가기)의 역순
승용차 – (찾아가기)의 역순

알아두기

숙박 권말 부록 Information 참조　**식당** 토방유황오리(2지점 부근)
매점 산곡마을회관　**식수** 식수대(12지점)　**화장실** 2지점, 12~13구간

소문난 맛집

새집추어탕

　남원의 음식하면 추어탕이라는 공식을 만든 바로 그 집이다. 지금은 으리으리(?)한 건물을 지어 이전했지만 1960년대 초 개업한 식당 건물이 마치 새집처럼 작다고 해서 이런 이름을 갖게 됐다. 광한루원 좌우로 즐비한 추어탕집 중에서도 이 집으로 손님이 몰리는 이유는 오랜 전통과 한결같은 맛에 있다. 처음 새집추어탕을 시작한 서삼례 할머니가 경영권을 조카인 서정심씨에게 물려주면서 반드시 지켜야 할 것으로 두 가지를 주문했단다. 그 하나가 모든 장류는 직접 담근 것만 사용한다는 것이고, 두 번째 철칙이 추어탕과 숙회에 사용되는 재료는 반드시 자연산 미꾸라지만을 넣으라는 것이었다. 당연한 것 같지만 지키기는 어려운 이 두 가지 원칙을 고집한 덕분에 그 맛이 변함없다는 평가를 받고 있다. 광한루원에서 요천을 왼쪽에 두고 주생면 방향으로 5분 정도 걸으면 오른쪽에 있다.

📞(063)625-2443　🕐08:30~21:00(연중 무휴)　🅿가능　Ⓦ
추어탕 8천원, 새집정식(4인 기준) 8만원　🅰남원시 천거동 160-206

오작교 너머 솔숲에도 흐르는 춘향 연가

광한루원과 애기봉

불멸의 고전 〈춘향전〉으로 인해 광한루는 소설 속 배경을 벗어나 실존하는 남원의 상징물이 되었고,
지금에 이르러 춘향골 남원 관광의 절반을 떠맡는 보고가 되었다. 〈춘향전〉 이야기가 재현된
광한루원 곳곳을 돌아 덕음봉·애기봉 숲길로 향하는 이 길은 걸을수록 재미있고 달콤하다.

추천 테마	아이들과	연인끼리	여럿이	숲	들	계곡	강	바다	문화유적	봄	여름	가을	겨울	난이도 무난해요
	★★	★★★	★★★	★★					★★★	★★★	★★★	★★	★★★	★★	

【 광한루원 정문 광한루원 출구 】 지도 1~2

곧은 획의 예서체로 청허부(淸虛府)라고 쓴 현판을 내건 광한루원 정문(1). 그 글에 깊은 뜻이 있을 법하여 찾아보니 미녀 항아가 산다는 월궁(月宮) '광한청허부(廣寒淸虛府)'에 그 뿌리를 둔 단어다. 청허부라 쓰인 문을 통과하는 순간 달나라 궁궐로 들어선다는 말이렷다. 그리하여 순리대로 광한루(廣寒樓) 앞의 연못은 은하수가 되고, 그 위로 오작교(烏鵲橋)가 놓였다. 연못 위의 섬 세 개는 각각 영주산 · 봉래산 · 방장산이라는 신선의 땅이다. 이렇듯 광한루 주변의 오래된 전각과 조경들은 신선사상을 바탕으로 지어졌다.

광한루원은 일반적인 관람유적지와 다르게 입구와 출구를 따로 두고 있다. 입구인 정문이 남쪽에 있는 반면, 출구는 서문을 이용하도록 되어 있다. 넓이는 약 17만5천㎡로 축구장 24개를 합친 것과 맞먹는다. 외곽을 따라 그냥 한 바퀴 돌면 1㎞가 조금 못되지만 곳곳의 구경거리를 놓치지 않고 챙기려면 족히 2㎞ 정도를 한 시간 가량 걸어야 한다.

광한루원은 중심 건물인 광한루와 함께 대부분의 시설들이 〈춘향전〉과 얽혀 있다. 만약 춘향전이 없었다면 광한루원은 지금보다 훨씬 심심한 곳이 됐을 것이다. 그렇게 남원 관광의 총 책임자인 춘향과 관련된 장치들이

▲ 엷은 안개가 상서로운 기운을 발산하는 숲길. 덕음봉에서 애기봉 가는 길이다(10~11지점).

▶ 우리나라 4대 누각 중 하나인 광한루. 광한루원은 한식 정원의 대표적인 사례로 꼽힌다(1~2지점).

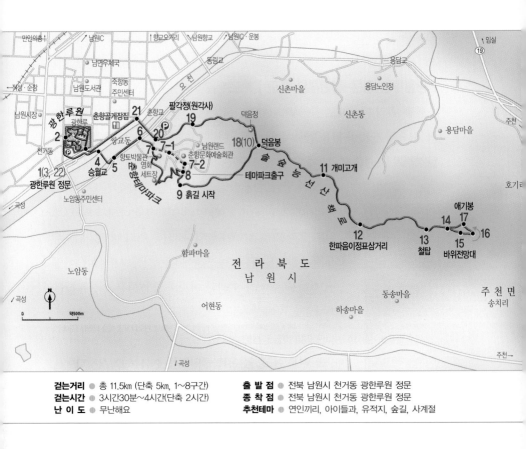

걷는거리 ● 총 11.5km (단축 5km, 1~8구간)	**출 발 점** ● 전북 남원시 천거동 광한루원 정문
걷는시간 ● 3시간30분~4시간(단축 2시간)	**종 착 점** ● 전북 남원시 천거동 광한루원 정문
난 이 도 ● 무난해요	**추천테마** ● 연인끼리, 아이들과, 유적지, 숲길, 사계절

곳곳에서 관람객들 소매를 부여잡는다. 여기에 광한루 앞 연못을 건너는 오작교(烏鵲橋)는 커플이 손 붙잡고 걸으면 사랑이 돈독해진다는 속설까지 붙어 완벽한 러브테마를 완성한다. 그 때문인지 실제로 쌍으로 다니는 관람객이 많다.

【 광한루원 출구 춘향테마파크 】 지도 2~8

광한루원 서문 출구(2)로 나온 후 담장을 따라 다시 정문으로 향한다. 그 사이에 늘어선 수많은 기념품점엔 시퍼렇게 날 선 칼들이 얌전히 포장되어 주인을 기다린다. 여느 곳에서도 보기 힘든 살벌한(?) 광경. 이곳의 대장간 칼이 꽤나 유명하다고 한다. 앞서 들어왔던 광한루원 정문(3) 근처까지 왔으면 다음에는 신호등 건널목을 건너 요천(蓼川) 둑길로 냉큼 오른다. 곧 다리 하나가 눈길을 끈다. 이름도 멋진 승월교(昇月橋). 하늘로 날아오를 듯 부드러운 곡선의 승월교는 난간에서 쏘아 올리는 분수 78개와 수백 개의 조명으로 치장한다. 밤에 오르면 정말 달을 밟는 기분일까.

다리를 건넌 후에는 왼쪽으로 빨간 양탄자가 깔린 듯한 길이 기다린다(5). 이 길은 판소리 다섯마당을 주제로 한 테마 워킹 코스로 다양한 석조물이 배치돼 있다. 그중에는 판소리 명창들을 기념하는 조형물도 있다. 이 길을 5분 정도 걷다가 오른쪽을 보면(6) 춘향 테마파크와 춘향 문화예술회관 입구로 통하는 곳이 보인다.

춘향촌(春香村)이라는 편액이 걸린 문 앞(7)까지 도달했다면 이후로 가는 길은 두 갈래다. 먼저 오른쪽에 있는 춘향테마파크(유료)를 방문하거나, 그냥 춘향촌 문을 통과해 질러가는 방법이다. 어느 쪽으로 가든 춘향테마파크 출구이자 산책로 초입인 8번 지점에서 다시 만난다. 먼저

1~2

춘향과 몽룡. 남녀상열지사는 시대를 초월해 지금도 이어진다.

2~3

광한루원 담장길. 저 담장 안에 불멸의 사랑이야기가 실제와 허구를 넘나들며 재구성돼 있다.

춘향촌 안으로 가는 길을 안내하자면, 일단 춘향촌 문을 지나 2~3분 지점의 춘향문화예술회관 앞 Y자 갈림길(7-1)에 이르러 오른쪽으로 진행한다. 수목 한우촌 식당을 끼고 '쉼터' 이정표 방향으로 우회전(7-2)해 3분 정도 가면 춘향테마파크 출구인 8번 지점이다.

7번 지점에서 춘향테마파크를 통해 가려면 입장권(성인 3천원) 구입 후 향토박물관부터 둘러보게 된다. 이후로는 춘향전의 실사인형들이 현장감을 전하는 길을 걷는다. 사랑을 언약하는 옥지환문으로 시작한 이 길은 몽룡이

아 는 만 큼 보 여 요

광한루가 감옥이었다구요?

광한루는 누(樓)를 오르내리는 정식 계단이 설치된 한국 최초의 누각으로 알려져 있다. 이전에는 간단한 사다리가 고작이었다. 광한루에 계단이 설치된 것은 1877년. 당시 남원부사 이용준은 재건된 지 250년이 지난 광한루가 북쪽으로 점점 기울자 이를 바로세울 묘책을 찾게 했다. 20명의 이름난 목수들이 모여 고심한 끝에 수지면 고정리에 살던 추대목이 아이디어를 내놨다. 그는 기울어진 북쪽에 누를 오르는 계단건물을 세워 쓰러져 가는 건물을 받치고 아울러 계단건물 기둥을 본관과 같은 아름드리나무를 사용해 외관 또한 화려하게 만들자고 했다. 추대목의 발상은 광한루를 한국의 4대 누각 반열에 오르게 한 결정적 계기가 되었다.

그런데 광한루가 일제강점기엔 감옥으로 쓰이기도 했다. 당시 누각 위는 재판소로 쓰고, 1층은 기둥 사이를 막아 독립투사나 죄인들을 가두는 옥사(獄舍)로 사용했다. 지금도 기둥 곳곳에 기둥 사이를 막았던 옥사의 흔적을 찾을 수 있다.

떠난 후 변사또에게 고통 받는 춘향의 모습에서 절정을 이루고, 결국 어사화를 꽂은 몽룡이 춘향을 가마에 태워 가는 장면으로 피날레를 맞는다.

【 덕음봉─애기봉─광한루원 】 지도 8~22

춘향테마파크 출구(8)를 나서면 본격적인 산책코스로 접어든다. 출구를 나온 직후에 만나는 갈림길에서 오른쪽 오르막으로 길을 잡는다. 휘적휘적 걸음을 옮기다 곧 만나는 고갯마루에서 덕음정 이정표를 따라 왼쪽으로 돌아 본격적인 솔숲 걷기에 들어간다(9). 사계절 푸른 기운을 뿜어내는 소나무를 벗하며 15분 정도 걸으면 체육시설이 많은 덕음봉 주변에 이른다(10). 여기서 오른쪽 능선 따라 잘 정돈된 산책로를 더 듬어 애기봉까지 2.5㎞를 걷고 되돌아오면 된다. 이 길은 남원시민들에게 가장 많은 인기를 누리는 숲길로 사시사철 인적이 끊이질 않는다.

애기봉까지 가는 길은 외길이나 다름없으므로 길찾기에 신경을 쓰지 않아도 된다. 단, 애기봉 직전(14)에 오른쪽 중턱으로 애기봉을 돌아가는 길이 있는데

10~11

◀ 송림의 청정기운을 쐬며 걷는 덕음봉~애기봉 구간.
▶ 덕음정에 오르면 남원 시내가 한 눈에 담긴다.

(갈림길에 벤치 2개가 나란히 있다. 여기서 오른쪽으로 향한다), 갈 때는 이 길을 이용하는 것이 좋다. 바위 위를 지나는 곳에서 지리산을 조망할 수 있기 때문이다(15).

그곳에서 지리산의 정기를 흠뻑 들여 마신 다음, 조금만 더 가면 바위 몇 개와 왼쪽으로 계단이 있는 갈림길(16)이 나온다. 왼쪽 계단으로 올라가 닿는 봉우리가 바로 애기봉(17)이다. 애기봉이란 명칭에 대한 유래는 문헌으로 남아있는 것이 없다. 구전으로는 애기를 얻기 위해 기도한 바위가 있다는 기자(祈子) 신앙에 뿌리를 두었단다. 그래서인지 애기봉 주변에는 큰 바위들이 눈에 띄게 많다. 기도를 드린 바위가 검다고 해서 '커멍바우' 라고 했다니, 아기를

18~19

원하는 부부라면 이야기 속 까만 바위를 찾아봄직하다.

　애기봉에서 잠시 쉰 후 오던 길을 되짚어 덕음봉을 향해 걸음을 잇는다. 솔향 그윽한 흙길을 1시간 정도 되밟으면 남원시가 발아래로 보이는 덕음봉(10)으로 돌아온다. 이후로 갈 길은 이보다 전망이 더 좋으므로 여기서 너무 지체할 필요는 없다. 덕음봉 식수대에서 갈증을 해결한 후에는 애기봉에서 오던 방향 그대로 직진이다. 팔각정 이정표 방향으로 조금만 가다보면 본 코스 중 가장 장쾌한 360도 조망을 제공하는 덕음정을 만난다. 2층 정자에 올라 한 바퀴 빙 둘러본 후에 이정표가 가리키는 팔각정을 향해 계속 흙길 계단을 내려간다. 중간에 동림사로 갈라지는 길이 있지만 개의치 말고 '음악분수대' 푯말을 따라 그대로 직진해 내려가면 3층짜리 팔각건물(19)이 나타난다. 1층엔 원각사란 절이 들어서 있고, 2층은 커피숍, 3층은 식당으로 운영되는 신식 콘크리트 팔각정이다.

　이 팔각정을 오른쪽에 두고 그대로 직진해 계단을 내려가면 비로소 춘향촌이란 문이 있던 7번 지점으로 회귀한다(20). 이후로 광한루원까지 가는 길은 따로 설명하지 않아도 뻔하다. 전체 거리상으론 3시간 남짓이면 충분히 걸을 것 같지만 실제 관광에 소요되는 시간을 합치면 5시간 이상을 계획해야 두루두루 볼 수 있다.

Traffic Guide

찾아가기

대중교통

남원까지 가기

서울 용산역→남원역(전라선) : 06:50~22:45(15회 운행)

서울 센트럴시티→남원고속터미널 : 06:00~22:00(15회 운행)

서울 동서울터미널→남원시외터미널 : 09:00, 10:00, 15:20

광주 종합터미널→남원시외터미널 : 05:50~21:40(수시 운행)

광한루원까지 가기

남원역 또는 버스터미널에서 광한루원 방면 시내버스를 타고 제일은 행사거리에서 내려 5분 정도 걸어간다. 택시를 이용할 경우 요금은 3~5천원.

승용차 – 88올림픽고속도로 남원IC를 나와 남원 방면으로 우회전한 뒤 700m 전방 백공산사거리에서 좌회전한다. 다시 900m 전방의 T자 삼거 리에서 요천을 따라 우회전하면 2.5km 전방에 광한루원 정문이 오른쪽으로 나온다.

ⓟ 광한루원 정문을 지난 직후 오른쪽에 있는 정문주차장(N35 24 06.0 / E127 22 42.7)을 이용한다.

돌아오기

대중교통

광한루원에서 떠나기

제일은행사거리에서 시내버스를 이용, 역이나 버스터미널로 이동 후 다음 목적지로 향한다.

남원에서 떠나기 〈찾아가기〉의 역순

승용차 – 〈찾아가기〉의 역순

알아두기

숙박 권말 부록 Information 참조

식당 광한루원 주변, 춘향촌 내 다수

매점 2~3구간, 춘향촌(7~7-1구간)

식수 광한루원 내, 덕음봉(10지점 주변)

화장실 광한루원 춘향테마파크 내

소문난 맛집

춘향골게장집

추어탕 전문점 일색인 광한루원 대로변에 '게장집' 이라 고 크게 쓰인 간판이 유독 시선을 끄는 집이다. 게장요리 만 10년 가까이 전문적으로 해온 김춘용 사장의 노하우와 고집이 지금은 수많은 단골을 불러 모으고 있다. 게장이라 고 하면 짜야 한다는 편견을 집어던지고, 돌게 특유의 신 선한 맛을 살리는 양념을 하고 있다. 재료의 신선도가 맛 을 좌우하다 보니 여수에서 잡힌 돌게를 사장이 직접 선별 해서 구입한다. 밑반찬으로 나오는 생선과 된장찌개, 미역 무침 등도 맛깔지다. 음식이 고급스런 사기그릇에 담아져 나와 눈도 함께 즐긴다. 영업시간이 남았어도 게장이 떨어 지면 일찍 문을 닫는다. 택배와 포장판매도 된다. 코스가 시작되는 광한루원 정문으로 회귀하기 300m 전에 있다.

ⓒ(063)635-5885 ⏰11:30~21:00(둘째·넷째 일요일, 명절 당일 휴무) ⓟ가능 ⓜ돌게장정식 7천원, 참게장정식 1만원 Ⓐ 남원시 쌍교동 46-3

구룡계곡은 지리산의 수려한 산세와 깎아지른 기암절벽이 수호하는 협곡이다.
집채만한 바위가 솟고 꺼지기를 수없이 반복하는 이 험한 계곡에도
걷기 좋은 길이 물길 따라 굽이친다. 험한 바위 구간에는 계단이 놓여 있고, 길이 험해질 때는
물 건너 부드러운 땅으로 다리가 건네준다. 이곳에 전해 내려오는 이야기처럼
호랑이 담배피던 그 시절에는 용과 신선의 땅이었을 성싶다.

추천 테마	아이들과	연인끼리	여럿이	숲	들	계곡	강	바다	문화유적	봄	여름	가을	겨울	난이도
	★★	★★	★★★	★★		★★				★	★★★	★★★	★★★	★	무난해요

아홉 마리 용이 물장구치던 별천지

구룡계곡 자연관찰로

【 육모정·춘향묘—자연관찰로 2코스—육모정 】 지도 1∼6

길의 시작은 육모정 주차장(1)으로, 춘향묘로 올라가는 계단이 왼쪽으로 이어진다. 〈춘향전〉은 픽션인데 어떻게 춘향의 묘가 떡하니 조성돼 있을까. 춘향묘 앞(3)에서 '萬古烈女 成春香之墓'(만고열녀 성춘향지묘)라는 비명을 읽노라면 그 이유가 실로 궁금해진다. 사연인 즉, 춘향과 비슷한 인물이 남원에 실존했을 것이라는 추측이 오래 전부터 있어온 가운데 1962년, 이곳 도로 공사를 하던 중 '성옥녀지묘'라는 성(成)씨 성을 가진 열녀의 묘비가 발견되었다. 이것을 성춘향의 묘비로 추정해 이곳에 묘를 조성하는 한편, 묘역 확장 공사를 해 지금은 꽤 큰 규모를 갖게 된 것이다.

춘향묘 입구와 맞닿아 있는 육모정 입구로 내려오면(4) 육모정 왼쪽으로 구룡계곡 자연관찰로 2코스가 시작된다. 현재의 육모정은 400년 전에 지어진 정자가 1960년에 큰 비로 유실되면서 새로 지은 것인데, 아쉽게도 새로 세운 정자는 예스러운 맛을 찾기 힘들다.

청정 소나무 숲에 닦아놓은 자연관찰로로 가려면 구룡계곡의 아홉 계곡 중 2곡에 해당되는 용소를 건너는 나무다리를 지난다. 용소(龍沼) 주변으로는 너른 바위가 펼쳐져 그 위에서 시원한 물줄기를 벗 삼아

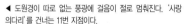
◀ 도원경이 따로 없는 풍광에 걸음이 절로 멈춰진다. '사랑의다리'를 건너는 11번 지점이다.
▶ 1962년 육모정 부근의 도로공사 중에 발견한 열녀비를 성춘향의 것으로 추정해 조성해 놓은 춘향묘(3지점).

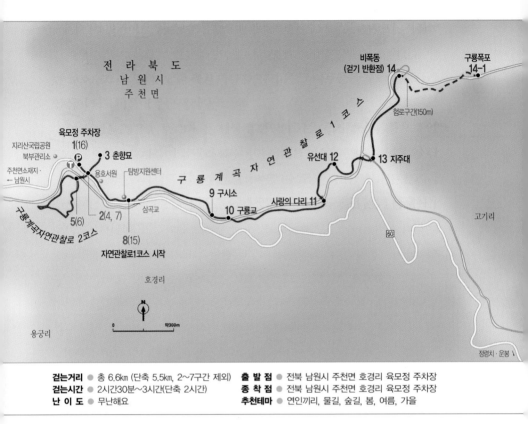

전 라 북 도
남 원 시
주 천 면

육모정 주차장
1(16)

3 춘향묘

지리산국립공원
북부관리소

주천면소재지·
← 남원시

용호서원

탐방지원센터

구룡계곡 자연관찰로 1 코 스

비폭동
(걷기 반환점) 14

구룡폭포
14-1

험로구간(150m)

유선대 12

13 지주대

9 구시소

삼곡교

10 구룡교

사랑의 다리 11

구
룡
계
곡
자
연
관
찰
로

2
코
스

5(6)

2(4, 7)

8(15)
자연관찰로1코스 시작

60

고기리

호경리

N
0   약300m

용궁리

정령치·운봉 ↘

걷는거리	● 총 6.6km (단축 5.5km, 2~7구간 제외)		**출 발 점**	● 전북 남원시 주천면 호경리 육모정 주차장
걷는시간	● 2시간30분~3시간(단축 2시간)		**종 착 점**	● 전북 남원시 주천면 호경리 육모정 주차장
난 이 도	● 무난해요		**추천테마**	● 연인끼리, 물길, 숲길, 봄, 여름, 가을

풍류를 즐기기에 그만일 듯싶다. 본래 육모정이 있던 자리도 이 풍광이 한 눈
에 들어오는 계곡 주변 바위였단다.

　구룡계곡의 아홉 계곡 중 첫 번째 계곡은 용소보다 200m 하류에 있지만 접
근이 좋지 않아 실제로는 용소가 구룡계곡의 관문 역할을 한다. 나무다리를
건너면 좌우로 갈라지는 갈림길(5, 6)이 나오는데 아무래도 관계없다. 어느 쪽
을 선택하든 크게 한 바퀴, 솔잎이 두텁게 쌓인 폭신한 소나무 숲길을 700m
정도 밟아 다시 갈림길 위치로 되돌아오게 된다. 진한 솔향이 솔솔 풍기는 이
길은 가슴과 코, 그리고 마음까지 시원하게 청소해준다.

【 육모정–구시소 】 지도 7~9

　육모정으로 다시 나오면(7) 정령치로 오르는 차도의 갓길을 잠시 걷는다.

채 5분도 되지 않아 삼곡교 직전에 왼쪽으로 탐방지원센터를 만난다. 삼곡교 옆을 보면 작은 소(沼)가 있는데, 구룡 구곡 가운데 제3곡에 해당하는 학서암(鶴棲岩)이다. 마치 그 모양이 학이 물고기를 잡아먹는 형상이라는데 실제로 그리 닮아보이진 않는다.

자, 이제 본격적인 구룡계곡 자연관찰로인 1코스로 입장할 순서다. 1코스 들머리는 탐방지원센터(8) 옆 계단으로 내려간 정자 밑에서 시작된다. 나무와 숨바꼭질 하듯 제 몸을 바위에 숨겼다 드러내며 흐르는 계곡 물소리가 코스 내내 청아하게 귓전을 맴돈다. 코스 초반은 호박돌이 평편하게 깔려 있는 돌길로, 탐방로를 만드는 데 손이 많이 갔음을 단박에 알 수 있다.

탐방지원센터를 지나 5분 정도 걸음을 옮겼을 무렵, 계곡을 벗어나 산 쪽으로 향하는 샛길을 가리키는 '자연관찰로' 이정표가 궁금증을 유발한다. 호기심에 끌려 들어가 보게 되지만, 숲길이 5분 정도 이어질 뿐 특별함은 찾아볼 수 없다. 그러니 그냥 물길을 따라 상류로 발걸음을 옮기자.

8~9

지리산국립공원에 포함되는 구룡계곡. 물줄기를 따라 산책로 수준의 자연관찰로가 이어진다.

▲ 폭신한 솔가리가 양탄자처럼 깔린 자연관찰로 2코스.
◀ 다리를 따라 계곡 아래위를 살피며 걷기 재미가 색다르다.
▶ 길 위에 누워있던 삭정이를 지팡이 삼아 걷는다.

　　지리산의 넓은 품을 만끽하며 300m 정도 물길을 따라 걸으면 품 넓은 바위에서 넉넉하게 물을 쏟아내는, 구룡계곡 제4곡인 구시소(9)가 기다린다. 구시소라는 이름은 가축의 먹이통인 구유의 이 지역 방언인 '구시'에서 따온 것이다. 실제 구시소는 소나 말의 구유를 갖다 놓은 것처럼 넓고 펑퍼짐한 모양을 하고 있어 바라보는 사람의 마음을 넉넉하게 해준다.

【 구룡교-비폭동 육모정 】 지도 10~16

　　구시소를 지나 얼마 안가면 구룡교(10)가 내방객들을 계곡 건너편으로 인도하기 위해 길게 뻗은 몸을 누이고 기다린다. 그런데 다리를 건너다보면 내다보이는 절경에 절로 발걸음이 멈춰진다. 용솟음쳤다가 굽이쳐 흐르는 계곡 물줄기가 시야마저 흐리게 하니 도원경(桃源境)이 따로 없다. 골이 아흔아홉 개라는 지리산 계곡 중에 무릉도원 아닌 곳이 있으랴만, 국립공원 북서쪽 경계에 자리 잡은 구룡계곡만큼 그 품을 편안하게 내어주는 곳은 흔치 않다.

　　이후로도 잘 정돈된 길을 걷게 되고, 계곡 가까이 내려가는 계단을 밟기도

흐르는 물줄기가 어느 순간 재잘재잘 말을 걸어오는 길이다.

하며, 통통한 돼지의 넓적다리가 연상되는 너럭바위를 딛기도 한다. 어디를 가든 청정옥수가 흐르는 계곡이 길 옆에 착 달라붙어 '졸졸졸' '콸콸콸' 속닥거린다. 심산유곡임에도 오로지 외길이라 길 잃을 염려마저 없는 이 산책로는 산기슭을 따라 굽이치듯 상류로 조금씩 오른다.

구룡교를 지난 후에는 지형이 좀 더 복잡해지고 둔덕도 간혹 나온다. 하지만 철재 데크와 계단 등이 적절히 설치돼 있어 걷기에 큰 어려움은 없다. 게다가 작은 다리를 타고 계곡 이쪽저쪽을 다람쥐처럼 건너다니며 골짜기 구석구석을 눈에 담을 수 있어 좋다.

앞서 지나온 구룡계곡 제4곡인 구시소를 기준으로 약 1㎞쯤 오르다 보면 급경사 암반이 미끄러지듯 흘러내린 곳에 제5곡에 해당하는 유선대(遊仙臺·12)가 자리한다. 실금이 많이 새겨진 유선대 바위는 신선들이 바둑을 두었다는 전설이 있고, 주변의 깎아지른 듯한 절벽은 인간에게 이 모습을 감추기 위해 도술을 부려 둘러놓은 병풍이라 하여 '은선병(隱仙屛)'이라고 불린다. 각 바위와 지형에 붙여진 다소 과장된 이름에서 해학과 풍류가 느껴진다.

가축의 먹이통인 구유의 이 지역 방언인 '구시'에서 이름을 얻은 구시소.

다시 산기슭을 따라 길게 조성된 철재 데크를 밟고 물줄기를 거슬러 오르면 얼마 안 돼 하늘을 떠받치고 있는 듯한 지주대(地柱臺·13) 앞으로 여섯 번째 폭포가 나타난다. 그 옆에 놓인 현수교를 건너면 이제 본 걷기 코스의 회귀점이자, 구룡계곡 제7곡인 비폭동만 남은 셈이다.

15분여 정감 넘치는 숲길을 걸으면 용이 승천하는 모습이 표현됐다는 반월봉과 그 앞의 비폭동(14)이 그 모습을 드러낸다. 이후로도 탐방로는 계곡의 최상류인 제9곡 구룡폭포까지 800m 남

짓 더 이어지지만 아쉽게도 비폭동부터 150m 구간이 험한 직벽 지대이다. 따라서 이후의 탐방로는 본 걷기코스에 포함시키지 않고 점선으로만 지도에 표기했다. 최근 나무계단을 놓아 올라가기가 다소 편해지긴 했지만 노약자들에겐 여전히 버거운 구간이므로 구룡폭포까지 가는 것은 상황에 따라 취사선택하길 바란다.

출발점으로 향하는 길은 지금까지 오던 길을 되짚어 내려가는 것이다. 바라보는 방향에 따라 표정을 달리하는 기기묘묘한 암석과 절벽, 그리고 폭포들이 마중할 때와는 또 다른 얼굴로 나그네를 배웅한다.

찾아가기

대중교통 – 남원시 남원시외버스터미널에서 주천 방면 시내버스로 갈아 타고 주천면 호경리 육모정정류장까지 간다.

남원까지 가기
서울 용산역→남원역(전라선) : 06:50~22:45(15회 운행)
서울 센트럴시티→남원고속터미널 : 06:00~22:00(15회 운행)
서울 동서울터미널→남원시외터미널 : 09:00, 10:00, 15:20
광주 종합터미널→남원시외터미널 : 05:50~21:40(수시 운행)

육모정까지 가기
남원역과 남원고속터미널에 도착한 경우는 주천·육모정행 시내버스 가 정차하는 남원시외터미널까지 별도의 시내버스 또는 택시(3천원 내외)를 이용해야 한다.
남원시외터미널(시내버스) : 06:10~20:10(12회 운행)

승용차 – 88올림픽고속도로 남원IC를 나와 함양 방면으로 좌회전한 뒤 1.6km 전방의 고죽교차로에서 19번 국도를 타고 우회전한다. 약 5.5km 정도 달리면 만나는 육모정교차로에서 왼쪽 주천면 방면으로 진행, 그대로 3km 를 더 가면 주천면소재지를 지나 육모정에 닿는다.

Ⓟ 육모정 주차장(N35 23 21.1 / E127 27 40.8)

돌아오기

대중교통 – 주천면 호경리 육모정정류장에서 시내버스를 타고 남원 시외버스터미널까지 간 후 다음 목적지로 이동한다.

육모정에서 떠나기
남원(시내버스) : 06:30~20:45(12회 운행)

남원에서 떠나기
〈찾아가기〉 교통편 참조

승용차 – 〈찾아가기〉의 역순

알아두기

숙박 권말 부록 Information 참조
식당 코스 내 없음
매점 육모정 주차장 주변(비수기에는 음료자판기만 있음)
식수 매점에서 구입하거나 사전 준비
화장실 육모정 주차장

해설 프로그램으로 더 의미 있는 발걸음

매일 오전 10시와 오후 2시에는 육모정을 출발해 1시간 정도 걸으며 진행하는 자연해설프로그램이 운영되므로 이 시간에 맞춰 가면 자세한 설명을 들으며 걸을 수 있다. 단, 탐방객이 거의 없는 비수기에는 미리 지리산국립공원 북 부사무소에 연락하여 진행 여부를 확인하는 것이 좋다. 또 4 인 이상일 경우에는 전화와 인터넷으로 미리 예약해서 해 당 프로그램을 다른 시간에도 체험할 수 있다(1일 6회 이 내). 지리산국립공원 북부관리사무소 (063)625-8911, 지 리산국립공원홈페이지 http://jiri.knps.or.kr

고등어백반 전문 | 들불식당

딱히 고급스럽다거나 향토색이 짙게 배어나 온다는 투의 미사여구 와는 거리가 먼 그저 평 범한 시골식당이다. 식 당 외관에 붙은 청국장, 고등어백반 문구 때문에 주메뉴가 이 두 가지인 것처럼 보 인다. 하지만 식당 내부에 있는 식사 메뉴판에는 오로지 '고등어백반' 뿐이다. 알고 보니 고등어백반에 청국장찌개 가 함께 나오는 것이다. 이 때문에 공연히 가게 밖에서 둘 중 무엇을 먹을 지 고민할 필요가 없다. 간간하게 소금을 먹인 간고등어 구이에 구수한 청국장의 궁합이 의외로 잘 어울린다. 코스 출발지인 육모정에서 주천면소재지 방면 으로 2km 정도 가면 만나는 장안사거리에 위치한다. 사거 리 모퉁이의 육모정주유소 건물 안에 있다.

Ⓣ(063)626-7668 Ⓗ11:00~21:00(명절 연휴 휴무) Ⓟ가능
Ⓜ고등어백반 5천원 Ⓐ남원시 주천면 장안리 139-1

지리산 바래봉은 철쭉 천국이다. 하지만 걷기 동호인들로서는 지리산이라는 이름에 부담을 느끼거나,
해발 1,000m가 넘는 고지라는 사실에 주눅들 수도 있다. 그러나 출발점이 500m를 훌쩍 넘는 곳이라면?
게다가 철쭉 군락지까지 오르는 길이 우마차가 다닐 정도로 넓고도 잘 정비된 길이라면?
바래봉 정상 또한 생략해도 좋다. 팔랑치의 철쭉능선과 부운치의 철쭉바다만 헤엄치듯 걸어도
가슴 가득 붉게 물든 감동이 오랜 시간 지워질 줄 모른다.

추천 테마	아이들과	연인끼리	여럿이	숲	들	계곡	강	바다	문화유적	봄	여름	가을	겨울	난이도
	★★	★★	★★★							★★★	★	★★★		힘들어요

죽기 전에 꼭 걸어야 할 지리산 꽃길 30리

바래봉 철쭉능선

【 바래봉 주차장 】 지도 1

철쭉만큼 화려한 군락미를 자랑하는 꽃이 있을까! 이른 봄 진달래도 연분홍 꽃망울을 터뜨리며 한껏 위세를 부리지만 강한 인상에서는 철쭉에 미치지 못한다. 그래서 철쭉 시즌이 되면 내로라하는 철쭉 명소마다 상춘객들의 발길이 또 다른 물결을 이룬다. 특히 지리산 주변엔 철쭉 명소가 많지만 그중 바래봉이 단연 으뜸이라는 데는 이견이 없다. 물론 높은 지리산 능선을 걸어야 한다는 점이 부담이 될 수도 있다. 하지만 너무 걱정하지 마시라. 여기 소개하는 바래봉 걷기 코스는 다양한 연령의 걷기동호인 40명이 공동 답사한 결과, 한 명의 낙오자 없이 완주를 했을 정도로, 생각보다 어렵지 않은 코스임을 확인하였다.

화려한 철쭉군락을 찾기 위한 걷기의 출발점은 운봉읍에서 바래봉 방향으로 2km 정도 떨어진 바래봉 주차장(1)이다. 만약 대중교통을 이용한다면 남원발 시내버스가 정차하는 운봉우체국정류장에 내려 이곳까지 약 30분 정도 걸어야 한다. 운봉택시를 이용할 수도 있지만 철쭉축제 기간에는 택시 잡기가 만만치 않으므로 그냥 걷는 것이 속 편하다. 주차장 부근은 이름난 축제장이 대개 그렇듯 각종 토속음식을 파는

◀ 사진과 TV로 보았던 풍경이지만 팔랑치 철쭉밭에 서면 자신도 모르게 입이 벌어지고 눈물이 핑 돈다(8~9지점).
▶ 바래봉 정상 부근에서 바라본 지리산 능선 파도(6~7지점).

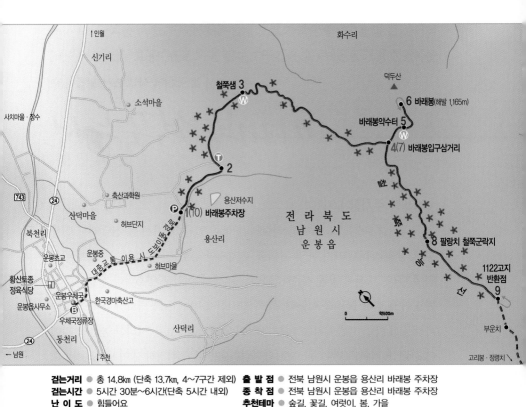

걷는거리 ● 총 14.8km (단축 13.7km, 4~7구간 제외)	**출 발 점** ● 전북 남원시 운봉읍 용산리 바래봉 주차장
걷는시간 ● 5시간 30분~6시간(단축 5시간 내외)	**종 착 점** ● 전북 남원시 운봉읍 용산리 바래봉 주차장
난 이 도 ● 힘들어요	**추천테마** ● 숲길, 꽃길, 여럿이, 봄, 가을

임시천막과 인파로 북새통을 이룬다. 그래서 복잡한 시간을 피해 출발하는
것이 쾌적한 꽃길여행의 시작이다.

　일반적으로 오전 6시 이전에 걷기를 시작하면 한산하고 호젓한 지리산과
철쭉군락을 즐길 수 있다. 이보다 서너 시간만 늦어도 주차장에 꽉 들어차는
차들과 인파로 '사람 구경만 하고 왔다'는 볼멘소리를 하기 십상이다. 또 오
전 9시까지는 서쪽 사면에 그늘이 지므로 바래봉까지 오르는 이쪽 길이 한결
수월하고 가뿐하다.

【 바래봉 주차장–바래봉입구삼거리 】 지도 2~4

　바래봉 주차장을 출발할 때부터 길가에 듬성듬성 모인 철쭉이 일찌감치
산보객들을 반긴다. 바래봉 철쭉군락, 정확히 말해 바래봉 능선 부위의 팔랑

치 철쭉 대궐을 향해 잘 닦인 길을 15분 남짓 허위허위 오르면 '운지사' 방향과 길이 갈라지는 갈림길(2)이 나온다. 당연히 바래봉 이정표가 가리키는 왼쪽으로 간다. 이후로는 흙길과 오르기 편하도록 깔아놓은 널찍한 돌을 밟고 행진하면 된다. 갈림길을 지나 왼쪽으로 드넓은 초지에 붉은 양탄자가 펼쳐진 듯 첫 번째 철쭉 군락이 기다린다. 코스 초반부터 절경에 압도당하는 상춘객들은 그만 놀란 입을 다물지 못한다. 만약 이곳의 철쭉이 시들었다면 이후 상층부 길에서 마주칠 풍광을 기대하면 된다.

운봉읍부터 바래봉을 거쳐 팔랑치까지 이어지는 철쭉 라인은 한꺼번에 꽃을 틔우지 않고, 4월 말부터 5월 하순까지 약 한 달간에 걸쳐 순차적으로 만개한다. 대략의 만개 시점을 살펴보면 우선 주차장 부근인 해발 500~600m 지역은 4월 25일~5월 5일, 700m 전후는 5월 1일~5일, 900m 전후는 5월 5일~5월 15일, 정상부는 5월 10일~5월 20일에 화려한 자태를 뽐낸다. 한꺼번에 전 구간의 꽃을 볼 순 없지만 한 달간은 꽃구경을 못할 일이 없으니 단점보다는 장점

4~5

곧게 뻗은 침엽수들이 반기는 해발 1천m의 청정 숲길. 바래봉 가는 길이다.

3~4

이 더 많다고 볼 수 있겠다. 물론 바래봉 철쭉의 화룡정점은 정상부, 즉 팔랑치 주변에서 이루어지므로 기왕이면 후반기에 찾는 것이 좋겠다.

첫 갈림길을 지나 본격적인 정상부 꽃길이 시작되는 바래봉입구삼거리(4)까지 가는 3.4㎞는 대체로 오르막이다. 두어 군데 굽이지며 급경사를 이루는 곳이 있지만 길이 잘 닦여 있어 쉬엄쉬엄 올라가면 큰 어려움은 없다. 오히려 굽이진 곳을 돌 때마다 뒤를 돌아보면 운봉읍과 백두대간 능선이 자아내는 장대한 풍경이 이곳이 지리산임을 실감케 한다. 바래봉입구삼거리에 가까워질수록 오르막 경사는 오히려 평지에 가까워지고, 길옆에 간간히 선 철쭉도 그 양이 늘어나며 철쭉 클라이맥스를 예고한다.

【 바래봉입구삼거리-철쭉군락지-바래봉 주차장 】 지도 5~10

바래봉입구삼거리에서 철쭉 군락이 있는 팔랑치로 가려면 정령치 이정표를 따라 오른쪽으로 진행하면 된다. 하지만 600m만 쭉 직진하면 지리산 바래봉에 발자취를 남길 수 있으니 등정에 대한 욕심이 슬그머니 고개를 들 것이

◀◀ 여심(女心)과 닮은 철쭉. '사랑의 즐거움' 이란 그 꽃말처럼.
◀ 한 굽이 돌아오를 때마다 운봉읍과 백두대간의 장쾌한 풍경이 등 뒤로 오버랩된다.

다. 바래봉까지 오르는 길 역시 특별한 난이도가 없다. 바래봉까지 간 후에는 다시 이곳으로 돌아와야 하므로 컨디션에 따라 바래봉 등반 여부를 결정하자. 단, 바래봉에서 바라보는 지리산 능선 파도가 꽤 근사하다는 것만은 기억해 두어야 한다.

바래봉입구삼거리에서 바래봉 철쭉의 대표주자인 팔랑치(8)까지 약 2km는 '철쭉능선' 이라 부를 수밖에 없을 정도로 제철에는 그 화사함이 극치를 이룬다. 그렇게 감탄을 연발하며 능선을 헤엄치듯 걷다 '철쭉의 바다' 라 부를 만한 팔랑치에 도달하면 그저 할 말을 잃고 만다. 봉우리 전체가 온통 붉은 철쭉으로 뒤덮인 이 분홍 바다에서는 모두가 모델이 되고, 사진작가가 되고, 한데 어울려 꽃이 된다. 저 혼자 화사함을 뽐내지 않고, 모두 끌어안는 지리산의 넓은 품이 자연의 순리 그 자체다.

팔랑치를 지나고도 듬성듬성 철쭉 군락이 이어지다가 흔히 1122고지라 불리는 봉우리(9) 직전에서 드디어 꽃길은 대단원의 막을 내린다. 이 봉우리에서 철쭉능선을 바라보면 마치 잘 만들어진 다큐멘터리가 상영되는 대형 스크린 앞에 선 듯하다.

하산로는 오던 길을 그대로 되짚는 것이다. 내리막길이 지루하게 이어져 쉬 피

바래봉입구삼거리가 가까워지면 경사는 낮아지고, 분홍 물결이 길을 따라 굽이친다.

오래 전 양떼목장이 있었던 이곳. 양들의 지칠 줄 모르는 먹성에 독성이 있는 철쭉만 살아남아 지금의 군락을 이루게 되었다.

곤하기 쉽지만 급하게 서두르지 않는 것이 좋다. 특히 무릎이 안 좋다면 하산 속도를 더욱 늦춰야 한다. 등산이나 노르딕워킹용 스틱이 있다면 무릎에 전해지는 충격을 한결 줄일 수 있다. 바래봉 철쭉길은 집에 돌아온 후에도 한동안 붉은 색만 보면 자연스레 바래봉을 떠올리게 할 정도로 오래오래 진한 기억으로 남는다.

찾아가기

대중교통 – 남원시 남원시외버스터미널까지 간 후 인월 방면 시내버스로 운봉읍 서천리 운봉우체국정류장에서 내려 바래봉 주차장까지 걸어간다. 도보 30분 소요.

남원까지 가기
서울 용산역→남원역(전라선) : 06:50~22:45(15회 운행)
서울 센트럴시티→남원고속터미널 : 06:00~22:00(15회 운행)
서울 동서울터미널→남원시외터미널 : 09:00, 10:00, 15:20
광주 종합터미널→남원시외터미널 : 05:50~21:40(수시 운행)

운봉우체국정류장까지 가기
남원 : 06:02~20:52(수시 운행)

바래봉 주차장까지 걸어가기
운봉우체국정류장에서 내렸으면 운봉삼거리 방면으로 진행한 후 삼거리를 100m 정도 지난 곳에서 조그만 개천을 따라 왼쪽으로 걷는다. 약 200m 정도 가다 오른쪽 동천교를 건넌 후 800m 지점에 위치한 바래봉 이정표를 따라 왼쪽 길로 1.3km 정도 더 가면 바래봉 주차장이 나온다.
승용차 – 88올림픽고속도로 지리산IC를 나와 인월면소재지까지 2km 가량 직진하다가 24번 국도를 만나는 사거리에서 남원·운봉 방면으로 우회전한다. 약 6km 지점의 운봉읍소재지 입구 동천교를 건너 곧바로 왼쪽 도로로 진행한다. 약 700m 정도 가다 왼쪽으로 바래봉 이정표가 있는 곳으로 꺾어 다리를 건넌 후 직진하듯 왼쪽 길을 타고 올라가면 1km 전방이 바래봉 주차장이다.

🅿 바래봉 주차장(N35 25 59.5 / E127 32 53.0)

돌아오기

대중교통 – 운봉읍 운봉우체국정류장에서 남원행 시내버스를 타고 남원시외버스터미널까지 이동한 후 다음 목적지로 향한다.

운봉우체국정류장에서 떠나기
남원(시내버스) : 06:53~21:45(수시운행)
남원에서 떠나기 〈찾아가기〉의 역순
승용차 – 〈찾아가기〉의 역순

알아두기

숙박 운봉읍소재지 여관 및 민박. 문의 : 운봉읍사무소 (063)634-0024
식당·매점 바래봉 주차장철쭉제 기간만 운영)
식수 철쭉샘(3지점-갈수기에는 마름), 바래봉샘물(5지점)
화장실 바래봉 주차장, 2번 지점 부근

정령치 부근의 고리봉
정령치 휴게소

정령치~바래봉~운봉 코스

중급 등산이 가능할 정도의 체력이 된다면 정령치 휴게소부터 걷기를 시작해 고리봉~세걸산~부운치~팔랑치~바래봉~바래봉 주차장으로 가는 코스를 추천한다. 코스 시작점인 정령치가 해발 1,100m이므로 고도차는 크지 않고 후반부는 내리막으로만 형성되어 있다. 하지만 걷기만을 전제로 한다면 난이도가 상당하므로 추천하기 곤란하다. 정령치부터 중반부인 부운치까지 십여 개가 넘는 크고 작은 봉우리를 오르내려야 하기 때문이다. 총 거리는 약 15km 정도, 소요시간은 6~7시간. 한 가지 덧붙이자면 정령치 휴게소까지는 대중교통이 연결되지 않는다. 자가용의 경우 정령치 휴게소에서 주차료를 징수하므로 차는 바래 봉주차장에 놓고 택시로 정령치 휴게소까지 이동한 후 출발하는 것이 좋다. 바래봉 주차장~정령치 휴게소 택시 요금 2만 5천원. 운봉택시 (063)634-0555, 0398, 0041

소문난 맛집

황산토종정육식당

토종흑돼지로 유명한 남원에서도 가장 알아준다는 흑돼지전문식당이다. 신명철 사장이 직접 운영하는 돼지 농장에서 고기를 들여오므로 신뢰가 간다. 10년 넘게 흑돼지만 전문으로 하다 보니 입소문이 퍼져 손님이 꼬리를 문다. 생삼겹살이 주요 메뉴인 만큼 가장 중요한 것은 고기 자체가 가지는 신선도와 육질이다. 쫄깃하면서도 입안에 착착 감기는 삼겹살 맛에 한번 먹어본 사람은 일단 단골이 된다고 봐야한다. 구수한 국물맛이 일품인 순대국밥도 식사메뉴로 자주 찾는다. 돼지고기 전문이지만 소를 잡는 날은 딱 3일간만 신선한 쇠고기육회를 판매한다.

☎ (063)634-7293 🕐 08:00~22:00(명절 당일 휴무-정육점은 영업) 🅿 가능 🍴 생삼겹살 1만원, 순대국밥 6천원, 육회(600g) 2만원 🅐 남원시 운봉읍 서천리 135-7

지리산 뱀사골은 14km에 이르는 아름다운 계곡을 품었다.

봄에는 철쭉이 아름답고, 여름에는 녹음 속에 더위가 얼어붙는다.

완만하고 편안한 길이 이어져 코스의 회귀점인 간장소까지 계곡과 장난치듯 부담 없이 걸을 수 있다.

추천 테마	아이들과	연인끼리	여럿이	숲	들	계곡	강	바다	문화유적	봄	여름	가을	겨울	난이도 조금힘들어요
	★	★★★	★★			★★★				★★★	★★★	★★★	★	

사계절 요염하고 변화무쌍한 계곡

뱀사골계곡과 와운마을

【 뱀사골터미널−자연관찰로 2코스 】 지도 1~5

이 길의 시작은 뱀사골 초입에 있는 뱀사골터미널(1)이다. 터미널이라고는 하나 대합실 격인 상가건물의 '터미널마트' 간판만이 이곳이 버스 서는 곳임을 짐작게 해준다. 답사 당시에는 건물 기둥에 매직으로 쓱쓱 숫자를 적어놓은 종이가 운행시간표를 대신하고 있었다. 하루 10회, 남원을 거쳐 전주 또는 광주로 가는 시외버스 노선 두 개와, 하루 3회 달궁을 돌아 남원으로 나가는 시내버스가 전부다. 하지만 반선마을 이름의 뜻이 '절반의 신선(伴仙)'이란 걸 알고 나니 서민적인 터미널 건물이 오히려 이곳과 어울리는 듯하다.

터미널에서 차도 옆 보도를 따라 계곡 상류로 이동한다. 피서철이면 물보다 행락객이 더 많다는 구역이지만 여름 피서철만 제외하면 이곳도 맑은 물이 흐르는 한적한 계곡이다. 10분이 채 안 돼 왼쪽으로 나오는 반선교(2)를 건넌 후 뱀사골탐방안내소 왼쪽 길로 직진하듯 진행한다(3). 곧바로 길 왼쪽으로 '제2야영장'과 '자연관찰로' 푯말이 붙은 갈림길(4)을 만난다. 화개재 방향으로 직진하기에 앞서 왼쪽 다리를 건너 들어가 900m 정도 되는 자연관찰

▶ 엷은 꽃잎을 틔운 벚나무가 길 찾아 온 나그네들을 반긴다(1~2지점).
▶ 뱀사골이 발갛게 익어가는 가을이야말로 걷기여행의 적기다(10~11지점).
▶ 탁룡소를 지난 길손을 부드러운 산길로 인도하는 금포교(10~11지점).

걷는거리 ● 총 16.4km (단축 13.7km, 4, 7~10구간 제외)	**출 발 점** ●	전북 남원시 산내면 부운리 반선마을 뱀사골터미널
걷는시간 ● 5시간~6시간(단축 4시간 30분)	**종 착 점** ●	전북 남원시 산내면 부운리 반선마을 뱀사골터미널
난 이 도 ● 조금 힘들어요	**추천테마** ●	연인끼리, 숲길, 물길, 봄, 여름, 가을

로 제2코스 숲길을 한 바퀴 둘러보도록 한다. 다시 이곳 다리 입구의 갈림길 지점(4)으로 되돌아 온 후, 이제 계곡을 왼쪽에 두고서 화개재 방향의 나무데 크를 걷는다. 찻길 옆 데크를 잠깐 걸으면 곧 계곡을 따라 편하게 걸을 수 있 게 만들어 놓은 자연관찰로와 찻길이 분리된다(5). 우리는 당연히 콸콸콸 물 소리 우렁찬 자연관찰로 1코스를 택한다.

【 자연관찰로 1코스-와운마을 천년송 】 지도 5~9

이제부터 본격적인 계곡 탐방이 시작된다. 100개가 넘는 크고 작은 소(沼) 가 계곡 곳곳에 틀어박혀 기암괴석과 한 몸으로 섞인 모습이 경탄 어린 신음 을 끌어낸다. 맑고 깊은 징담(澄潭)은 주변의 밝은 빛을 모조리 빨아들이고, 녹색과 파랑색만 반사하여 신비한 에메랄드빛만 수중에 품은 듯하다.

몇 달이고 비가 안 오는 가뭄에도 뱀사골은 바닥을 드러내는 법이 없다. 콸콸거리며 흐르는 물을 거슬러 오르다보면 근심 걱정은 물줄기를 따라 저 아래로 훌쩍 떠내려가 버린다.

나무데크 자연관찰로가 끝나고 다시 차도(6)를 만나게 되면 곧 와운교(7)가 나타난다. 다리를 건너면 오른쪽으로 '뱀사골계곡탐방로' 를 가리키는 안내판이 보인다. 그러나 와운마을을 빼놓고 그냥 갈 수는 없다. 그대로 직진하여 차도 따라 조금 가파른 오르막을 15분 정도만 걸으면 그림처럼 아늑한 마을이 나타난다.

구름을 이고 있다는 뜻의 와운(臥雲)마을이다. 마을 초입에서 이 마을의 상징인 천년송(9)으로 올라가는 나무계단(8)을 쉽게 찾을 수 있다. 추정 수령이 500살이라니 임진왜란 때부터 이 언덕 위에서 세상을 내려 보고 있었을 할머니 소나무다. 나무를 껴안아보니 불현듯 불면 날아갈 듯한 체구에도 늘 손자 걱정에 분주하셨던 우리 할머니 생각이 난다. 반면 이 소나무는 장정 3명이 두 팔을 한껏 벌려야 밑동을 간신히 두를 만큼 정정하시다.

할머니 소나무에 기대어 편안한 마음으로 바라보는 와운마을. 지리산 품

진한 에메랄드빛을 품은 계곡 초입의 소(沼). 상서로운 기운이 맴돈다.

9

500년이 넘은 긴 세월동안 지리산과 함께한 와운마을 천년송.

에 안겨 그윽한 풍광을 자아낸다. 와운마을은 건물이 꽤 여러 채 있지만 11가 구만 사는 작은 산골마을이다. 등산로와 인접한 덕에 민박과 식당이 있어 쉬 어가기에도 좋다.

【 와운마을─뱀사골계곡─반선마을 】 지도 9~13

와운마을에서 다시 7번 지점 와운교 쪽으로 돌아온 후(10) '뱀사골계곡탐 방로 7㎞' 푯말이 가리키는 왼쪽 나무데크를 따라 상류 쪽으로 탐사를 계속 한다. 여기서부터 물줄기를 따라 장장 4㎞나 이어지는 계곡길을 걷게 된다. 걸음을 옮길 때마다 나타나는 새로운 비경에 감탄이 쏟아진다. 곳곳에 뱀이 나 용과 관련된 이야기가 얽혀 있다. 자연 그대로는 험할 수밖에 없는 계곡이 지만 지리산국립공원에서 나무데크와 다리를 만들어 간장소까지는 편안하 게 갈 수 있다. 물론 돌이 많은 지리산 자락을 걷는 것인 만큼 몇 차례 너덜지

수 천, 수 만 년을 이렇게 흘러 내렸을 뱀사골 계곡수.

대는 피할 수 없다.

　본 걷기코스의 반환점인 간장소(11)는 옛날 화개장터에서 소금을 사서 화개재를 넘어오던 소금장수가 발을 헛디뎌 빠져 죽은 자리라고 한다. 그 후로 이소(沼)의 물빛이 간장색을 띠게 되었다는데, 직접 마셔본 간장소의 물맛은 시원하고 오히려 달기조차 하다. 그뿐만이 아니다. 오랫동안 걷느라 열이 잔뜩 오른 발을 간장소에 살짝 담갔다. 소스라치는 냉기에 황급히 발을 빼고 말았다. 그런데 신기하게도 물속에 잠깐 머물렀던 발의 피로가 어느 찰나에 씻겼는지 마치 온 몸이 가벼워지는 듯한 느낌이 전해졌다. 정녕 놀라운 경험이다.

▲ 철갑옷을 두른 천년송에서 바라본 와운마을. 현재 11가구가 사는 이 산골마을은 생긴 지 500년이 넘었다고 한다.
▶ 와운교에서 뱀사골 초입으로 빠르게 하산하는 비포장 찻길.

12~13

이곳 간장소에서 계속 더 위쪽으로 오를 수 도 있으나 너덜지대가 지루하게 이어지므로 이쯤에서 원점회귀하도록 한다. 앞서 7번 지 점 와운교(12)까지 4㎞를 되내려온 다음에는 오르던 때의 자연관찰로(도보길)보다는 비포 장 찻길을 따라 뱀사골탐방안내소까지 편하고 빠르게 이동하는 것이 좋다. 누적된 피로를 덜면서 시간도 줄일 수 있기 때문이다. 입구에서 간장소까지 의 거리를 고려해 너무 늦은 시간의 입산이 금지된다는 점, 그리고 계곡길 곳 곳에 반선마을까지의 하산 시간을 계산해둔 푯말이 있다는 점도 참고 바란 다.

Traffic Guide

Walking Tip

찾아가기

대중교통 – 남원시에 도착하여 일단 남원시외터미널까지 이동한다. 남원시외터미널에 가면 뱀사골(남원시 산내면 부운리 반선마을)까지 가는 직행 시외버스 및 시내버스가 있다.

남원까지 가기

서울 용산역→남원역(전라선) : 06:50~22:45(15회 운행)

서울 센트럴시티→남원고속터미널 : 06:00~22:00(15회 운행)

서울 동서울터미널→남원시외터미널 : 09:00, 10:00, 15:20

광주 종합터미널→남원시외터미널 : 05:50~21:40(수시 운행)

뱀사골터미널(반선마을)까지 가기

남원역과 남원고속터미널에 내린 경우는 시내버스나 택시(3천원 내외) 등으로 남원시외터미널까지 이동한 후 뱀사골행 버스를 이용한다.

남원(시외버스) : 06:30~19:35(9회 운행)

남원(시내버스) : 07:00 09:35 15:05

승용차 – 88올림픽고속도로 지리산IC를 나와 인월 방면으로 직진한다. 약 2km 정도 가면 나오는 인월면소재지에서 산내 방면 60번 지방도로를 따라 산내면소재지까지 약 7km를 달린다. 산내면소재지에서 '뱀사골·반선·달궁' 방면 861번 지방도로를 타고 8km 정도 가면 반선마을이다.

🅿 뱀사골터미널 건너에 있는 반선주차장(N35 22 39.7 / E127 34 54.9)을 이용한다.

돌아오기

대중교통 – 산내면 부운리 뱀사골터미널에서 남원으로 이동하는 이외, 최종 행선지에 따라 전주 또는 광주로 이동할 수 있다.

뱀사골터미널(반선마을)에서 떠나기

반선→남원→전주 : 06:45~18:25(7회 운행)

반선→남원 : 09:10 11:10 16:50

남원에서 떠나기 〈찾아가기〉의 역순

승용차 – 〈찾아가기〉의 역순

알아두기

숙박 반선마을 민박·여관 다수, 와운마을 민박 다수

문의 : 산내면사무소(063)636-3004

식당 반선마을, 와운마을 내 다수 **매점** 반선마을

식수 뱀사골 야영장(4구간) **화장실** 뱀사골 입구(2지점)

뱀사골의 전설들

뱀사골 이름의 유래에 관해선 확인되지 않은 여러 가지 설이 전해온다. 구불구불 이어지는 물길이 뱀과 닮은 것 때문이라는 평이한 해설도 있고, 자연관찰로 1코스 끝부분의 석실 부근에 있었던 배암사라는 절 이름을 줄여 부른 것이라는 설도 있다. 가장 널리 알려진 이야기는 뱀사골 입구에 있었던 송림사 주지스님을 삼키고 하늘로 승천하던 뱀이 서산대사가 주지스님의 옷에 넣어둔 비상을 먹고 죽은 곳이라 하여, 뱀사골이라고 불렀다는 설화다.

옛 송림사 터에는 현재 한국전쟁 전적기념관이 세워져 있다. 그밖에도 뱀사골 곳곳에 자리한 크고 작은 소(沼)마다 수많은 용과 뱀의 설화가 꿈틀댄다. 몇몇 장소엔 설화를

적은 안내판도 세워져 있어 재미난 상상을 더 하는 맛도 쏠쏠하다. 아이들이 이곳에 오면 만화영화보다 더 스펙터클한 상상력을 키울 수 있을 것이다.

소문난 맛집

와운마을 통나무가든

뱀사골계곡을 오르다 잠시 들르는 와운마을. 11가구가 사는 작은 산골마을이지만 대부분 민박과 식당을 겸하고 있어 먹거리와 잠자리 걱정이 없다. 6대째 마을을 지키며 살고 있다는 양순자씨가 운영하는 통나무가든은 다른 집과 마찬가지로 산채정식을 주 메뉴로 한 여러 가지 토속음식을 만들어 손님상에 낸다. 사용하는 재료들은 직접 밭에서 기르고 산에서 채취한 것들이 대부분이다. 그때그때 계절에 따라 얻어지는 지리산 수확물들이 그때그때 방문하는 손님들에게 서비스로 제공된다. 고로쇠물이나 토종 벌꿀 등이 그런 것들이다. 와운마을을 거쳐 흐르는 수려한 계곡을 내려다보며 식사를 할 수 있는 것도 장점이다. 와운교에서 올라가면 와운마을 입구 우측에 있다.

☎(063)626-3791, 011-614-9608 🕗08:00~21:00(연중무휴) 🅿가능 📋산채정식 1만원 🏠남원시 산내면 부운리 와운마을 373번지

제2부 지리산 언저리길

경남 함양군

14. 벽소령 고갯길 / **15.** 삼봉산 오도재와 법화산 임도 /
16. 상림 지나 필봉산까지 / **17.** 개평한옥마을과 지네산 /
18. 화림동계곡과 농월정

지리산 푸른 밤, 옛 소금장수 넘나들던 길

벽소령 고갯길

높은 봉우리 사이에 낀 낮은 고개에는 으레 길이 생기고 사연이 쌓인다. 벽소령 고갯길도 그런 곳이다.
예부터 함양과 하동을 지르는 샛길이자, 지리산 남쪽 자락에서 서울로 향하는 가장 빠른 이동로였다.
이 유서 깊은 고갯길을 지금은 함양 방면의 작전도로를 따라 쉽게 오를 수 있다.

추천 테마	아이들과	연인끼리	여럿이	숲	들	계곡	강	바다	문화유적	봄	여름	가을	겨울	난이도 조금힘들어요
		★★★	★★★			★★				★★★	★	★★★	★★	

【 음정정류장~작전도로 초입 】 지도 1~4

벽소령을 기준으로 북쪽에 위치한 경남 함양군 마천면 삼정리는 음정·양정·하정 세 마을의 이름을 합친 두메산골이다. 그중 가장 산속 깊숙이 자리잡은 음정마을에서 벽소령을 넘는 길이 시작된다. '음지에 위치한 집단촌'이란 뜻을 지닌 산간마을이다 보니 함양읍에서 음정마을로 들어가는 버스가 하루 6회 정도에 불과하다. 따라서 승용차를 이용하는 방법을 권할만하다. 출발점인 음정마을 부근에 지리산자연휴양림 등의 숙박시설이 있을 뿐만 아니라, 코스 하이라이트인 벽소령대피소에서도 숙식이 가능하므로 현지 1박 여정으로 '지리산 푸른 밤'을 체험하기에도 좋다.

승용차로 음정마을에 도착하거나 함양읍에서 삼정행 버스 종점인 음정정류장(1)에 내리면 오르는 길이 두 갈래다. 하나는 영원사로 가는 도로이고 다른 쪽은 음정마을로 들어서는 길이다. 두 길 모두 벽소령으로 오르는 작전도로와 연결되지만, 음정마을 길이 더 가깝고 길 찾기도 수월하다. 마을길로 접어들어 조금만 가면 이정표(2)가 벽소령 방면을 가리킨다.

깊은 산골의 조용한 마을을 여유롭게 오르다 보면 마을이 점차 발아래로 내려가면서 마을보다 더 고요한 숲

▲ 의신마을로 내려가는 길엔 키 높이만큼 자란 산죽들이 즐비하다(7~8지점).
▶ 지리산 주능선이 동네 앞산처럼 가까워지면 벽소령대피소에 거의 이른 것이다(4~5지점).

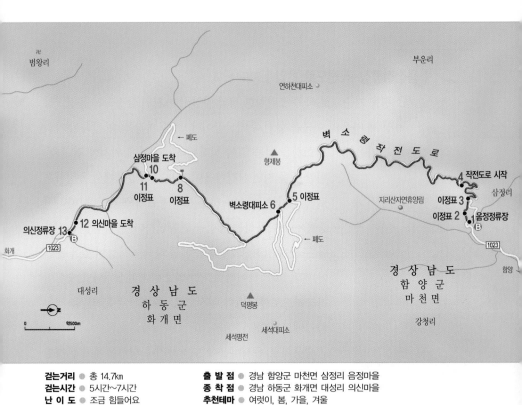

걷는거리 ● 총 14.7km		**출 발 점** ● 경남 함양군 마천면 삼정리 음정마을	
걷는시간 ● 5시간~7시간		**종 착 점** ● 경남 하동군 화개면 대성리 의신마을	
난 이 도 ● 조금 힘들어요		**추천테마** ● 여럿이, 봄, 가을, 겨울	

길에 접어든다. 지나는 사람도 많지 않은 넓은 임도를 따라가면 작전도로의
시작점(4)을 알리는 철제 울타리를 만나게 된다. 이 작전도로는 함양과 하동
을 연결할 목적으로 만들어진 군사도로였으나, 지금은 폐쇄되어 자동차가 오
를 수 없다. 하지만 벽소령까지의 도보 길은 남겨놓아서 '벽소령으로 가는
가장 편한 길'로 이용되고 있다.

【 작전도로-벽소령대피소 】 지도 4~6

철제 울타리(4)를 지나 작전도로로 들어서면 약 6km 동안 갈림길이 없다.
등산객들 사이에서는 중간중간 능선으로 오르는 길이 있다고 하나, 정식 등
산로도 아니고 길도 뚜렷하지 않아 갈림길 출현에 신경 쓸 필요가 없다. 작전
도로만 따라가면 되기에 발걸음은 편하지만 계속 구불거리는 오르막길이 다

소 지루할 수도 있다. 그럴 경우 간간이 고개를 들어 지리산 주능선을 바라보면 좋을 것이다. 하늘과 맞닿아 병풍처럼 이어진 1,000m 이상의 봉우리들은 온갖 수식어가 모자랄 정도의 장관을 연출한다. 장대한 연봉들은 사계절 내내 서로 다른 모습을 보여주지만, 굳이 겨울을 최고로 꼽는 이유는 눈 쌓인 지리산의 모습이 더욱 신비롭기 때문이다. 특히 1,000m 이상의 봉우리에는 3, 4월이 되어도 눈이 쌓여있는 때가 많아, 하얀 모자를 쓴 지리산의 위엄은 말로 다 표현할 수 없을 정도다.

작전도로에서의 지루함을 덜어줄 것은 또 있다. 갈림길이 없음에도 굉장히 자주 눈에 띄는 이정표들이다. 벽소령과 벽소령대피소까지의 남은 거리를 꾸준히 알려주는 이정표들을 보며 걸어온 거리를 가늠하는 것도 힘이 솟을 만한 일이다. 그렇게 걷다가 길이 아주 완만해지는 지점에 이르러 고개를 들어보면 까마득히 멀어보이던 지리산 주능선이 동네 앞산처럼 가까이 다가와 있을 것이다.

벽소령 바로 아래까지 편하게 이끌어주던 작전도로는 나무 울타리로 막혀 있어 더 이상 이용할 수 없다. 벽소령대피소로 가기 위해서는 이정표(5)를 따라 오른쪽 계단식 오르막을 올라야한다. 이정표에 적힌 대로 300m 정도만 오르면 벽소령대피소(6)에 도착한다.

의신마을로 내려가는 초반 구간은 길이 험해 주의가 요구된다.

6~7

【 벽소령대피소 】 지도 6

벽소령대피소는 동서로 덕평봉과 형제봉이라는 봉우리 사이에 있다. 이 중 대피소에서 더 가까이 보이는 우측(동쪽) 형제봉에 주목할 만하다. 흔히 '선녀와 나무꾼' 이야기와 비슷한 전설이 남아있는 곳이기 때문이다. 출발점이 었던 함양 쪽, 삼정리 하정마을에 전해지는 이야기로, 오랜 옛날 '인걸' 이라는 나무꾼이 살았다고 한다. '인걸' 은 선녀의 날개옷을 훔쳐 선녀와 결혼한 후 아이를 낳았고, 3남매를 낳은 후 날개옷을 꺼내줬는데 옷을 입은 선녀는 그만 혼자 하늘로 돌아갔다는 것이다. 그 후 인걸과 3남매는 혹시 선녀가 돌아올까 봐 지금의 형제봉 위치에서 기다리고 기다리던 중, 그대로 돌이 되고 말았다고 한다. 그래서 원래는 봉우리 이름이 부자봉(父子峰)이었는데, 형제 봉으로 잘못 전해졌다는 이야기도 있다. 작전도로를 따라 오를 때는 잘 보이지 않지만 이곳 벽소령대피소 부근에서 보이는, 남쪽 골짜기로 물이 흐르는 '비리내골' 또한 나무꾼 가족이 흘린 눈물로 만들어졌다는 전설이 있다.

벽소령대피소는 지리산국립공원 직원들이 관리하는 곳으로, 작은 매점과 취사장이 있어 식사를 하기에 좋다. 매점의 물품들은 값이 비싼 편이지만 준비한 간식이 부족할 경우 요긴하게 구입할 수 있다.

벽소령(碧宵嶺)이란 이름은 푸른 빛이 도는 지리산 달밤의 운치를 표현한 것으로, 글자 그대로 풀이하자면 '푸른 밤의 고개' 라는 뜻이다. 그만큼 이곳에서 보는 달빛이 무척 맑고 아름답다는 말이다. 하룻밤 여유롭게 머물면 멋진 추억을 만들 수 있겠지만, 하루 일정으로 찾은 사람들에게는 아쉽기 그지 없다. 그런 사람들을 위한 소박한 명물이 또 있으니, 바로 매점 앞 쉼터에 있는 빨간 우체통이다. 이 우체통에 편지를 넣으면 실제로 우편 배달이 되므로 사방이 시원하게 뚫린 벽소령의 정취를 실시간으로 적어 즉석에서 띄우는 것도 색다른 추억이 될 것이다.

해발 1,340m에서의 소풍을 즐긴 후에는 내려갈 경로를 고민해봐야 한다. 지금까지 오던 작전도로를 따라 함양으로 되돌아갈 것이냐, 아니면 고개를 넘어 하동군 의신마을로 내려갈 것이냐? 출발점인 함양 땅에 승용차를 주차했다면 당연히 주차 지점으로 되돌아가야 한다. 대중교통을 이용한 경우라

면 홀가분히 섬진강 물 굽이치는 하동 땅으로 넘어가 보자. 다만 벽소령을 넘어 하동군 화개면 대성리 의신마을로 향하는 내리막길 초반 1km는 돌이 많은 험로라는 점을 감안해야 한다.

【 대피소 취사장–의신마을 】 지도 6~13

　의신마을로 내려가는 길은 취사장 식수대가 있는 곳의 이정표를 따라 내려가면 된다. 초반엔 나무계단이었다가 이내 돌이 박힌 길이 이어지는데 이때까진 그다지 힘들지 않다. 하나 오른쪽으로 작은 계곡이 나타날 때부터 조금씩 길이 험해진다. 특히 줄을 잡고 오르내리도록 만들어놓은 큰 바위(7)가 나타나는데, 바위 위에서 오른쪽으로 이동하면 그냥 걸어 내려갈 수 있는 길도 있음을 참고하기 바란다. 초반의 험한 하산로를 끈기 있게 내려가다 보면 주변으로 산죽(山竹)이 점점 들어차는 것을 느낄 수 있다. 이 산죽들이 양옆을 에워싸는 지점에 이르면 드디어 완만한 흙길이 이어진다. 반대편의 함양쪽 길보다 경사가 완만하고 산그늘도 넉넉한 길이어서 한결 여유로운 걸음을 옮길 수 있다.

▶ 꽁꽁 얼어붙은 비리내골의 겨울 모습.
▼ 멀리 보이는 지리산 주능선이 작전도로에서의 지루함을 덜어주기도 한다.

4~5

벽소령 작전도로는 하얀 눈을 밟을 수 있는 겨울철이 더 좋다.

　사람 키 높이만큼 자란 산죽들 사이를 수도승처럼 묵묵히 걷다 보면 오랜만에 이정표(8)를 만난다. 폐쇄된 작전도로가 우측에 나오지만 이곳 역시 나무울타리로 막혀있어 작전도로는 갈 수 없으므로 그대로 직진하면 된다. 이곳에서 삼정마을까지 약간 급한 경사가 나오는데, 돌덩이가 별로 없는 구간이므로 미끄러짐에만 주의하면 된다. 길이 완만해지면서 헬기장(9)을 지나면 드디어 삼정마을(10)에 도착한다.

　삼정마을부터는 콘크리트가 깔린 마을길을 따라 의신마을까지 가면 된다. 차가 다닐 수 있는 길이지만, 마을 주민과 국립공원 직원들 외의 차량은 출입을 할 수 없게 돼 있다. 크게 볼거리가 없는 2km 정도의 길이므로 재주껏 아래쪽 마을로 나가는 차량을 얻어 타는 것도 방법이다. 하지만 길 오른편으로 같이 흐르는 빗점골의 의미는 놓치지 말자. 빗점골은 한국전쟁 전후로 지리산 지역에 활동하던 빨치산들의 주요 거점지로, 이 빗점골을 거슬러 올라가면 빨치산 남부군 총수였던 이현상의 아지트가 있다.

　출발점이었던 함양 쪽 음정마을과 마찬가지로 깊은 산촌 느낌을 주는 의신마을이 보일 무렵, 조그맣게 지어진 국립공원 지킴터(12)가 나타난다. 이곳을 지나면 드디어 벽소령 관통 코스도 끝이 난다. 길을 따라 내려가면 왼쪽에 반가운 슈퍼와 함께 버스정류장(13)이 기다린다.

찾아가기

대중교통 – 함양군 함양읍 함양터미널에 도착한 후, 삼정행 군내버스를 이용해 마천면 삼정리 음정정류장까지 간다.

함양터미널까지 가기
서울 동서울터미널 : 07:00~24:00(11회 운행)
서울 남부터미널 : 08:40 10:32 16:10 23:00

음정정류장까지 가기
함양 : 07:30~19:40(6회 운행)

승용차 – 88올림픽고속도로 지리산IC를 나와 인월면까지 이동한다. 이후 마천 방면 60번 지방도로를 따라가다 마천면소재지에 이르면 백무동 방면으로 우회전한다. 도로를 따라 계속 들어가면 음정마을에 이를 수 있다.

🅿 음정정류장 못미쳐 있는 도로 옆 공간(N35 21 33.2 / E127 38 46.5)을 이용하면 된다. 음정마을에서 민박을 하거나(N35 21 33.5 / E127 38 39.3) 지리산자연휴양림(N35 20 52.6 / E127 38 34.3)에서 숙박을 하면 주차가 자동 해결된다.

돌아오기

대중교통 – 하동군 화개면 대성리 의신정류장에서 화개를 경유하는 하동행 또는 진주, 부산행 버스를 골라 종점까지 간 후 다음 목적지 교통편을 이용하면 된다. 또한 의신마을에서 아무 버스라도 타고 경유지인 화개에서 내리면 하동·진주·부산 방면의 버스 배차가 더 많고 구례읍도 이동할 수 있다.

의신마을에서 떠나기
화개→하동 : 07:30 18:30
화개→하동→진주 : 06:35 11:15 12:40
화개→하동→부산 : 08:00 17:00

화개, 하동에서 떠나기
화개터미널 (055)883-2793
하동터미널 (055)883-2663

승용차 – 출발점(함양 음정마을)에 주차를 한 경우는 코스 중간의 벽소령대피소에서 되돌아와야 한다. 종착점(하동 의신마을)에서 출발점 주차 장소까지 버스로 이동하기는 무리다. 따라서 함양에서 벽소령을 넘어 하동까지 풀코스를 즐기려면 대중교통편을 이용해야 한다.

알아두기

숙박 권말 부록 Information 참조
음정마을 민박 : 마을이장 011-550-8093
지리산자연휴양림 : (055)963-8133
벽소령대피소 : (070)7506-7771
의신마을 민박 : 화개면사무소 (055)880-6051

식당 의신마을
매점·식수 벽소령대피소(식수-겨울철 동결)
화장실 음정정류장 전 공터, 벽소령대피소

벽소령대피소 이용하기

지리산국립공원 내의 대피소는 모두 예약제로 운영되므로 벽소령대피소에서 1박을 하려면 필히 예약을 해야 한다. 예약은 숙박할 날짜의 15일 전부터 가능하며, 인터넷 웹사이트(http://jiri.knps.or.kr → 공원탐방 → 시설예약)로 예약할 수 있다. 벽소령대피소는 워낙 등산객들의 유동이 많은 지역이므로 예약이 금방 종료될 수 있으니 빠른 예약이 필수다.

운해산장

벽소령 코스의 종착점인 의신마을에서 가장 안쪽에 위치한 산장 중 하나이다. 산장이란 이름답게 민박과 식당을 겸하고 있다. 운해산장은 20년 전쯤 의신마을에서 거의 처음으로 생긴 민박집이다. 지리산국립공원 내에 대피소가 생기기 전부터 있어왔기에 지리산 등산객들의 단골로 자리 잡았다. 산 중에서부터 운해산장에서 풍겨오는 부침개 냄새를 맡고 "부침개 해 놔라!"라고 소리를 지르며 뛰어내려오는 등산객들이 있을 정도라고. 간단한 요기가 가능하고, 단체로 숙박할 경우에는 염소불고기를 즐길 수 있다(1마리 50만원, 숙박과 2식 포함).

📞 (055)883-1870 ⓜ 미리 예약시 무료(연중무휴) 🅿 가능
Ⓦ 산채비빔밥 6천원, 고로쇠 막걸리 5천원, 부침개 3천원 Ⓐ 하동군 화개면 대성리 1392-1

옹녀와 변강쇠의 자취…미성년자 관람불가 지역

삼봉산 오도재와 법화산 임도

흥부가 태어났다는 마을 옆 팔령고개에서 삼봉산 오도재 임도로 향한다.
울창한 침엽수들의 청신한 기운이 가득한 길이다. 풍성하게 피어난 야생화가 임도를 걷는 즐거움을 더한다.
오도재에서 시원한 전망을 즐기고 장승공원을 지나 법화산 임도를 따라 내리막길을 걷는다.

추천 테마	아이들과	연인끼리	여럿이	숲	들	계곡	강	바다	문화유적	봄	여름	가을	겨울	난이도
	★	★★★	★★			★				★	★★★	★★	★★★	★	무난해요

【 팔령정류장─삼봉산 임도 】 지도 1~3

　　경남 함양군과 전북 남원시의 경계가 되는 팔령고개에서 길이 시작된다. 홍부가 태어난 곳이라고 하여 홍부마을로 불리는 성산마을이 시작점과 붙어 있으나 홍부축제 기간(음력 9월 9일 전후) 외에는 눈에 띄는 볼거리가 없다.

　　다만 임도로 향하는 길 왼쪽으로 앙증맞게 조각된 홍부 가족 동상과 '홍부마을 출생지' 비석이 코스 입구 이정표 구실을 해주어 들머리 찾기가 용이할 뿐이다. 함양읍 내에서 출발한다면 팔령정류장 길 건너편이 바로 그곳 (1)이다. 승용차를 이용한 경우는 팔령정류장 뒤편 마을 길로 200m 정도 들어가면 나오는 성산마을 노인회관 부근에 차를 세워두고 가는 편이 안전하다. 승용차 한 대 정도라면 길 초입에 있는 '삼봉산 등산로 안내판' 앞에 바짝 붙여 대는 것도 가능하다.

　　임도 입구에 도달하기까지 삼봉산 자락 마을길을 1km 정도 걷지만 이 길 또한 인공 건축물이 별로 없어 숲길을 걷는 것처럼 호젓하다. 이 코스는 혼자 걷기엔 쓸쓸할 수 있으니 동행을 미리 생각해 두는 것이 좋겠다. 삼봉산 임도가 시작되는 공터(3)에는 '삼봉산 국유림 경제림육성단지' 라고 쓰인 대형

▲ 변강쇠와 옹녀 얘기가 깃든 오도재에 세워진 장승들(6~7지점).
▶ 오도재 능선에 우뚝 선 지리산제1문(7-1지점).

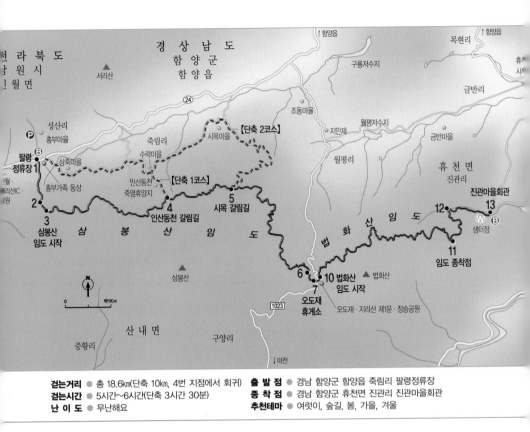

걷는거리 ● 총 18.6㎞(단축 10㎞, 4번 지점에서 회귀)　　출 발 점 ● 경남 함양군 함양읍 죽림리 팔령정류장
걷는시간 ● 5시간~6시간(단축 3시간 30분)　　　　　종 착 점 ● 경남 함양군 휴천면 진관리 진관마을회관
난 이 도 ● 무난해요　　　　　　　　　　　　　　　추천테마 ● 여럿이, 숲길, 봄, 가을, 겨울

안내판이 눈길을 끈다. 산림청에서 특별히 신경 써서 관리하는 산이란 뜻인
가. 반가운 것은 이곳에 식재된 수종이 대부분 침엽수여서 천연항생제라 불
리는 피톤치드 사이를 헤엄치듯 걷게 된다는 것이다.

　임도 좌우로는 야생화가 계절마다 고운 자태를 뽐내, 자연스레 시선이 길
가로 쏠린다. 그러다 심심찮게 펼쳐지는 멋진 조망이 화끈하게 열리면 시야
는 자연 먼 곳을 향하게 되고 얼굴엔 감탄이 서린다. 코스 내내 깊은 숲에서
날아오는 산새 소리도 귓전을 맴돈다. 맛있는 간식만 곁들여지면 그야말로
오감이 즐거운 걷기여행이 되는 셈.

　삼봉산 정상은 해발 1,200m에 가깝지만 우리가 걷는 임도는 600~700m 고
도에서 아주 완만한 경사를 이루며 산 중턱에 붙어 있다. 시작점인 팔령고개
가 해발 500m이므로 전체적인 높낮이에 대한 걷기 난이도는 초급자 수준이

다. 하지만 총 거리는 20㎞에 가까우므로 너무 만만하게 여겨선 안 될 것이다.

【 삼봉산 임도-오도재휴게소 】 지도 4~7

　　침엽수림 사이로 난 임도를 걸을 때는 냉기를 머금은 바람이 산등성이로부터 불어온다. 바람이 없는 날도 숲에서 찬 공기가 스멀스멀 임도로 밀려 내려온다. 임도 아래로 작은 계곡도 여럿 스쳐 지난다. 개중에는 물이 풍부한 골짜기도 있으니 심산유곡 청정수에 발을 담가보는 신선놀음도 해볼 만하다. 그중 시목과 오도재로 길이 나뉘는 갈림길(5) 옆 계곡이 비교적 넓고 물이 많은 편이다. 햇볕이 따가운 날에는 임도 밑 굴다리에서 더위를 피할 수도 있다.

　　관리가 잘 된 임도여서 길옆으로 쉴 수 있게 만든 벤치도 많고 오도재까지 남은 거리를 꼬박꼬박 알려주는 이정표도 있다. 오도재가 가까워오면 뱀이 산을 타듯 구불구불한 찻길이 고갯마루로 이어지는 것이 보인다. 이 찻길이 시야에 들어온 후 곧 만나는 갈림길(6)에선 일단 '오도재 0.25㎞' 방향으로 곧장 나아가기로 한다. 이 갈림길에서 왼쪽 '장승공원' 으로 가면 두 번째 임도(법화산 임도)로 곧장 갈 수 있다. 하지만 그럴 경우 오도재휴게소(7)에서 조망되는 멋진 풍경과 위풍당당한 '지리산제1문' 의 위용을 그냥 지나치게 된다.

　　오도재휴게소에는 식당이 없다.

▶ 흙길을 걷느라 열 받은(?) 발을 식혀줄 시원한 계곡도 기다린다.
▼ 변강쇠와 옹녀의 이야기를 형상화한 장승공원.

5월 삼봉산에서 만난 야생화

이름을 불러주면 품에 안길 것 같은 야생화가 시시때때로 피고 지며 찾는 이들을 즐겁게 해준다.
삼봉산에서 5월에 만난 야생화 13종을 소개한다.

꽃다지
은방울꽃
태백제비꽃
둥굴레꽃
미나리아재비
쥐오줌풀꽃
민들레
괴불주머니
뱀딸기꽃
애기똥풀꽃
냉이꽃
제비꽃
괭이눈

▲ 멀리 함양 읍내가 내려다보이는 전망에 가슴이 탁 트인다.
▶ "넌 누구니?" 길 한 켠을 차지한 야생화에게 말을 걸어 본다.

매점에서 콩국수를 팔기도 하지만 여름 성수기에나 맛볼
수 있는 계절메뉴다. 따라서 도시락은 미리 준비해야 한다.
이곳 오도재는 개성에서 만난 변강쇠와 옹녀가 팔도를 헤
맨 끝에 터를 잡고 산 곳이라고 전해진다. 그런 이유로 오
도재 주변으로는 장승이 곳곳에 서 있고, 성(性)을 주제로
한 미성년자 관람불가(?) 장승공원도 떡하니 자리 잡았다.
옛날 장사치들이 등짐을 짊어지고 넘나들던 길목이었고,
가락국 구형왕의 비 계화부인이 여기에 제단을 쌓고 선왕의 명복을 빌었다
고 한다. 지금은 지리산제1문 옆에 산신각을 새로 지어 이를 기리고 있다.

【 장승공원–진관마을회관 】 지도 8~13

오도재휴게소에서는 장승공원을 지나 법화산 임도로 진입하면 된다. 그
런데 휴게소에서 장승공원으로 내려가는 계단은 두 곳. '함양 관광안내도'
왼쪽에 있는 계단(8)으로 내려가면 자연스럽게 장승공원(9)을 지나 법화산
임도 입구(10)로 이어진다. 이 공원에는 장승을 활용해 노골적인 성애 묘사를
해놓았지만 에로틱하기보다는 해학이 느껴져 절로 웃음이 난다. 장승공원
쉼터에서 찻길 맞은편을 보면 법화산 임도 입구가 보인다. 좌우로 자동차가
오는지의 여부를 확인한 후 길을 건넌다.

3

천연항생제라 불리는 피톤치드가 꽉 들어찬 삼봉산 임도 초입의 울창한 침엽수림.

지금까지 걸어왔던 삼봉산 임도가 완만한 경사를 오르내린 데 비해, 법화산 임도는 낮은 내리막 위주로 이어진다. 삼봉산보다 임도 관리가 덜 돼 있지만 걷기에 불편함은 없다. 약 5km를 걷다보면 흙길이 시멘트 포장으로 바뀌면서 차량차단막이 있는 갈림길(11)을 만난다. 그대로 직진하면 2km 전방에서 임도가 막혀 오갈 데 없는 형국이 된다. 따라서 이 갈림길에서 왼쪽 내리막으로 길을 잡는다. 이후로는 내리막 경사가 약간 더해진다. 그렇게 1km 정도 가다가 다시 만나는 갈림길(12)에서 내리막인 오른쪽 길을 택하면 곧 작은 계곡을 끼고 있는 진관마을에 닿는다. 마을로 들어선 후 5분만 더 가면 군내버스가 들렀다 돌아가는 진관마을회관(13)이 나온다. 마을회관 조금 못 미쳐 오른쪽에 보면 '샘터정'이라는 정자가 있고, 그 왼쪽으로 돌아가면 마을 주민들이 식수로 사용하는 샘터가 있다. 후덕한 마을 인심만큼이나 물맛도 좋다. 하루 세 번 닿는 버스 시간이 많이 남았다면 마을회관에 들러 어르신들의 말벗이 되어드리는 것도 좋다. 아마 따스한 커피 한 잔이 화답할 것이다. 단, 여름에는 사방이 확 트인 샘터정이 마을회관이자 노인회관이 된다.

찾아가기

대중교통 – 함양읍 함양터미널까지 간 후, 인월 방면 군내버스를 이용해 함양읍 죽림리 팔령정류장에서 내린다.

함양터미널까지 가기
서울 동서울터미널 : 07:00~24:00(11회 운행)
서울 남부터미널 : 08:40 10:32 16:10 23:00
인천터미널(수원, 안산 경유) : 07:50~18:20(7회 운행)
부산 서부터미널 : 07:00~17:00(6회 운행)
대구 서부터미널 : 06:33~19:30(14회 운행)

팔령정류장까지 가기
함양(군내버스) : 07:00 08:40 13:10 15:40 17:40(5회 운행)

승용차 – 88올림픽고속도로 지리산IC를 나와 그대로 직진해 인월면소재지 방면으로 간다. 2km 정도 가다 24번 국도를 만나는 사거리에서 함양 방면으로 좌회전하면 3.5km 전방 우측에서 코스 시작점 표지 역할을 하는 흥부가족 동상을 볼 수 있다.

🅿 팔령정류장 뒤편의 성산마을 노인회관(N35 28 11.1 / E127 38 05.5) 부근에 하면 된다. 한 대 정도라면 길 초입 '삼봉산 등산 안내판(N35 28 02.2 / E127 38 07.8)'에 바짝 붙여 주차해도 된다.

돌아오기

대중교통 – 휴천면 진관리 진관마을회관으로 오는 군내버스(월평 노선)를 이용해 함양터미널까지 간 후 다음 목적지로 향한다.

진관마을회관에서 떠나기
함양터미널(군내버스) : 07:00 12:40 18:40

함양터미널에서 떠나기
〈찾아가기〉의 역순

승용차 – 종착지인 진관마을에서 주차해 둔 출발점(함양읍 죽림리 팔령정류장)으로 돌아가려면 택시를 이용해야 한다(요금 2만 5천원~3만원. 택시 전화번호는 '권말 부록 Information' 참조). 아침 일찍 걷기를 시작해 진관마을회관 앞에서 12시 40분 버스를 타고 함양까지 가면 함양터미널에서 인월행 13시 10분 버스로 팔령까지 갈 수도 있다.

알아두기

숙박 · 식당 권말 부록 Information 참조
매점 오도재휴게소   **식수** 진관마을 공동 샘물(12~13구간)
화장실 오도재휴게소, 진관마을회관

승용차를 갖고 간다면…

출발점에 승용차를 주차하고 코스를 완주한다면 종착점에서 함양 택시나 남원 인월택시를 불러 팔령고개로 돌아와야 한다. 택시비는 2만 5천원~3만원. 아니면 적당한 회귀 지점을 생각해 볼 수도 있다. 그러나 같은 길을 지루하게 되짚는 것보다 4번 지점에서 인상동천 죽염발상지 쪽으로 빠진 후 마을길을 따라 팔령고개로 돌아오는 방법이 좋다. 4번 지점에서 '인산동천 400m' 푯말을 따라 내려가면 만나는 '인산동천'은 독립운동가이자 의사였던 인산 김일훈 선생이 개발한 죽염과 황토방을 테마로 그 후손들이 운영하는 휴양 · 수련시설과 죽염공장이다. 이곳을 지나 왼쪽으로 난 넓은 마을길을 따라 가면 수락마을과 상죽마을을 거쳐 팔령고개 부근으로 돌아올 수 있다. 이렇게 할 경우 걷는 거리는 총 10km 정도로 아주 짧아진다. 이보다 거리를 늘여서 원점회귀를 하려면 5번 지점에서 왼쪽 시목 방면 임도로 하산해 마을길을 따라 팔령으로 돌아오면 된다. 이렇게 하면 걷는 거리가 16km 정도 된다(지도 점선 구간).

소문난 맛집

박리다매 추어탕 | 울산식당

외지에는 거의 알려지지 않은 작고 소박한 추어탕 전문점이지만 현지인에게 간단하게 식사할 곳을 추천받을 때 반드시 세 손가락 안에 들어가는 함양의 맛집이다. 10년 넘게 추어탕을 전문으로 하고 있으며 미꾸라지는 양식이라도 국산만 고집한다. 웬만한 유명 추어탕집은 다 섭렵했다는 식도락가들도 울산식당 추어탕은 상급으로 쳐준다니 일단은 들러보고 갈 일이다. 이문이 적더라도 많이 팔면 된다는 박리다매 정신에 입각해 추어탕 한 그릇 가격은 5천원. 함양터미널에서 남원 방면으로 도보 5분 거리의 삼거리에서 우회전한 뒤 200m 정도 가면 왼쪽에 함양중앙상설시장이 있다. 시장 앞을 그냥 지나치면 50m 앞에 있다.

☎ (055)963-3317   🕐 11:00~21:00(명절 연휴 휴무)   🅿 가능
(공설시장 주차장 유료)   💲 추어탕 6천원   🅰 함양군 함양읍 용평리 607-17

신라 최치원이 가꾼 천년 역사의 숲

상림 지나 필봉산까지

함양 상림은 우리나라에서 가장 오래된 인공림으로 신라시대 때 조성했다.
천년의 세월이 흐른 만큼 어떤 다른 숲보다도 자연스럽다. 숲 외곽을 두르는 산책로는 때로 숲을 관통하며
한여름에도 서늘한 기운을 드리운다. 필봉산 능선까지 내처 걸으면 더없이 행복하다.

추천 테마	아이들과	연인끼리	여럿이	숲	들	계곡	강	바다	문화유적	봄	여름	가을	겨울	난이도
	★★	★★★	★★★	★★★	★	★	★★		★	★★★	★★★	★★★	★★	쉬워요

【 상림 주차장–연꽃단지 】 지도 1~5

'함양8경' 중 첫 번째로 꼽히는 상림(上林)은 신라 진성여왕 때 함양태수로 부임한 최치원이 조성한 인공림이다. 당시 함양 시가지를 흐르던 위천이 자주 범람하여 피해가 빈번하자 물길을 돌려 둑을 쌓고, 숲을 조성한 것이다.

원래 대관림(大館林)이라 불렸으며 여의도 면적 3분의 1에 맞먹을 정도로 컸지만 지금은 그 2할에 해당하는 상림만 남았다.

▲ 상림의 가을 아침. 서광을 한몸에 받고 싶은 충동을 안긴다(8~9지점).
▼ 함양읍 이은리 냇가에서 출토되어 '이은리석불'이라 불리는 불상(5~6지점).

후에 가야산으로 들어가 신선이 되었다는 최치원은 "후일 이 숲에 뱀·개구리·개미 같은 추물이 생기고, 송죽(松竹)이 자생하면 내가 이 세상을 떠난 줄 알라"고 했다는 전설도 전해진다. 그런데 천년이 흐른 지금도 다른 숲에

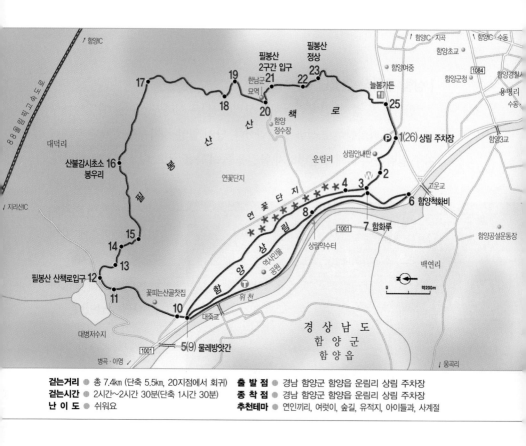

걷는거리 ● 총 7.4km (단축 5.5km, 20지점에서 회귀)　　**출 발 점** ● 경남 함양군 함양읍 운림리 상림 주차장
걷는시간 ● 2시간~2시간 30분(단축 1시간 30분)　　**종 착 점** ● 경남 함양군 함양읍 운림리 상림 주차장
난 이 도 ● 쉬워요　　　　　　　　　　　　　　　　**추천테마** ● 연인끼리, 여럿이, 숲길, 유적지, 아이들과, 사계절

비해 뱀이나 개미 같은 해충이 적다고 하니 그저 신기할 따름이다.

　상림은 어느 쪽으로 돌아도 좋지만 지도에 표기된 순서대로 걸으면 좀 더 효율적으로 즐길 수 있다. 우선 상림 주차장(1)에서 시작하는 본 걷기코스는 주차장 북쪽에 있는 대형 상림 안내판을 지나 붉은 카펫을 깔아놓은 듯한 산책로를 따라 외곽을 걷는다.

　얼마 안가 왼쪽에 서로 다른 수종이 하나로 합쳐진 연리목이 있다(3). 이 나무는 느티나무와 개서어나무 몸통 전체가 결합되어 연리목 중에서도 상서로운 나무로 꼽는다. 이 나무 앞에서 남녀가 손을 잡고 기도하면 애정이 두터워진다고 한다. 그리고 조금 더 가면 오른쪽으로 자태 고운 연꽃단지가 넓게 자리한다. 이 단지를 하늘에서 내려다보면 연꽃단지 전체가 활짝 핀 꽃 모양으로 펼쳐져 있다. 그 꽃잎에 해당되는 가장자리를 따라 연꽃 산책로가 이어진다. 연꽃이 만개하는 피서철 전후가 되면 그야말로 황홀경을 이룬다. 연꽃단지를 지나 상림 외곽 순환산책로를 따라가면 상림 북쪽 끝에 도달하게 되는데, 연신 돌아가며 방아를 찧어대는 물레방앗간이 그곳에 기다린다(5).

【 물레방앗간─상림 산책로─물레방앗간 】 지도 5~9

'함양 산천 물레방아 물을 안고 돌고, 우리 집에 서방님은 나를 안고 도네.' 함양에서 구전으로 전하는 민요의 한 대목이다. 함양을 '물레방아의 고장' 이라 부르는 이유는 우리나라에서 처음으로 물레방아를 이용해 곡식을 찧었던 곳이기 때문이다. 18세기 말 연암 박지원 선생이 이곳 현감으로 부임할 때 곡식을 찧는 도구는 발로 누르는 디딜방아가 전부였다. 연암은 청나라에서 보고 온 수력베틀을 기반으로 물레방아를 만들었고 곡식 찧는 효율을 획기적으로 높였다. 이 물레방아 발명을 조선시대 농경문화 변혁의 시발점으로 보는 견해도 있으니 그 의미가 결코 작지 않다.

5번 지점의 이 물레방앗간은 상림을 빠져나갈 때 다시 거치기로 하고, 왼쪽으로 돌아 상림 서쪽 외곽산책로로 발길을 옮기자. 길 오른쪽으로 흐르는 위천은 물막이 보(洑)를 설치해 잔잔한 수면이 호수를 연상시키고, 왼쪽에 두고 걷는 울창한 상림은 맑은 산소를 뿜어낸다. 수류으로 즐거움을 선사하는 이 길을 25분 정도 휘휘 지난다. 상림이 끝나갈 무렵, 왼쪽에 함양 척화비와 장승이 서 있는 갈림길(6)로 꺾어 들어간다.

산책로를 따라 조금만 가면 2층으로 만들어진 함화루(咸化樓 · 7)가 있다.

'목 축이고 가세요!' 함화루 옆 식수대.

7

단청을 하지 않아 더 높은 격조가 배어나는 사운정.

조선시대 함양읍성의 남문이었던 이 전각은 일제가 강제로 철거하려 하자 1932년 함양고적보존회 대표였던 노덕영 선생이 사재를 들여 현재 위치로 옮긴 것이다. 원래 지리산이 보이는 자리에 있어 망악루(望嶽樓)라 하였는데 위치를 옮기면서 이름도 바뀌었다.

함화루를 왼쪽에 두고 숲길을 5분 정도 나아가면 단아한 기품이 느껴지는 사운정(思雲亭 · 8)이 기다린다. 정자 왼쪽으로 난 길을 따라 서늘한 기운이 느껴지는 숲길을 걸어 나간다. 이 고운 길에서는 양말까지 벗어버린 채 맨발로 걷는 '발맛'을 느껴봄 직하다. 걷는 즐거움이 한층 담백해진다.

특히 가을이면 주발만한 크기로 피어난 꽃무릇 수십만 송이가 관능적인 붉은 빛으로 나그네의 시선을 빨아들인다. 꽃과 잎이 서로 피고 나는 시기가 달라 서로 만나지 못하는 꽃무릇은 이루지 못한 사랑의 애틋한 전설을 갖고 있다. 그래선지 꽃무릇 하나하나를 들여다보면 처연해 보이기도 하고, 몽환적인 군락미가 선계에 들어선 듯 황홀하기도 하다. 숲 곳곳에 자리한 고색창연한 문화재들도 볼거리이므로 상림에서는 느긋한 발걸음이 어울린다. 이 숲길을 15분 남짓 걸으면 앞서 지났던 5번 지점의 물레방앗간이 다시 나온다 (9). 이번에는 물레방앗간을 지나쳐 차도로 나선다.

상림은 천년이 넘은 숲답게 우람한
나무들이 곳곳에 솟아있다

【 필봉산 산책로–상림 주차장 】 지도 10~26

물레방앗간 뒤쪽 차도를 건너 맞은편 마을길로 그대로 직진한다(10). 작은 고개 하나를 넘어 만나는 아담한 저수지(10)에선 오른쪽으로 향한다. 100m쯤 걸으면 송림을 따라 산으로 오르는 필봉산 산책로 입구가 기다린다(11). 파란 기둥으로 높게 솟은 가로등과 낮은 갈색 나무기둥이 입구에서 길손을 맞아들인다. 산 초입 100m 구간은 약간 가파른 편이나 아주 힘들진 않다. 송림 사잇길을 허덕허덕 올라 산등성이로 불어오는 바람에 맺힌 땀을 실어 보내는 맛이 상쾌할 따름이다.

가파른 경사가 끝나고 평지 같은 길을 잠깐 걸으면 능선으로 곧장 질러가는 오르막과 왼쪽 중턱으로 돌아가는 길이 나뉘는 갈림길(12)이 나타난다. 어느 길로 가든 틀리지 않지만 일단 걷기 편한 왼쪽 중턱길로 걸음을 내딛는다.

필봉산 등줄기는 좌우로 시원하게 펼쳐진 조망이 일품이다. 오른쪽으로 아담한 분지에 자리한 함양읍이 내려다보이고, 왼쪽으로는 괘관산(1251m) 줄기가 병풍처럼 함양을 두른 것이 볼 만하다. 경치 구경도 해가며 그렇게 걷다 보면 운동기구와 산불감시초소가 있는 봉우리(16)에 닿는데, 이곳이 본 코스에서 가장 높은 해발 300m 지점이다. 수치상으로 높다고 느낄지 모르지만 상림 해발고도가 200m 가까이 되므로 실제 올라온 높이는 동네 뒷산 오른 것에도 미치지 못한다. 이곳에서 상림 쪽을 보면 함양공설운동장이 보이고,

능선을 따라 이어지는 산책로가 일품인 필봉산 코스

필봉산 첫 번째 봉우리를 내려가면 암전한 밭길이 기다린다.

그 뒤로 본 책에서 걷기 좋은 임도로 소개하고 있는 법화산과 삼봉산이 나란히 솟아있다. 한편 공설운동장 바로 오른쪽으로 보이는 산은 봉우리가 다섯 개라고 해서 오봉산이라 불린다.

주변 조망을 끝낸 후 봉우리에서 내려와 15분 정도 걸으면 필봉산 첫 흙길 구간이 마무리되면서 시멘트도로가 나타난다(18). 왼쪽 시멘트도로로 100여m 진행하다 보면 오른쪽으로 농로가 이어진다(19). 우회전해 조그만 과수원과 밭길을 지나면 '세종왕자 한남군묘'라고 적힌 묘역에 닿는다. 한남군은 세종의 열두 번째 아들로 상왕(단종) 복위 사건에 연루되어 함양 휴천계곡 새우섬에서 유배생활을 하다가 병사했다. 후대 사람들은 한남군의 지조와 절개를 기리기 위해 그가 살았던 새우섬에 한오대라는 정자를 세우고, 마을 이름도 한남마을로 부르게 됐다. 봉분 주변의 상석들이 잘 보전되어 있으므로 묘역까지 올라가 보는 것도 좋다. 이 묘역을 왼쪽에 끼고 돌아 2분 남짓 걸으면 오른쪽으로 필봉산 남쪽 줄기로 이어지는 흙길이 다시 시작된다(21).

짧은 나무계단으로 시작되는 이 길을 따라 숲길을 오르면 각종 운동기구가 설치돼 있는 필봉산 봉우리에 닿는다(23). 손때 묻은 기구들에서 주민들이 새벽운동을 일삼는 곳이라는 것을 알 수 있다. 봉우리 맞은편 계단으로 내려가면 포장도로가 나타난다(24). 오른쪽으로 방향을 잡았다가 곧바로 왼쪽 길로 접어들어 그냥 직진하면 된다. 산을 다 내려와 끝자락에 이르면 '오곡정식'이란 메뉴로 유명한 늘봄가든 식당이 나온다(25). 이 식당 앞에서 우회전해 150m만 가면 출발지였던 상림 주차장이므로 원점회귀가 가뿐하다(26).

찾아가기

대중교통 – 함양읍 함양터미널에 도착한 후, 1.5km 떨어진 상림까지 걸어가거나(25분 소요) 택시로 이동한다.

함양터미널까지 가기

서울 동서울터미널 : 07:00~24:00(11회 운행)

서울 남부터미널 : 08:40 10:32 16:10 23:00

인천터미널(수원, 안산 경유) : 07:50~18:20(7회 운행)

부산 서부터미널 : 07:00~17:00(6회 운행)

대구 서부터미널 : 06:33~19:30(14회 운행)

상림 주차장까지 가기

함양터미널에서 도보로 이동할 경우는 함양군청 방향 1km여 지점의 위치 건너기 직전 우회전해 500m 정도 가면 상림이다. 코스 출발점인 주차장은 오른쪽으로 100m 정도 더 간다.

승용차 – 88올림픽고속도로 함양IC를 나와 함양 방면으로 우회전한다. 약 2km 정도 가면 나오는 함양읍내를 1km 정도 통과한 후 위천을 건너는 함양3교 직전에 우회전하면 500m 지점에서 상림공원을 만난다.

P 상림을 만난 직후 우회전해 100m 정도 가면 왼쪽에 상림 주차장 (N35 31 25.3 / E127 43 17.9)이 있다.

돌아오기

대중교통

상림 주차장에서 떠나기

〈찾아가기〉의 역순

함양에서 떠나기

〈찾아가기〉 교통편 참조

승용차 – 〈찾아가기〉의 역순

알아두기

숙박 권말 부록 Information 참조

식당 상림 주변 다수

매점 상림 주차장

식수 상림약수터(7지점 부근, 상림 함화루 옆)

화장실 상림 내 다수

함양 상림…언제 가면 좋을까?

상림 꽃무릇

함양 상림은 겨울을 제외하면 언제라도 좋다. 하지만 연꽃이 피는 7~8월에 특히 가볼만하다. 약 7만㎡에 걸쳐 조성된 단지에는 다양한 연꽃 품종과 수생식물 300여 종을 심어 인기몰이를 한다. 연꽃단지 사이로 산책로를 만들어 놓아 꽃구경하기에 그만이다. 연꽃이 시들 무렵이면 석산이라고도 불리는 꽃무릇 수십만 송이가 사람들의 발걸음을 꾀어낸다. 주로 사찰 근처에 많이 자생하는 품종이지만 그 모양이 아름다워 관상용으로 인기가 높은 꽃이다. 그리고 해마다 10월이면 함양의 가장 대표적인 축제인 '함양물레방아축제'가 펼쳐진다. 꽃무릇 개화 시기와 맞물리기도 하는 이 축제에서는 우리나라 전통문화와 관련된 다양한 행사가 진행된다. 주요행사가 상림에서 펼쳐지므로 가볼만하다. 함양물레방아축제 홈페이지(http://watermill.hygn.go.kr). 번잡함이 싫다면 붉은 낙엽 뒹구는 11월의 상림도 특별나다.

소문난 맛집

늘봄가든

함양읍내 추천 맛집 1순위라고 해도 과언이 아닐 정도로 인기가 높다. 이집의 대표메뉴는 오곡정식. 이름만 들어서는 오곡밥에 한정식일 것 같지만 실제로는 4~5가지 곡물로 각각 만든 다양한 종류의 밥이 소쿠리에 담아져서 나온다. 평상시 먹던 흰쌀밥과 더불어 찰기가 느껴지는 찰밥, 여기에 노란 컬러가 입맛을 돋우는 조밥과 수수밥까지 각 곡물이 갖고 있는 특징을 고스란히 담아내는 웰빙식이다. 여기에 함께 나오는 부드러운 육질의 돼지고기 수육도 그 맛이 일품이다. 된장찌개를 비롯해 상 위에 함께 세팅되는 20여 가지 밑반찬도 식감을 높이는데 일조한다. 무엇보다 한 번 손님상에 올랐던 음식은 절대 재사용하지 않는다는 철칙을 지키고 있으며 이를 확인해주려는 듯 주방이 활짝 공개돼 있다. 코스가 마무리되는 25번 지점에 있어 접근성도 매우 좋다.

☎(055)962-6996 ⏰11:30~21:00(명절 연휴 휴무) Ｐ가능
🍴오곡정식(일반) 8천원, 오곡정식(특) 1만원 Ａ함양군 함양읍 교산리 946

양반고을 산책로 따라 고택순례 반나절

개평한옥마을과 지네산

함양 개평마을은 하동 정씨와 풍천 노씨 집성촌이다.

조선 오현의 한 분인 일두 정여창(1450~1504) 선생의 생가를 비롯해 오래된 한옥들이 즐비하다.

일두 선생이 거닐던 흙길을 지나 지네산까지 올라간다. 능선을 걸어 바위지대에 이르면 주변 조망이 일품이다.

추천 테마	아이들과	연인끼리	여럿이	숲	들	계곡	강	바다	문화유적	봄	여름	가을	겨울	난이도
	★★★	★★★	★★★	★★	★★	★★			★★★	★★★	★★	★★★	★★	쉬워요

【 지곡정류장–소나무 산책로–선암정 】 지도 1~8

개평마을은 하동 정(鄭)씨와 풍천 노(盧)씨 대종가가 있는 집성촌이다. 성리학의 대가인 일두 정여창(鄭汝昌 · 1450~1504) 선생이 여기서 태어나고 자랐다. 또 조선 후기 우리나라 바둑계의 전설적인 1인자였던 노근영(盧近泳) 선생의 생가도 여기에 있다. 근세 들어서도 100여 호 남짓한 이 작은 마을에서 100명 넘는 대학교수가 배출되었다니 마을 사람들의 자부심이 대단하지 않을 수 없다.

지곡면소재지와 맞붙은 개평마을 걷기 코스는 지곡정류장(1)에서 시작한다. 정류장 옆에 크게 써 붙인 일두고택 이정표 방향으로 100여m 이동하면 화려한 단청 아래 그려 놓은 개평마을 안내도(2)가 있다. 이 안내도 옆에 있는 표석을 끼고 돌아 개평교를 건너 왼쪽 길을 택하면 곧 시골스런 개평초등학교에 닿는다. 학교 정문 맞은편으로는 하얀 연꽃을 피워내는 8천㎡의 백련단지로 건너가는 나무다리(3)가 있으니 그리로 건너가 백련단지를 한 바퀴 둘러보자. 이 연못가에 있는 소박한 우물역사관(5)에는 지금도 작동하는 손펌프가 있어 마중물 한 바가지로 시원한 지하수를 퍼 올릴 수 있다.

백련단지를 시계 반대 방향으로 돌아 일두 선생이 거닐던 산책로를 복원했다는 소나무 산책로로 들어선다(6). 큰 칼 찬 장군 같은 노송들의 호위를 받으며 느릿느릿한 양반걸음으로 낮은 언덕을 오르면 일명 '선착순 나무'가 무덤 뒤로 삐쭉 솟아 있다. 이런 이름이 붙은 것은 언덕 밑 개평초등학교 학생들이 얼차려를 받을 때 이 나무를 반환점으로 선착순 뜀박질을 곧잘 했기 때문이란다. 이 나무를 도는 학생들 모습이 학교 운동장에서 빤히 보이니 말썽꾸러기들도 피해가지 못하는 엄한 훈장 나무가 된 것이다. 나

▼ 연꽃단지를 돌면 우람한 노송들이 호위하는 개평마을 소나무 산책로가 기다린다(6지점).
◀ 일두 선생이 거닐었다는 소나무산책로에서 내다보이는 개평한옥마을(6~7지점).

개평한옥마을과 지네산 161

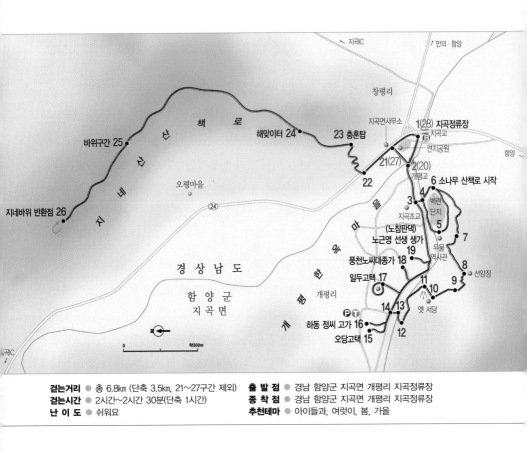

걷는거리 ● 총 6.8km (단축 3.5km, 21~27구간 제외)
걷는시간 ● 2시간~2시간 30분(단축 1시간)
난 이 도 ● 쉬워요

출 발 점 ● 경남 함양군 지곡면 개평리 지곡정류장
종 착 점 ● 경남 함양군 지곡면 개평리 지곡정류장
추천테마 ● 아이들과, 여럿이, 봄, 가을

무가 자란 모습도 허리춤을 살짝 꺾은 것이 꼭 개구진 아이 같다.

이 첫 번째 산책로를 내려온 후에는 맞은편 돌계단을 올라 두 번째 흙길 산책로로 접어든다(7). 두 번째 산책로 언덕에는 신선바위와 선암정(8)이 있어 쉬어가기에 안성맞춤이다. 이 언덕에서 한옥 기와가 뒤덮다시피 한 개평마을을 굽어보자. 왼쪽 중간에 큰 느티나무 서 있는 곳이 일두 고택이고, 그 오른쪽으로 풍천노씨대종가와 노참판택(노근영 선생 생가)이 각각 멀찌감치 떨어져 자리를 잡고 있다. 이 언덕에서 보면 마을의 형상이 마치 배와 닮아 있다. 그래서 마을 안에 우물을 파면 배가 가라앉듯 나쁜 기운이 솟는다는 이야기가 전해 내려온다. 지금은 상수도 시설이 되어 있지만 그런 이유로 예전에는 우물이 무척 귀한 마을이었단다. 그렇게 귀한 우물이었기에 지금은 사용하지 않지만 보존에 신경을 많이 쓰고 있다.

【 선암정–고택 순회 】 지도 9~19

이제 개평마을 고택들을 하나하나 둘러볼 차례다. 선암정(8)이 있는 언덕을 내려와 만나는 마을길(9)에서 오른쪽으로 꺾었다가 곧 왼쪽 논 사이로 난 소로로 방향을 튼다. 논길을 걸으면 정면으로 낡은 한옥 한 채가 보이는데, 과거 개평마을 서당 건물이다. 서당 앞(10)에서 오른쪽으로 틀어 50m 정도 나아가다가 왼쪽 동산우물을 끼고 돌계단(11)을 올라 세 번째 산책로를 오른다. 심심하다 싶을 정도로 짧은 흙길이 끝나면(12) 오른쪽으로 아들을 낳게 해준다는 종암바위와 우물이 기

다린다(13). 종암은 달걀처럼 둥그런 모양이어서 실제로도 신묘한 느낌이다.

계속해서 우물 앞 종암교(14)를 건너 왼쪽부터 고택 순례를 시작한다. 종암교에서 바라봤을 때 가장 왼쪽부터 오담고택(15), 하동정씨고가(16), 일두고택(17), 풍천노씨대종가(18), 노참판댁(노근영 선생 생가·19) 순으로 둘러볼 수 있다.

가장 유심히 봐야할 곳은 일두고택이다. 솟을대문 위에 걸려 있는 다섯 개의 붉은 색 정려패가 가

우물이 무척 귀했던 마을이어서 지금도 우물터를 잘 보존하고 있다.

9~10
새단장을 기다리는 개평마을 서당을 바라보며 논두렁 사이로 뻗은 산책로를 걷는다.

문의 내력을 격조 있게 드러낸다. 솟을대문을 넘어서면 팔작지붕을 얹은 'ㄱ'자 형태의 사랑채를 만난다. 사랑채 마루 위 기개 넘치는 필치로 써내려 간 '충효절의(忠孝節義)' 편액이 "요즘 것들은 왜 이리 정신상태가 나약하냐"며 일두 정여창 선생이 일갈하는 듯하다. 이 고택은 행랑채와 사랑채·안사랑채·안채·광채·사당 등 여러 건물이 조화롭게 자리를 잡고 있어 고건축물을 연구하는 사람들에게 필수 답사코스로 꼽힌다. 또 이곳은 드라마 〈토지〉의 촬영지이기도 하다.

▶ 고택 대부분은 주민이 살고 있어 그 집의 내력을 직접 들을 수 있다. 사초 노근영 선생 생가.
▶▶ 고건축물 연구가들의 필수 답사코스가 된 일두 고택 사랑채.

다만 보존은 잘 되고 있으나 실제 사람이 살고 있지 않은 탓에 쓰임새를 잃은 물건들이 갖는 쓸쓸함은 어쩔 수 없다. 사람들이 많이 찾는 번잡함을 피해 후손은 인근의 다른 집에 기거한다.

그 밖의 다른 고택들은 모두 사람이 살고 있으므로 조심스레 구경해야 한다. 개평마을은 정통 한옥마을 관광지로 조금씩 치장을 하고 있다. 하지만 애써 꾸미지 않아도 선비고을의 고풍스런 단아함이 자연스럽게 밴 오랜 세월의 연륜이 마을 전체에서 느껴진다.

【 지네산-연지공원-지곡정류장 】 지도 20~28

마을 구경을 마쳤으면 개평마을 입구의 안내도가 있는 곳으로 되돌아온다(20). 지금부터 걷게 될 일명 지네산은 주민들이 산보 삼아 다니는 길이어서 일반 지도에는 표기조차 되지 않았다.

일단 연지공원 앞 큰길인 24번 국도에서 한옥 형태로 지은 지곡면사무소 쪽으로 길을 건너(21) 왼쪽 지곡톨게이트 방향으로 걷는다. 약 130m 진행하다가 오른쪽에 '충혼탑 입구' 라고 쓰인 작은 표석 옆 숲길로 들어선다(22). 빽빽이 들어찬 소나무가 피톤치드를 뿜어내는 숲길 오르막을 느릿한 걸음으로 200여m 오른다.

오르막 경사가 완만해지면 한국전쟁 당시 숨진 46명을 추모하기 위해 세운 '애국동지위령단' 이라는 석조물이 나타난다(23). 이 위령단 직전에 왼쪽

24~25

으로 뻗은 산길로 진입
하면 지네처럼 길게 뻗
은 능선 산책로가 이어
진다. 온통 소나무밭인
능선을 5분 남짓 걸으면
오른쪽으로 시야가 뚫
린 작은 봉우리 공터가
나온다(24). 원래 방공호
가 있던 자리지만 지금
은 주민들의 신년 해맞
이 장소로 이용된다. 이
후로는 외길이므로 그
대로 소나무 숲길을 따
라가면 된다.

간혹 짧은 언덕과 바
위지대가 있지만 개의
치 말고 외길을 쭉 따라
간다. 위령단을 지난 지

1km쯤 되었을 때 오른쪽으로 바위를 밟고 넘게 되는 장소(25)가 나온다. 그리
고 5분만 더 가면 소나무와 집채만한 바위들이 엉켜 있는 코스 반환점에 다
다른다. 지네산의 머리에 해당되는 바위 지역은 시원한 조망이 일품이다. 정
면으로 대전통영간고속도로가 달리고 그 너머로 해발 1,200m의 괘관산이 버
티고 있다.

이제는 오던 길을 되밟아 지곡면사무소가 있는 곳으로 되돌아간다(27). 여
기서부터 코스 종착점인 버스정류장(28)으로 가는 길가엔 아담한 연못과 정
자, 물레방아 등이 있는 연지공원이 있어 산뜻하게 코스를 마무리할 수 있다.

찾아가기

대중교통 – 함양읍 함양터미널에 도착한 후 군내버스(서상 노선)를 이용해 지곡면 개평리 지곡정류장까지 간다.

함양터미널까지 가기
서울 동서울터미널 : 07:00~24:00(11회 운행)
서울 남부터미널 : 08:40 10:32 16:10 23:00
인천터미널(수원, 안산 경유) : 07:50~18:20(7회 운행)
부산 서부터미널 : 07:00~17:00(6회 운행)
대구 서부터미널 : 06:33~19:30(14회 운행)

지곡정류장까지 가기
함양군내버스 : 06:20~19:40(30분 간격 운행)

승용차 – 대전통영간고속도로 지곡IC를 나와 24번 국도에서 지곡 방면으로 우회전하면 약 4㎞ 전방 우측에 개평마을 입구인 연지공원이 나온다.

🅿 연지공원(N35 33 56.3 / E127 46 26.3) 주변에 조심스레 주차해도 되고, 개평마을 안에 있는 외부인 주차장(N35 34 00.9 / E127 46 03.1)을 이용해도 된다. 개평마을 외부인 주차장은 개평마을 안내도 옆에 있는 개평교를 건너 오른쪽 길로 500m 정도 가면 길 우측에 위치한다.

돌아오기

대중교통

지곡정류장에서 떠나기
함양터미널(군내버스) : 07:25~20:15(30분 간격)
함양에서 떠나기 〈찾아가기〉의 역순
승용차 – 〈찾아가기〉의 역순

알아두기

숙박 개평마을 내 민박 다수
지곡면사무소 : (055)960-5461
개평리 마을이장 : (055)962-7200 / 011-589-9369
식당 지곡면소재지 내
매점 지곡정류장 맞은편
식수 없음. 우물물은 평소 사용하지 않아 식수로 부적합
화장실 지곡면사무소, 개평마을 외부인주차장

안의원조갈비집

　전국적으로 '안의갈비'를 아는 사람은 많아도, 그 음식의 원조가 함양군 안의면이라는 것을 알고 있는 사람은 별로 없다. 예전부터 양반과 부자가 많았던 고장이라 자연스레 소고기를 이용한 고급요리가 자리를 잡았고, 그게 외지로 퍼지면서 안의갈비가 유명세를 타게 된 것이다. 안의면 소재지에는 원조임을 주장하는 갈비 관련 식당이 여러 곳이지만 지역 토박이들은 '안의원조갈비집'을 손꼽는다. 40년 넘게 2대에 걸쳐 한결같은 맛을 지켜온 비결은 예전 방식을 그대로 고수하는 것이다. 갈비도 투박하게 뼈째 썰어넣고, 갈비찜은 집간장으로만 양념을 한다. 단백한 육수 맛을 유지하기 위해 고기는 2차에 걸친 기름작업 후 조리된다. 덕분에 갈비탕 뒷맛이 무척 개운하고 시원하다. 개평마을 방면에서 안의면소재지로 들어가 큰길을 따라 가면 오른쪽에 안의우체국이 나온다. 100m 정도 더 가면 왼쪽 골목 20m 안에 있는 간판을 볼 수 있다. 개평마을에서 자동차로 10분 소요.

📞 (055)962-0666　🕐 10:00~21:00(명절 당일 휴무)　🅿 가능(3대)　🍴 갈비탕 9천원, 갈비찜(대) 5만원, 갈비찜(소) 4만원
🅰 함양군 안의면 당본리 12-1

'선비문화탐방로'에서 시 한 수 읊어보랴

화림동계곡과 농월정

화림동계곡은 빼어난 경치 덕에 예로부터 시인묵객의 발길이 잦았다.
8개의 못과 8개의 정자가 있다 하여 '팔담팔정'이라 불렸다. 계곡 연안을 따라 나무데크로 산책로를 연결한
'선비문화탐방로'가 조성되어 있다. 진경산수화 속에서 방금 나온 듯한 길이다.

추천 테마	아이들과	연인끼리	여럿이	숲	들	계곡	강	바다	문화유적	봄	여름	가을	겨울	난이도
	★★★	★★★	★★★	★★		★★			★★★	★★★	★★	★★★	★★	쉬워요

【 거연정 · 군자정—선비문화탐방로 입구 】 지도 1~8

'화림풍류'라 하여 예로부터 빼어난 절경이 화림계곡으로 사람들을 불러 모았다. 선비들이 시를 짓고 가사를 읊던 정자 여덟 개가 계곡 주변에 산재했 는데, 지금은 다 사라지고 세 개의 정자만 남아 있다. 하지만 그 옛날 그윽한 자연의 운치는 지금도 그대로다. '산천은 의구한데 인 걸은 간 데 없네'라는 길재의 시조처럼 말이다.

시작점인 봉전정류장(1)에서 내리면 우선 거연정(居 然亭 · 3)으로 가보자. 찻길을 따라 다곡 방향으로 100m 쯤 걷다가 수해 경보용 스피커 8개가 달린 기둥 옆으로 우회전하면 곧 계곡 중간에 불쑥 솟아오른 기암괴석에 기둥을 박은 거연정을 만난다. 팔작지붕의 당당한 풍모 를 지닌 이 정자는 1872년에 지어져 1901년에 중수되었 다. 구름다리를 건너가기에 마치 다른 세계로 넘어가는 듯한 느낌이다.

거연정을 보고 나와(5) 군자가든 쪽으로 향하면 조선 5현 중 한 분으로 꼽히는 일두 정여창 선생을 기리기 위 해 세웠다는 군자정(君子亭 · 6)이 있다. 200년 세월의 흔적이 배어 있는 군자정은 편액이 중앙에서 비껴나가 걸려 있는 것이 이채롭다. 편액은 중앙에 걸어야 한다는

◀ 묵향만 풍겨도 시 한 수가 절로 써질 것 같은 거연정 풍광(3지점).
▼ 옥수를 벗 삼아 사색하고, 쉬고, 노래하며 걷기. 선비문화탐방로에선 이 모두가 가능하다 (21~22지점).

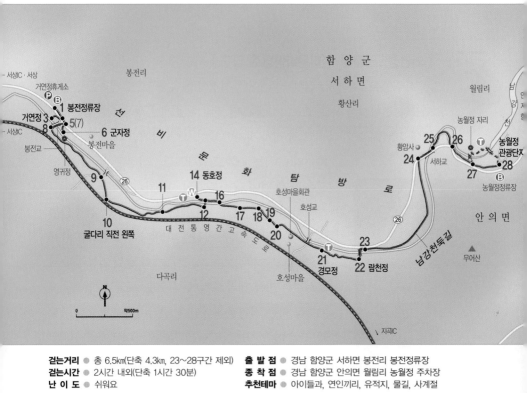

걷는거리 ● 총 6.5km(단축 4.3km, 23~28구간 제외)　**출 발 점** ● 경남 함양군 서하면 봉전리 봉전정류장
걷는시간 ● 2시간 내외(단축 1시간 30분)　　　　**종 착 점** ● 경남 함양군 안의면 월림리 농월정 주차장
난 이 도 ● 쉬워요　　　　　　　　　　　　　　**추천테마** ● 아이들과, 연인끼리, 유적지, 물길, 사계절

관념을 깬 발상이 세련돼 보인다.

　거연정과 군자정에서 화림계곡 입성 신고식을 마쳤으니 이제 본격적인 선비탐방로를 걸을 차례다. 탐방로는 봉전교를 건너면 곧바로 왼쪽 나무데크에서 시작된다(8). 오른쪽에선 시원한 산바람이, 왼쪽에선 청신한 계곡풍이 온몸을 감싼다.

【 탐방로 입구 ─ 동호정 ─ 람천정 】 지도 9~23

　소백산맥 줄기를 형성하는 괘관산 기슭의 이 산책로는 색을 칠하지 않은 자연스런 나무데크로 연결되어 있다. 길이 없던 곳에 산책로를 내며 설치한 이 나무데크는 '선비문화탐방로'를 편안히 걷고 느낄 수 있게 해준다. 산책로에 접어든 지 얼마 안 되어 팔각정자가 '쉬어가라' 손짓한다. 딱 보기에 근년에 새로 지어진 이 정자(영귀정)는 여름철 피서객들이 즐겨 쉬어가는 쉼터다.

　마치 카펫을 깔아놓은 듯한 나무데크 산책로는 10분 남짓 이어지다 동네 포장길을 만나면서 1차 마무리된다(9). 차가 잘 안 다니는 이 포장길에서는 왼쪽으로 진행한 후 곧바로 오른쪽으로 방향을 바꿔 대전통영간고속도로 굴다리까지 간다. 굴다리 직전(10)에서 왼쪽으로 방향을 틀면 흙길이 다시 시작되고, 곧 나무데크 산책로가 다시 반긴다.

　물과 바위, 그리고 나무가 조화로운 이 길을 얼마간 걷다 보면 계곡 건너편으로 펑퍼짐하게 누운 너럭바위와 잘 생긴 정자 한 채가 눈길을 확 잡아끈다. 120년 역사를 지닌 동호정(東湖亭)이다. 동호정은 화림계곡의 여러 정자 중 가장 화려하다. 안내문에 따르면 '임진왜란 때 선조를 등에 업고 신의주까지 피란 갔던 동호 장만리 선생을 추모해 1890년께 세운 것'이란다. 동호정에서 눈길을 끄는 것은 정자로 오르는 계단. 구부러진 나무의 자연미를 그대로 살린 하단기둥과 통나무에 도끼질을 해서 만든 질박한 계단이 멋스럽다. 폭이 좁아 딛기 어려운 투박한 계단이 누(樓)에 오르는 사람으로 하여금 얌전해지도록 만든다. 급하게 서두르는 것을 경계했던 선현의 지혜가 담긴 조형물이다. 또 그 앞 계곡의 너럭바위는 차일(遮日-해가리개)을 펼쳐놓은 듯 500여 명이 들어설 수 있다 하여 '차일암'이라고 부른다.

북적대는 여름 피서철만 피하면 언제든 호젓한 걷기를 할 수 있다.

탐방로에서 동호정이 세워진 너럭바위까지 가려면 계곡을 건너는 징검다리를 찾아 건너야 한다(12). 자연미를 고려해 만든 징검다리여서 한 눈에 드러나지 않을 수도 있으니 당황하지 말고 숨은 그림 찾듯 잘 살펴보자. 이 징검다리 중간(13 · 15)에서 길이 갈라지므로 먼저 왼쪽으로 가서 동호정을 보고 돌아온 후 소나무섬 쪽으로 진행하면 된다. 편안하게 쉬어가기 좋은 소나무숲이 있는 작은 섬을 지나면 다시 징검다리를 건너(16) 나무데크 산책로에 오른다.

여전히 물길을 왼쪽에 두고 산책로를 걸으면 곧 밭두둑에 펑퍼짐한 돌들을 박아놓은 길이 나온다(17). 이후 농로와 시멘트길을 지나 호성마을 앞 산책로를 걸으면 소박한 멋이 풍기는 경모정(景慕亭 · 21)을 지난다. 그리고 나무데크가 안내하는 산책로를 따라 향긋한 산내음과 물소리를 들으며 걷는다. 약 5분 넘어 걸으면 화림계곡 1구간의 마지막을 알리는 람천정(22)이 왼쪽에 나온다. 정자 편액이 물가 쪽으로 달려 있어 산책로에서는 정자 이름이

27-1

보이지 않는다. 이 정자를 지난 직후 '화림계곡 탐방 안내판'을 만나면 왼쪽으로 방향을 잡아 남강천 돌다리를 건넌다. 곧 만나는 26번 국도(23)에서 오른쪽으로 방향을 잡은 후 곧바로 남강천을 따라 길게 뻗은 둑길로 들어선다.

【 남강천 둑길-농월정 주차장 】 지도 23~28

1㎞가 조금 넘는 이 둑길은 하천을 오른쪽에 끼고 이어지는 널찍한 흙길이다. 다만 길옆에 심어놓은 가로수들이 아직 자라지 못해 나무그늘이 없으므로 햇볕이 강한 날은 이에 대비하는 것이 좋다. 둑길이 끝나는 지점은 다시 26번 국도와 만나는 곳(24)이다. 멀리 마주 보이는 사당 같은 건물은 정유재란 당시 황석산성에서 왜적과 싸우다 순절한 함양군수 조종도와 관민들의 위패를 모신 황암사(黃巖詞)다. 26번 국도에서는 좌우로 차가 오는지 잘 살핀 후 길 맞은편으로 건너가서 서하교를 건넌다.

서하교를 건넌 후에도 왼쪽으로 멋진 풍경이 계속된다. 얼마 안 가 굽은 차도를 직선으로 뚫으면서 구도로가 된 왼쪽 길로 접어든다(25). 새로운 도로가 뚫린 후로는 차가 거의 다니지 않지만 간혹 계곡 경치를 보기 위해 이곳으로 진입하는 차가 있으니 바깥쪽으로 걷는 것이 좋다. 구도로를 5분 정도 걸으면 다시 큰길과 만나고 곧 도로 왼쪽 가드레일 밑으로 농월정 나무데크 산책로와 연결되는 곳이 보일 것이

찻길로 인해 잠시 끊겼던 계곡 산책로가 농월정 계곡에서 다시 이어진다.

26~27

27-1

주변 풍광과 어우러져 기막힌 풍치를 선사하던 농월정. 몇 년 전 화재로 소실되어 복원이 추진되고 있다.

다(26). 그리로 내려가 다시 하천을 따라 산책을 한다.

농월정 부근 계곡은 지금까지 보았던 여러 절경들을 모두 합친 것보다 더 기기묘묘하다. 바위와 절벽, 와폭이 기이한 형상을 만들어낸다. 절경에 넋을 잃고 걷다 보면 왼쪽으로 농월정으로 갈 수 있는 갈림길(27) 이정표가 나타난다. 여기서 왼쪽으로 진행하면 바위들을 딛고 계곡을 건너 농월정까지 갈 수 있다.

농월정은 주변 풍광과 잘 어울려 화림계곡 정자 중의 으뜸으로 꼽혔으나 몇 년 전 화재로 소실되어 지금은 터만 남아 복원을 기다리고 있다. 27번 지점인 농월정 갈림길에서 계곡을 건너지 않고 그대로 직진해 5분 정도 더 걸으면 본 코스의 종착점인 농월정 주차장이 기다린다(28). 주차장 주변으로는 음식점과 민박 등이 여러 곳 성업하고 있어 쉬어가기에 좋다. 주차장에서 옛 농월정 자리까지는 왕복 15~20분 정도의 경치 좋은 산책로가 조성되어 있으므로 느릿느릿 다녀오길 바란다. 농월정이 소실된 후 주차료와 입장료는 모두 없어졌다.

이 코스로 여행을 떠나기 전에 염두에 둘 것은 여름 우기에 수량이 급격히 불어났을 때는 동호정 주변의 징검다리가 침수된다는 점이다. 이때는 아예 코스 진행이 불가능해지므로 일정을 미루는 편이 좋다.

Traffic Guide | Walking Tip

찾아가기

대중교통 – 함양읍 함양터미널까지 간 후 군내버스(서상노선)를 타고 서하면 봉전리 봉전정류장까지 이동한다.

함양터미널까지 가기
서울 동서울터미널 : 07:00~24:00(11회 운행)
서울 남부터미널 : 08:40 10:32 16:10 23:00
인천터미널(수원, 안산 경유) : 07:50~18:20(7회 운행)
부산 서부터미널 : 07:00~17:00(6회 운행)
대구 서부터미널 : 06:33~19:30(14회 운행)

봉전정류장까지 가기
함양(군내버스) : 06:20~19:40(30분 간격)
승용차 – 대전통영간고속도로 서상IC를 나와 26번 국도를 타고 서하 방면으로 우회전해 7㎞ 정도 가면 왼쪽에 봉전정류장이 나온다.

🅿 봉전정류장 직전에 있는 거연정휴게소(N35 37 40.3 / E127 44 15.0)에 하면 된다.

돌아오기

대중교통 – 안의면 월림리 농월정 주차장 옆에 있는 농월정정류장에서 군내버스를 이용해 함양까지 간 후 다음 목적지로 향한다.

농월정 주차장에서 떠나기
함양(군내버스) : 06:50~19:20 (30분 간격)
함양에서 떠나기 〈찾아가기〉의 역순
승용차 – 농월정정류장에서 서상행 군내버스를 타고 주차해둔 봉전정류장으로 이동한다. 이후부터는 〈찾아가기〉의 역순.

알아두기

숙박 봉전마을 및 농월정 주차장 민박
　　　문의 : 봉전마을(서하면사무소 (055)960–5481)
　　　　　　농월정(안의면사무소 (055)960–5471)
식당 출발점 주변, 종착점 주변 다수
매점 거연정휴게소, 농월정 주차장
식수 동호정 주변, 경모정 주변, 람천정 주변(여름 성수기에만 음용 가능)
화장실 동호정 주변, 경모정 주변, 람천정 주변, 농월정 주차장

개평한옥마을로 잇는 문화걷기

　이 코스는 대체로 3시간이면 관광을 겸한 걷기를 모두 마칠 수 있다. 걸으며 만끽하는 천혜의 자연환경은 더할 나위 없지만 비교적 짧은 거리에 따른 아쉬움이 남을 수 있다. 이때 추가로 선택할 수 있는 것이 14㎞ 정도 떨어져 있는 개평한옥마을이다. 본 책에 따로이 소개하고 있는 개평마을 코스는 총 거리가 6.8㎞이고, 솔숲을 제외한 단축거리는 3.5㎞에 불과하므로 부담도 적다. 자가용을 이용할 경우 15분이면 닿을 수 있고, 군내버스도 개평마을 입구인 지곡면소재지를 거쳐 함양으로 향하므로 대중교통 이용도 용이하다.

소문난 맛집

금수강산

　농월정 주차장을 중심으로 형성된 농월정관광단지에는 대략 10여 곳의 식당이 성업하고 있다. 그중에서 단연 손님들이 몰리는 식당은 금수강산이다. 이 지역에서 20년 가까이 식당을 운영한 노하우와 정성이 손님을 불러 모으는 것이라고 주인 이순남씨는 사람 좋아보이는 웃음을 지으며 말한다. 금수강산의 대표메뉴는 직접 담근 촌된장으로 찌개를 끓여내는 촌된장정식과 진한 국물이 우러나는 수제비메기매운탕. 재료로 쓰이는 야채는 모두 이 사장과 친정 어머니가 직접 주변 텃밭에서 농사지은 것을 사용한다. 넉넉한 인심으로 공기밥과 반찬 모두 무한리필 된다. 농월정관광단지 주차장 매점 앞에 있다.

📞(055)963-7279 🕐09:00~22:00(연중무휴) 🅿가능 🎫 촌된장정식 6천원, 수제비메기매운탕(4인기준) 3만 9천원 🅰함양군 안의면 월림리 682번지

제2부 지리산 언저리길

경남 산청군

19. 왕산 임도와 구형왕 유적 / **20.** 황매산 영화주제공원과 임도 /
21. 정취암과 선유동계곡 / **22.** 남사예담촌과 목면시배유지

류의태가 약초 찾아 걷던 길 따라

왕산 임도와 구형왕 유적

왕산은 한방약초산업특구인 경남 산청군 내에서도 약초가 많이 나기로 유명하다.
류의태를 비롯한 많은 명의들이 왕산 근처에 살았다고 한다. 탕약을 달일 때 쓰면 약효를 더한다는
'류의태약수터'의 물맛을 보고 약초 향기를 맡으며 걸어 가락국 구형왕의 유적도 둘러본다.

추천 테마	아이들과	연인끼리	여럿이	숲	들	계곡	강	바다	문화유적	봄	여름	가을	겨울	난이도 쉬워요
	★	★★	★★★	★★		★★			★★★	★★	★★	★★★	★★	

【 덕양전 앞–약수터 갈림길 】 지도 1~8

코스 출발점인 덕양전(1)은 가락국(금관가야)의 마지막 왕인 구형왕과 왕비의 위패를 모신 곳이다. 관람은 무료이나 문이 닫혀 있는 경우가 많아 선뜻 들어가기가 꺼려지는데 그냥 문을 열고 들어가 둘러보면 된다. 덕양전 관람 후에는 정문에서 왼쪽 돌담과 나란히 뻗은 도로를 따라 '전구형왕릉(傳仇衡王陵)' 방향으로 이동하면 된다.

덕양전 돌담이 끝나고 화계리 당산나무(2)를 지나 이어지는 도로는 구형왕릉이 종착점이라 그다지 차량이 다니지 않는다. 도로를 따라 계속 오르면 주차장(4)을 지나 류의태약수터 갈림길(5)이다. 약수터 이정표를 따라 왼쪽 길로 나아가면 바로 임도로 들어서지만, 우리는 잠시 구형왕릉을 둘러보기 위해 일단 직진한다. 산으로 들어서는 갈림길(6) 오른쪽에 구형왕릉이 있다.

전구형왕릉은 여타 왕릉과는 전혀 다른 모습을 하고 있다. 흙으로 덮은 봉분 형태가 아닌 돌무덤 형식을 취하고 있는 것. 그것도 고인돌 같은 반듯한 돌을 올린 것이 아니라 잡석들을 모아 층층이 쌓은 피라미드 모양이다. 전설엔 '왕의 죽음을 슬퍼한 병사들이 산에 있는 돌을 주위와 쌓았다'고 한다. 그나마 왕의 무덤이 확실한지도 미지수다. 능 이름 앞에 '전(傳)'이 붙는 이유는 이 무덤이 구형왕의 능이라 전해져오고는 있으나 실제 구형왕의 능인지는 밝혀지지 않았기 때문이다. 만일 이곳이 구형왕의 능이 틀림없다면 우리나라 최초의 석총 왕릉이라고 한다.

다시 6번 지점의 갈림길로 돌아와 '왕산' 이정표를 따라가면 소나무가 가득 찬 숲으로 진입한다. 중간에 오른편 계곡 쪽으로 등산로가 있다는 이정표가 있으나 길이 희미하므로 신경 쓸 것 없이 그냥 직진

▶ 향양마을로 내려서는 길 왼쪽으로 뾰족한 필봉산 봉우리가 보인다(16~17지점).
▶ 구형왕의 신하(병사)들이 돌을 쌓아 만들었다고 전해지는 전(傳)구형왕릉(6-1지점).

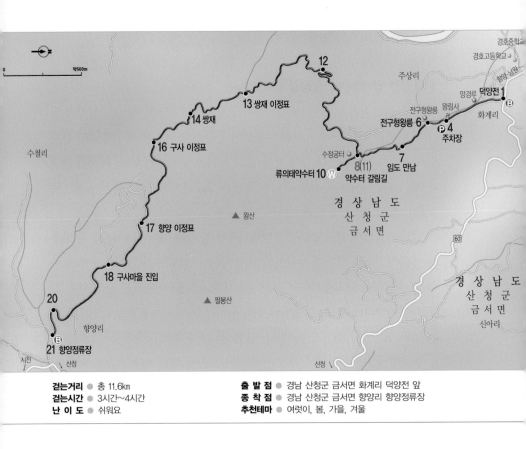

걷는거리 ● 총 11.6km
걷는시간 ● 3시간~4시간
난 이 도 ● 쉬워요

출 발 점 ● 경남 산청군 금서면 화계리 덕양전 앞
종 착 점 ● 경남 산청군 금서면 향양리 향양정류장
추천테마 ● 여럿이, 봄, 가을, 겨울

하게 되면 이내 하얀 콘크리트가 깔린 임도를 만난다. 임도 상에서도 다른 등
산로 이정표는 신경 쓸 것 없이 임도만 잘 따라가면 된다. 단 '류의태약수터'
방면엔 둘러볼 게 제법 있다. 이정표(8)가 나오면 약수터로 향한다.

【 류의태약수터―쌍재 】 지도 8∼14

약수터 방면으로 접어들면 항아리처럼 생긴 돌 4개가 보인다. 구형왕과 왕
족들의 사리 부도탑이라 한다. 부도탑 뒤쪽부터는 양옆으로 군데군데 평평한
언덕이 나타나는데, 오른쪽 사면 위로 안내판이 보인다(9). 그곳으로 올라가
보면 '수정궁터'라는 나무판이 서 있다. 수정궁은 가락국 왕들의 별장이었
던 곳으로, 전설에 따르면 통일신라에 나라를 넘겨준 구형왕이 이곳에 갇혀
살다가 5년 만에 숨을 거뒀다고 한다. 군데군데 평평한 언덕은 왕의 신하들이

살았던 거처의 터라는 말도 있다. 수정궁터는 또한 왕산사지(王山寺址)라고도 하는데, 세월이 지나 수정궁이 없어지고 왕산사가 들어섰기 때문이라고 한다. 허나 이 사실도 전설로만 전해질 뿐 지금은 아무 건물도 없는 빈터다.

수정궁터를 나와 다시 약수터 방향으로 오른다. 계곡 오른편에 대리석으로 잘 꾸며놓은 류의태약수터가 있다. 이 약수는 불순물이 거의 섞이지 않아 위장병·피부병 등에 좋고, 탕약을 끓일 때 약초의 효과가 잘 밴다고 한다. 드라마 〈허준〉에도 이 약수가 나온다. 류의태가 허준에게 산 속 약수를 떠오라고 했으나 산까지 가기 싫었던 허준은 다른 물을 떠왔고, 물맛을 본 류의태가 허준에게 바가지를 던지는 장면, 바로 이 약수터의 이야기라고 한다.

약수터에서 목을 축였으면 다른 등산로에 눈길 줄 것 없이 8번 지점으로 되돌아온다(11). 이제부터 왕산의 임도를 제대로 즐길 차례다. 앞서 7번 지점부터 시작됐던 임도 구간 초반에는 고로쇠나무들이 길 옆으로 열을 지어 있다. 산청군에서 심은 고로쇠나무들이 가로수 역할을 하는 셈이다. 잠시 후 수종이 소나무로 바뀌지만 그 사이사이에 있는 작은 나무들이 다 약초라고 한다. 생강나무·오봉나무 등 모두 식용 가능한 약초들이란 사실. 그 나무들을 눈여겨 살피며 걷다보면 '본디올한의원' 간판(14)이 나온다.

▶ 류의태약수터 등의 볼거리를 구경하고 나면 호젓한 임도가 이어진다.
▼ 왕산 주변을 도는 임도는 오르막과 내리막이 번갈아 이어져 편하고도 지루하지가 않다.

11~12

【 쌍재–향양마을 】 지도 14~21

'본디올한의원' 간판이 있는 갈림길 부근이 쌍재다. 전혀 고개처럼 느껴지지 않을 만큼 높이가 낮은 재다. 이곳은 또 본디올한의원 방면에서 '지리산 둘레길'과 합류되는 지점이기도 하다. 따라서 여기서부터는 지리산 둘레길의 일부 구간과 겹쳐 진행하게 된다. 어차피 같은 임도를 따라가는 길이지만 임도 주변으로 쉼터들이 마련되어 있으니 적절히 휴식을 취하면서 걸을 수 있다.

쌍재를 지나면 왕산 임도 여행도 막바지에 이른 것이다. 곳곳에 등산로 이정표가 나오지만 눈 돌릴 것 없이 '구사' '향양' 같은 마을 이름을 따라 이동하면 된다. 향양마을 갈림길(17)에선 왼쪽으로 뾰족하게 솟은 산봉우리 하나를 볼 수 있는데, 왕산과 함께 붙어 있는 필봉산이다. 봉우리가 붓처럼 생겼다하여 필봉인데, 이 산의 정기 덕분에 산청에서 선비들이 많이 나왔다는 말도 전해진다.

17번 지점을 지나면 주변 풍경에서 사람의 손을 탄 흔적들이 보이기 시작해 임도 끝에 이른 것을 눈치 챌 수 있다. 이어 큰 한 굽이를 돌면 구사마을에 진입한다(18). 이후 그늘이 없는 아스팔트 도로를 걸어야 하지만 마무리 운동 정도로 생각하자. 우측으로 보이는 지리산과 정면으로 보이는 웅석봉 자락을 감상하며 걷는 사이 구사마을을 벗어나고 향양마을에 들어서자마자 버스 정류장(21)을 만날 수 있다.

알 고 가 면 좋 아 요

천년 세월에 빛바랜 전설 | 구형왕릉 이야기

왕산은 가락국 마지막 왕인 구형왕에 관한 유적과 전설이 남아있는 곳이다. 하지만 1천년도 넘은 이야기가 말로만 전해지다 보니 전설도 제각각이다.

구형왕에 관한 전설은 크게 두 가지다. 하나는 신라와의 전쟁에서 구형왕이 나라를 지키려 끝까지

싸우다가 왕산 부근 전투에서 죽었다는 것이다. 그의 목이 떨어진 자리에 덕양전을 세웠고, 병사들이 주변의 돌을 모아 무덤을 쌓은 것이 현재의 구형왕릉이라는 것이다. 또 하나는 구형왕이 항복했다는 설이다. 구형왕이 신라에게 가락국을 넘겨주고 노후를 수정궁에 갇혀 지냈다는 것이다. 그래서 수정궁터 주변에 신하들이 거처한 것으로 생각되는 터들이 남은 거라 한다.

182

Traffic Guide

찾아가기

대중교통 – 산청읍 산청터미널에 도착한 후, 화계리행 군내버스를 이용해 덕양전 앞에서 하차한다.

산청터미널까지 가기

서울 남부터미널 : 08:30~23:00(7회 운행)

부산 서부터미널 : 05:40~19:40(수시 운행)

덕양전까지 가기

산청 : 07:00~18:30(7회 운행)

승용차 – 대전통영간고속도로 생초IC로 나온 후, 바로 좌회전하여 화계 방면으로 길을 잡는다. 경호강을 오른쪽에 두고 계속 이동하다가 주암마을 회관을 지나 '전구형왕릉' 이정표를 따라 좌회전한다. 60번 지방도를 따라 조금만 직진하면 오른쪽으로 덕양전이 보인다.

P 덕양전 앞에 있는 주차장(N35 27 30.3 / E 127 47 50.6)을 이용한다.

돌아오기

대중교통 – 금서면 향양리 향양정류장에서 산청으로 이동한 후 다음 목적지로 향한다.

향양에서 떠나기

산청 : 07:30~18:50(7회 운행)

산청에서 떠나기 〈찾아가기〉의 역순

승용차 – 향양정류장에서 산청으로 이동한 다음, 다시 화계행 버스를 타고 주차장소인 덕양전으로 돌아간다.

알아두기

숙박 권말 부록 Information 참조 / 세검정가든('소문난 맛집' 참조)

식당 권말 부록 Information 참조 **매점** 코스 내 없음

식수 류의태약수터 **화장실** 덕양전 앞 주차장

소문난 맛집

세검정가든

산청의 왕산 임도와 구형왕 유적을 둘러보는 코스에는 출발점에서 그리 멀지 않은 곳에 세검정가든이란 식당 겸 민박이 있다. 약초에 관해 해박한 지식을 지닌 주인 강명권씨는 왕산 자락에서 약초와 산나물들을 직접 채취해 식재료로 사용한다. 그리하여 이 집의 대표 메뉴는 약초한정식. 싱싱하고 몸에 좋은 약초들로 만든 음식을 포함해 20여 가지의 반찬이 나와 식사를 하면서 보약을 먹는 효과를 누릴 수 있다. 세검정가든은 민박을 겸하고 있어 숙식을 함께 해결할 수 있으며, 주인에게 잘 말하면 코스 시작점까지 차를 얻어 탈 수도 있다.

📞 (055)973-6564 🕐 09:00~21:00(명절 당일 휴무) **P** 가능 🍴 약초한정식 1만원, 한방닭·오리백숙 4만원 📍 산청군 금서면 주상리 502

산정 평원에 차려지는 보랏빛 철쭉 제단

황매산 영화주제공원과 임도

5월의 황매산은 놓치지 말아야할 경치를 보여준다. 경남 산청에서 노선버스나 승용차를 이용하면
황매산 산중턱에서 편안하고 빠르게 철쭉 제단으로 오를 수 있다.
보랏빛 화려한 철쭉 꽃길은 물론 고즈넉한 목장길과 인적 드문 임도까지 다양한 걷기코스를 즐길 수 있다.

추천 테마	아이들과	연인끼리	여럿이	숲	들	계곡	강	바다	문화유적	봄	여름	가을	겨울	난이도 무난해요
	★★	★★	★★	★	★					★★	★★	★★★	★★	

【 신촌마을—영화주제공원 】 지도 1~7

황매산(黃梅山)은 정상부의 풍광이 매화꽃잎을 닮아 마치 매화꽃 속에 떠 있는 듯한 느낌을 준다 하여 붙여진 이름이다. 이 산에는 무학대사의 효(孝)에 관한 설화가 전해져 내려온다. 무학대사가 황매산에 들어와 불법을 공부할 때 어머니가 산을 오르내리며 수발을 들었는데, 산에 땅가시와 칡넝쿨이 많아 걸려 넘어지고 뱀에 놀라곤 하였다. 이에 무학대사가 산신령께 100일 기도를 드려 땅가시와 칡넝쿨, 뱀을 없애버렸다는 것이다. 지금도 황매산엔 이 세 가지가 없다 하여 삼무산(三無山)이라 부르기도 한다.

황매산은 산청읍에서 그다지 먼 거리가 아니지만 고개를 넘어야 한다는 부담감 때문인지 멀게 느껴지는 곳이기도 하다. 산청읍에서 고개 하나를 넘으면 차황면에 이르고, 차황면에서 다시 고개 하나를 넘어야 한다. 두 번째 고개를 넘어 산골 자락의 논밭이 모습을 드러내는 곳에 신촌마을이 있다. 이곳까지 대중교통을 이용할 수 있다.

산청읍에서 상법행 군내버스를 이용해 차황면 법평리 신촌정류장(1)에 내린 다음, 도로 건너편에 있는 '영화주제공원' 이정표를 따라 걷기를 시작한다. 이 길의 초입은 휑할 정도로 눈에 들어오는 풍경이 밋밋하다. 그러나 황매산장 갈림길(2)을 지나면 왼쪽으로 다랑이논이 펼쳐지면서 산골마을의 풍경을 제대로 그려내기 시작한다. 계단 형태로 올라가

▼ 옛날 목장터였던 황매산 북동쪽 자락에 피어난 철쭉들(17-1지점).
▶ 황매산 임도는 얌전하게 굽이치며 상중마을까지 이어진다(22~23지점).

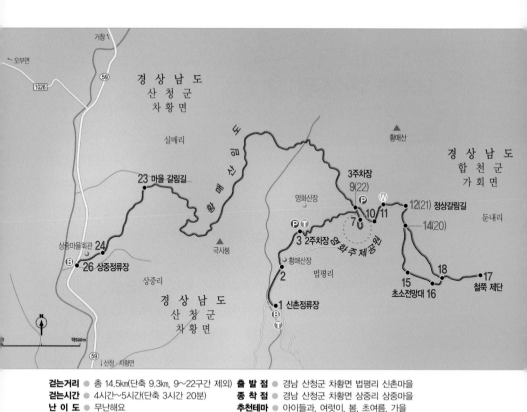

걷는거리 ● 총 14.5km(단축 9.3km, 9~22구간 제외)　**출 발 점** ● 경남 산청군 차황면 법평리 신촌마을
걷는시간 ● 4시간~5시간(단축 3시간 20분)　**종 착 점** ● 경남 산청군 차황면 상중리 상중마을
난 이 도 ● 무난해요　**추천테마** ● 아이들과, 여럿이, 봄, 초여름, 가을

는 논을 따라 쉬엄쉬엄 길을 재촉하다 보면 2주차장에 이르러 갈림길(3)을 만
난다. 그대로 콘크리트 길을 따라 올라가도 금세 영화주제공원에 이르지만,
화장실 옆으로 나 있는 흙길에 주목할 필요가 있다. '차량진입금지'라는 표
지판으로 인해 막다른길로 오해하기 쉬운데, 차도가 아닌 등산로라는 뜻이므
로 망설이지 말고 이곳 흙길을 택하도록 한다. 콘크리트 길에 비해 영화주제
공원까지의 거리가 500m 정도 짧을 뿐만 아니라 소나무 그늘의 호위를 받으
며 걸을 수 있다.

울창한 숲을 빠져나오면 황매산 정상이 정면으로 보이는 영화주제공원 진
입로(5)에 이른다. 공원 방향으로 조금 더 다가가 식당이 있는 지점(6)에서 우
측으로 진행하면 영화주제공원 정문(7)이 나온다.

이곳 영화주제공원은 영화 〈단적비연수〉를 촬영했던 세트장이었는데, 촬영이 끝난 후 원시부족 가옥을 복원하고 풍차와 칼·활 등의 소품들을 모아 공원으로 만든 것이다. 이후로도 〈천군〉 〈주몽〉 〈태왕사신기〉 〈바람의 나라〉 등 최근까지 여러 영화·드라마 촬영지로 활용되면서 유명세를 떨치고 있다. 입장료 없이 자유롭게 관람이 가능하고 월요일은 휴관한다.

【 철쭉군락지-3주차장 】 지도 7~22

영화주제공원을 둘러보고 나면 황매산 능선으로 향할 차례이다. 이 코스는 5월경 철쭉이 흐드러지게 필 때는 단연 눈을 즐겁게 해주지만, 다른 시즌에는 휑한 기분이 드는 곳이다. 원래 등산로였던 데다가 황매산철쭉제가 유명해지면서 여기저기 인공구조물을 설치해 자연미가 떨어졌기 때문이다. 따라서 철쭉 개화 시기에는 적극 추천할 만한 코스이지만 그 외의 시기에는 크게 권하고 싶지 않다.

15-1

영화주제공원 안에서 바로 황매산 능선으로 올라갈 수도 있으나 길이 복잡하고 경사도 심하므로 다시 6번 지점의 식당 앞으로 돌아나오는 것이 낫다 (8). 식당을 지나 그대로 직진하면 3주차장(9)이 나오는데, 4시 방향에 황매산 능선으로 향하는 길이 있다. 철쭉꽃 계절이면 이곳으로 들어서면부터 황매산의 진면목이 펼쳐진다. 사람이 다닐 길만 남기고 온통 보랏빛 철쭉꽃으로 뒤덮인다. 황매산

초소전망대에서부터 철쭉 능선이 시원하게 조망된다.

17-2

▲ 철쭉 제단 인근의 산책로는 마치 철쭉 화원처럼 꾸며져 있다.
▶ 영화주제공원으로 가는 길은 울창한 숲이 그늘을 만들어준다.

4~5

정상에서 뻗어내려 파란 하늘과 경계를 이루며 불타
듯 흐르는 철쭉 능선은 고개 들어 보는 이들로 하여
금 걸음을 재촉하게 만든다.

장관은 능선에서 당연히 극치를 이룬다. 서둘러 능
선을 오르기 위해선 '황매산정상' 이정표(10)가 있
는 곳에서 좌측 길을 택하는 것이 가장 빠르다. 능선에 이르기 전에 돌팍샘
(11)이라는 약수터도 있어 목을 축이고 오르기에도 좋다.

약수터를 지나 철쭉동산을 헤치며 성큼성큼 걸음을 옮기다 보면 금세 나
무데크가 놓인 능선 갈림길(12)에 이른다. 이곳에서 좌측으로 향하면 황매산
정상으로 갈 수 있으나 계단을 통해 한참을 지루하게 올라야 한다. 따라서 힘
도 덜 들고 지루하지 않게 철쭉군락을 즐기려면 우측 방향으로 이동하는 것
이 좋다. 데크를 따라가다 보면 사거리(13)가 나온다. 계속 직진하여 데크가
끝나는 곳(14)에 이르면 이제 산청군이 아닌 합천군 방면의 황매산 자락이 열
린다. 12번 지점의 능선 갈림길에서 보았던 산청군 방면의 산자락은 철쭉동
산에 가려 공원이나 도로가 눈에 잘 보이지 않았던 것에 반해, 합천군 방면의

산자락은 잘 정비된 도로와 주차장이
한눈에 보이는 등 시야가 확 트인다.
예전에 이쪽 산자락에 목장이 있었기
때문이다. 지금은 목장이 사라진 지 오
래 되었지만 그 흔적이 그대로 남아 강
원도의 대관령 같은 분위기를 풍긴다.

황매산 코스의 초반은 산 능선과 다랑이논을 벗삼아 오른다.

　잘 닦인 도로를 걷는 것보다 오른쪽
으로 몸을 틀어 앞에 보이는 능선을 따라 오르는 재미가 더 쏠쏠하다. 눈앞에
보이는 언덕으로 올라서면 초소전망대(15)가 나온다. '초소'와 '전망대'가
합쳐진 그 이름답게 주변 산자락을 가득 메운 철쭉이 오히려 모자라 보일 정
도로 조망이 걸출한 곳이다. 황매산의 철쭉 잔치는 여기서 끝내고 오던 길로
발길을 돌려도 좋다. 그러나 후회를 남기지 않으려면 1㎞ 정도만 더 나아가
자. 오른쪽 능선 아래로 철쭉이 군락을 이룬 꽃길을 너풀너풀 걷다보면 어느
새 철쭉 제단(17)에 이른다. 이름 그대로 산등성이 드넓은 벌판에 철쭉 제단
을 차린 듯한 곳으로, 황매산 철쭉 잔치가 절정을 이루는 곳이다.

　이후에도 철쭉의 보랏빛 물결은 계속 이어지지만 이곳 철쭉 제단에서 더
이상 나아가지는 말자. 지금까지 가볍게 걸어 온 길과는 달리 힘든 등산로로
바뀌므로, 계속 진행하기도 어렵고 뒤늦게 돌아오기도 힘들다. 오던 길을 되
짚어 걷되 '철쭉 제단·초소전망대' 표지판이 있는 16번 지점 이르기 직전
에서 오른쪽으로 보이는 완만한 목장길(18)로 접어들도록 한다. 초소전망대
가 있는 위쪽 능선 길과는 달리, 자연 그대로의 수수함이 돋보이는 구간이기
때문이다. 고즈넉한 목장길을 걷듯 800여m 진행하다 보면 낯익은 나무데크
가 있는 14번 지점에 이르고(20), 계속 눈 익은 길을 되짚어 가면 9번 지점의 3
주차장에 도착한다(22).

【 황매산 임도-상중마을 】 지도 22~26

　9번 지점의 3주차장에 도착하면(22), 역시 처음 오던 길을 되짚어 법평리
신촌마을 정류장으로 향해도 좋다. 그러나 같은 길을 지루하게 이어가기 보

다는 색다른 풍경의 하산 길을 안내한다. 3주차장 도착 후, 계속 직진하여 주차장 끝에 이르면 '상중마을' 이정표와 함께 하얀 임도가 시작되는 것(22-1)을 볼 수 있다. 황매산 임도에 들어서는 순간 양옆을 감싸는 수풀이 안정감을 주면서 마음이 차분히 가라앉는다. 시끌벅적하던 철쭉동산을 떠나 고요한 이곳 임도를 걷노라면 마치 낙원에 들어선 듯한 희열감마저 느껴진다.

이제부터 구불거리며 이어지는 임도를 따라 5km여를 휘적휘적 걸어 내리기만 하면 된다. 도중에 이정표가 세워진 곳이 있긴 하지만 개의치 말고 임도만 따르면 된다. 단 이정표를 지나 조금 더 이동한 곳에 황매산 정상 능선이 한 눈에 보이는 조망명당이 있으니 놓치지 말도록 하자.

황매산 임도는 힘들이지 않고 하산할 수 있다는 점에서는 좋지만 초반 구간을 지나면 햇볕을 가려줄 그늘이 전혀 없는 점이 아쉽다. 전체 구간도 제법 길어 지루해질 수도 있는데, 점차 고도가 낮아지는 것에 위안을 삼다 보면 희끗희끗 마을이 보이기 시작한다. 마을에 거의 다가가면 Y자 삼거리(23)가 나오는데, 각각 상중마을과 실매마을로 내려가는 갈림길이다. 어느 쪽으로 내려가도 걷는 거리는 비슷하지만, 종착점에서 산청읍까지의 거리가 더 가까운 상중마을 방향으로 내려갈 것을 권한다.

23번 지점의 갈림길에서 상중마을 방향의 임도로 내려가다 보면 마을에 이르러 갈림길을 만난다. 어느 방향으로 가도 버스정류장이 있는 도로가 나온다. 그러나 마을에 들어선 시간이 버스 시간과 맞지 않아 기다릴 장소가 필요할 수도 있으므로 상중마을회관으로 향하는 것이 좋다. 마을 안 갈림길(24, 25)에서 각각 우회전, 좌회전을 하면 큰 나무가 그늘을 만들어주는 상중마을회관을 지나게 되고, 정면으로 보이는 도로 건너편에 상중정류장(26)이 있다.

철쭉이 만개한 황매산 능선과 정상 풍경.

Traffic Guide

찾아가기

대중교통 – 산청읍 산청터미널에서 상법행 군내버스를 이용해 차황면 법평리 신촌정류장에서 하차한다.

산청터미널까지 가기
서울 남부터미널 : 08:30~23:00(7회 운행)
부산 서부터미널 : 05:40~19:40(수시 운행)

신촌까지 가기
산청 : 08:30 13:40 17:10

승용차 – 대전통영간고속도로 산청IC에서 빠져나온 후, 톨게이트를 지나 좌회전한다. 이내 나타나는 오른쪽 경호교를 건너 산청읍내로 진입한 다음, 산청교육청 방면으로 좌회전하여 이동한다. 이어 읍내 외곽으로 나오면 산청교차로에 이르는데, 차황 방면 이정표를 따라 직진한다. 59번 국도를 따라 계속 직진하면 차황면소재지에 이른다. 그대로 면소재지를 지나 차황교를 건너 계속 직진하면 왼쪽에 '황매산 영화주제공원' 문이 있다. 좌회전하여 길을 따라 또 고개를 넘으면 고개가 끝나는 지점 오른쪽에 신촌정류장이 있다.

🅿 신촌정류장 옆(N35 28 35.5 / E127 57 28.1)으로 승용차 2~3대 정도 주차할 공간이 있다. 황매산장(N35 28 50.8 / E127 57 32.4), 영화산장(N35 29 10.4 / E127 57 45.0)에서 민박을 해도 주차가 해결된다. 또한 초반 구간을 건너뛰어 영화주제공원 2주차장(N35 29 04.4 / E127 57 41.1)이나 3주차장(N35 29 14.0 / E127 58 07.5)에 주차한 후 코스를 시작하는 방법도 있다.

돌아오기

대중교통 – 차황면 상중리 상중정류장에서 산청으로 이동한 후 다음 목적지로 향한다.

상중에서 떠나기
산청 : 09:20 14:20 17:35

산청에서 떠나기 〈찾아가기〉의 역순

승용차 – 걷기를 끝낸 상중리에서 법평리 주차 장소로 이동하려면 상중정류장에서 군내버스를 타고 산청으로 돌아간 후, 다시 버스를 이용해 신촌정류장으로 이동해야한다. 시간이 너무 오래 걸려 택시를 이용할 수도 있겠으나(1만원 정도 · 차황택시 011-887-7959), 승용차를 이용해 법평리 쪽에서 걷기를 시작한 경우는 후반부 들어 황매산 임도로 빠지지 말고 주차 장소로 회귀하는 것이 좋다.

알아두기

숙박 권말 부록 Information 참조
황매산장 : (055)973-8817, 011-879-3304
영화산장 : 011-584-1026, 010-4576-5332

식당 · 매점 영화주제공원 내 식당 **식수** 11지점 약수터
화장실 신촌정류장, 2주차장 및 영화주제공원 내 다수

Walking Tip

철쭉제 시기에 숙소잡기

전국 어느 곳이나 축제 기간에 들면 숙박 장소가 붐비거나 가격이 오른다. 산청군의 경우는 읍내에 숙박시설이 많지 않아 사전 준비 없이 갔다가는 난처한 상황에 빠질 수 있다. 그러므로 산청읍내의 숙박시설보다 코스 인근에 있는 황매산장이나 영화산장에서의 숙박을 권한다. 가격 차이가 크지 않고 일반 숙박시설보다 방이 넓어 편한 잠자리를 보장받을 수 있다. 다수의 인원이 함께 찾을 때 더욱 좋다. 숙박을 할 경우 식사는 1인당 5천원 선.

소문난 맛집

황매산장

산청군 차황면 법평리 신촌마을에서 황매산 영화주제공원으로 가는 길목에 있는 황매산장은 인근에서 식당이나 매점을 찾을 수 없기에 오아시스처럼 반가운 곳이다. 주인의 손맛이 뛰어나 흔한 된장찌개에서도 그 이상의 맛을 느낄 수 있으며, 밑반찬 또한 깔끔해서 좋다. 넉넉한 인심을 담아 만들어주는 흑돼지볶음 등의 메뉴도 맛과 양에서 아쉬움이 없을 정도. 숙박을 겸할 경우 손님의 편의를 먼저 생각해주는 마음씨가 더욱 마음에 드는 곳이다. 다만 보통 식당과 달리 늘 식사 준비를 하는 곳이 아니기 때문에 찾기 전에 미리 정확한 시간과 인원을 통보해야 한다.

📞(055)973-8817 ⏰사전 예약 시 무관(연중무휴) 🅿가능
🍴된장찌개백반 6천원, 흑돼지철판구이 1인분 8천원, 흑돼지볶음 2만원 🅰산청군 차황면 법평리 595

속세의 번뇌, 벼랑 끝에 걸어두고

정취암과 선유동계곡

선녀가 내려와 논 곳이라 하여 선유동이라 부르는 계곡이 우리나라에는 여럿 있다.
지리산 인근의 산청에도 선녀들이 놀았다는 곳이 있으니, 신안면 수월마을 안쪽의 계곡이다.
산세를 감상하며 계곡을 걸어 정취암에 다다르면 산청 제8경의 조망이 시원하게 열린다.

추천 테마	아이들과	연인끼리	여럿이	숲	들	계곡	강	바다	문화유적	봄	여름	가을	겨울	난이도
	★	★★	★★★	★		★★★			★	★★★	★★	★★★	★	쉬워요

【 수월마을—소둔철 】 지도 1~4

코스의 시작점인 신안면 안봉리 수월마을은 깊은 산골은 아니다. 그럼에도 이곳까지 들어오는 버스는 아침·점심·저녁으로 단 3대만 있다. 가깝고도 먼 곳이라는 표현이 딱 들어맞는 곳이다. 이 마을 안쪽으로 해서 선유동계곡을 찾아간다.

수월마을 입구(1)에는 큰 벚나무 한 그루가 방문객을 반기듯 홀로 서있다. 다른 계절에는 그 나무가 벚나무인지도 모르고 지나갈 것이지만, 꽃 피는 4월이라면 출발부터 기분이 좋아진다. 그 나무를 지나자마자 곧 왼쪽으로 작은 개천이 졸졸 흐른다. 선유동계곡에서 흘러내려온 물이다. 이 물을 거슬러 올라가면 선녀를 만날까?

먼저 만나게 되는 것은 개천 왼쪽의 수월황토방(2)이다. 황토방 앞부터는 계곡을 오른쪽에 두고 길이 이어지는데, 마을 뒤쪽부터 비로소 깊은 산골짜기의 맛이 난다. 가옥도 거의 없고 논밭과 계곡, 나무들이 주변을 감싼다. 사위가 고요한 가운데 졸졸거리며 흐르는 선유동계곡. 수량은 적지만 널려있는바위에 드리운 산 그림자가 큰 계곡의 풍취를 자아낸다.

선유동계곡의 진수는 수월교를 지난 후에 드러난다. 수월교를 건너면 우측에 있던 계곡을 좌측으로 끼고 걷게 되는데, 조금 더 오르면 계곡이 왼쪽으로 멀어지는 장소가 나온다. 그곳에서 계곡을 바라보면 유난히 크고 넓은 바위들이 널려 있다. 선비들이 굽이진 시냇물에 술잔을 띄워 보내며 시를 지어 읊었다는 곡수유상(曲水流觴)의 장소가 저 안쪽이련가. 그 안에서 선비들은 시를 읊으며 선녀들과의 접선을 꿈꾸었을까?

계곡이 산으로 떠나버리고 나면 윗동네의 물이 '인공계곡' 을 따라 내려온다. 깊은 자연을 즐기던 중이라 살짝 눈살이

▶ 정취암 뒤편 봉우리에 올라서면 산청 제8경인 '정취암 조망' 이 펼쳐진다(11-1지점).
◀ 소둔철마을로 향하는 길 아래로 선유동계곡이 흐른다(3~4지점).

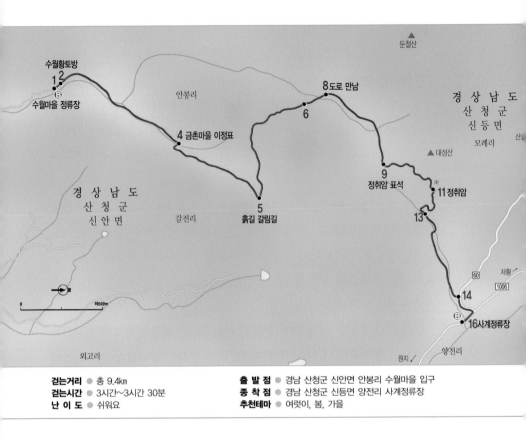

걷는거리 ● 총 9.4km	**출 발 점** ● 경남 산청군 신안면 안봉리 수월마을 입구
걷는시간 ● 3시간~3시간 30분	**종 착 점** ● 경남 산청군 신등면 양전리 사계정류장
난 이 도 ● 쉬워요	**추천테마** ● 여럿이, 봄, 가을

찌푸려지지만, 이 인공계곡의 존재가 소둔철에 다다랐다는 증거가 되어준다.

【 금촌마을 이정표─둔철마을 】 지도 4~9

　소둔철은 가옥들만 몇 채 보일 뿐 온전한 마을의 모습은 아니다. 워낙 지나는 사람이 없어서인지 새로운 인기척에 개들이 열심히도 짖어댄다. 그 시끌벅적한 환호를 받으며 개활지의 마을길을 걷다보면 사거리(4)와 함께 오른쪽 길에 금촌마을 이정표가 있다. 이정표를 따라 우회전한다.

　금촌마을 방면의 길은 곡선을 그리며 좌측으로 휘어진다. 소둔철의 개활지에 비하면 주변에 수목들이 많지만 햇빛을 가려주지는 못한다. 좌측에 보이는 유순한 산 능선만이 걸음을 맞춰줄 뿐이다. 콘크리트길에선 갈림길에 신경 쓰지 말고 직진한다. 난데없이 별장 한 채가 나타나는데, 이 부근부터 흙길이 시작된다.

흙길이 시작된 지 얼마 되지 않아 처음으로 나오는 ㅓ자 갈림길(5)에서 왼쪽 길로 접어들어야 둔철마을로 갈 수 있다. 차 한 대가 아슬아슬하게 지나다닐 폭으로, 얼핏 임도처럼 느껴지기도 하지만 단순히 얕은 고개를 넘어 둔철마을로만 이어지는 길이다. 소담한 느낌의 길을 따라 고개를 넘게 되면 이제 둔철마을로 접어든다. 고개를 다 내려서기 전에 정면을 바라보면 멀리 도로가 보이는데, 그곳이 목적지다.

곧 아스팔트 도로(8)를 만나면 우측으로 꺾어 정취암을 찾아간다. 이 도로는 대성산 자락을 넘어 신안면과 신등면을 이어주는 길이다. 이 도로를 따라가면 '둔철생태체험숲 조성공사' 현장이 나온다. 그 바로 뒤에 정취암 방향을 알리는 비석(9)이 있다.

【 정취암—사계정류장 】 지도 9~16

정취암 방향으로 길을 잡으면 목적지까지는 쭉 외길이다. 이곳도 소둔철과 둔철 사이처럼 고갯길을 넘게 되는데, 고갯마루에 오르면 시원스럽게 조망이 펼쳐진다. 이 길은 원래 정취암으로 가는 차량을 위해 만든 도로이므로 가끔 자동차가 지나다녀도 눈살 찌푸리지 말기를. 길을 따르다보면 ㅏ자 갈림길(10)이 나온다. 경사도의 차이만 있을 뿐, 조만간 다시 만나는 길이므로 마음 내키는 대로 골라 내려서자. 그 길을 내려서면 드디어 정취암(11)이 모습을 드러낸다.

정취암 조망은 '산청 9경' 중 8번째에 꼽힌다. 기암절벽과 어우러져 암벽

내려가는 계단에서 올려다 본 정취암 모습.   둔철마을로 넘어가는 언덕길.

11~12   5~6

상서로운 기운이 금강산과 호각 | 정취암

정취암은 산청군소재지에서 동남 방향으로 약 10
km 거리의 대성산 기슭에 위치한다. 대성산보다 더
높고 유명한 둔철산이 옆에 있는데 어째서 이 절이
대성산에 자리를 잡게 되었을까? 이야기는 1,300년
전으로 거슬러 올라간다.

신라 신문왕 6년(686)에 동해에서 부처가 솟아올라 두 줄기 서광을 발했는데, 한 줄기는 금강산을
비추고 다른 한 줄기는 대성산을 비추었다 한다. 이때 의상대사가 두 줄기 서광을 좇아 금강산에는
원통암을 세우고, 대성산에는 정취사를 세웠단다. 조선 후기에서 구한말 사이의 기록에는 정취사 대
신 정취암으로 돼 있어 지금까지 그 이름으로 이어진다.

의 높낮이에 따라 암자도 층을 나누고 있는 기이한 형상이다. 그 절벽에서 바
라보는 조망은 한없이 높은 위치에서 아래 세상을 내려다보는 느낌이랄까.
주변의 낮은 산들이 구릉으로 보이고, 손톱보다도 작은 전답들과 가옥들이
속세의 부질없음을 일깨워주는 듯하다. 과연 '의상대사가 부처의 뜻을 받들
어 잡은 터'라는 얘기가 실감난다('알고 가면 좋아요'참조).

정취암의 경치를 빠짐없이 잘 보았으면 이제 속세로 돌아갈 시간이다. 내
려가는 길은 원통보전 앞 마당의 개집 옆으로 나 있다. 돌계단이 깔려 있는
데, 다리가 후들거릴 정도로 아찔한 경사다. 한 발 한 발 조심조심 내려서면
서 한순간 고개를 들면 새로운 풍광이 또 열린다. 깎아지른 절벽 위에 가볍게
얹힌 암자의 모습, 그리고 그 너머로 펼쳐지는 속세. 심호흡으로 몸과 마음
가다듬고서 아래로 아래로 걸음을 옮긴다.

계단을 다 내려서면 이내 작은 공터(12)가 나오는데, 오른쪽으로 이동해 길
을 따라 내려가자. 이내 신안-신등간 도로를 만나게 되면 왼쪽으로 방향을 꺾
어 내리막 도로를 따라 내려간다. 길을 따라 타박타박 내려서다 보면 손톱 크
기에 불과하던 집들이 어느새 제 모습을 회복하고, 버스정류장으로 향하는 마
지막 도로 갈림길(14, 15)에 이르러 오던 길을 뒤돌아보면 저 멀리 정취암이 깨
알만큼 작아져 있다. 가장 가까운 사계정류장(16)으로 이동해 버스를 기다리
는 동안 가슴 한구석에는 아쉬움이 알싸하게 여운을 끌고 있을 것이다.

Traffic Guide

Walking Tip

찾아가기

대중교통 – 신안면소재지(원지)의 버스정류장에 도착한 후, 신안면 안봉리 수월마을행 군내버스를 탄다. 수월까지 가는 버스는 하루에 3대 있지만, 아침엔 원지에서 수월까지 바로 출발하는 버스가 없다. 이 경우는 원지에서 산청행 군내버스를 타고 '신안' 정류장까지 간 다음, 수월행 버스로 갈아타야 한다.

원지터미널까지 가기
서울 남부터미널 : 05:30~24:20(24회 운행)
인천 종합터미널 : 10:40, 13:20, 16:50, 18:50
부산 서부터미널 : 05:40~19:40(수시 운행)

수월마을까지 가기
원지→수월 : 13:30 17:10
원지(06:40)→신안(06:54)→수월

승용차 – 대전통영간고속도로 산청IC로 빠져나와 좌회전하여 산청읍으로 들어간다. 읍내를 통과해 산청교육청으로 이동한 다음, 교육청 앞 산청교차로에서 우회전하여 진주 방면 3번 국도를 탄다. 3번 국도를 타고 계속 달리다가 진달래휴게소를 지나 우측 방향으로 국도를 빠져나온다. 이후 바로 좌회전하여 국도 아래 굴다리를 지나 다시 우회전하여 직진하다보면 신안정류장이 나온다. 그 앞에서 좌회전하여 계속 직진하여 들어가면 길 끝에서 수월마을을 만날 수 있다.

P 수월마을 안쪽에 있는 수월황토방(2번 지점)까지 이동한 후, 오른쪽에 있는 주차장(N35 20 57.9 / E127 57 40.7)을 이용한다.

돌아오기

대중교통 – 신등면 양전리 사계정류장에서 원지로 이동한 후 다음 목적지로 향한다.

사계에서 떠나기
산청 : 06:30 09:30 14:35
원지에서 떠나기 〈찾아가기〉의 역순

승용차 – 사계정류장에서 원지로 이동한 다음, 다시 수월행 버스를 타고 주차장소로 이동한다. 하지만 버스 시간을 맞추기 쉽지 않으므로 원지정류장 옆에 있는 개인택시를 이용하는 것이 편리하다. 원지 개인택시 (055)972-0752, 7755.

알아두기

숙박 신안면소재지(원지) 내 모텔
식당 권말 부록 Information 참조
매점 코스 내 없음
식수 정취암
회장실 정취암

수월마을 찾아가기 & 식당

교통편에서도 언급했듯이 코스의 시작점인 수월마을 입구로 가는 버스가 하루 3대 밖에 없어 시간을 맞추기가 쉽지 않다. 원지에서 택시를 타고 접근하는 방법도 있지만 비싸다. 이때는 운행 빈도가 높은 산청행 버스를 타고 신안정류장에 내려 걸어가는 방법이 있다. 약 3km의 길이 포장도로이기는 하지만 차량 운행이 많지 않고 고향 가는 길처럼 정겨움이 있어 쉬엄쉬엄 걸어가기에 무리가 없다.

2번 지점에 있는 수월황토방에서 찜질을 이용할 경우 식사를 할 수 있다. 1인당 입장료는 1만원, 식사는 5천원이다. 또한 여름에는 3~4번 지점 사이에 있는 '자연풍경'이라는 곳에서도 식사 및 숙박이 가능하다. 단, 성수기에만 영업하므로 반드시 미리 연락을 해봐야 한다. 자연풍경 010-5019-5788.

소문난 맛집

영광 돼지국밥

경남 지역의 유명한 음식 중 빠질 수 없는 메뉴가 돼지국밥이다. 돼지뼈로 우려낸 육수에 돼지머리고기를 넣어 만드는 돼지국밥은 깊은 국물 맛으로 인기가 높은 음식이다. 이곳의 돼지국밥도 진한 국물 맛이 일품인데, 국물에 넣어먹을 소면도 별도 제공하는 곳이라 더욱 좋다(소면은 추가 가능). 보통 돼지국밥에는 부추를 넣어 먹지만, 이곳은 부추를 단배추(잎이 작은 배추)와 버무려 겉절이처럼 내주는 것이 특징. 아삭거리는 단배추의 맛을 느낄 수 있기에 밑반찬으로 먹어도 좋다. 이 외에도 소고기국밥·순대국밥 등 다양한 국밥 종류가 준비되어 있다.

📞(055)973-6227 🕐09:00~22:00(첫째·셋째 일요일 휴무) P가능 🍜돼지국밥 7천원, 소고기국밥 7천원, 순대국밥 7천원, 김치찌개 7천원 🅰산청군 신안면 하정리 633-4

지리산 천왕봉과 마주하고 있는
산청의 웅석봉 능선을 따라 남으로 내려오면
남사리(南沙里)라는 오래 된 마을이 있다.
옛 돌담길의 낭만과 전통 고옥의 운치가 남아있는
남사마을을 둘러보고 동네 뒷산을 넘어가면
문익점이 목화를 처음 심었던 목면시배유지가 기다린다.
이 땅에서 면화가 처음 솜을 틔운 역사의 현장이다

| 추천 테마 | 아이들과 ★★★ | 연인끼리 ★★★ | 여럿이 ★★★ | 숲 ★★ | 들 ★ | 계곡 | 강 | 바다 | 문화유적 ★★★ | 봄 ★★★ | 여름 ★★ | 가을 ★★★ | 겨울 ★★★ | 난이도 쉬워요 |

옛 돌담 사이로 매화 향기 흐르고

남사예담촌과 목면시배유지

【 남사정류소-남사예담촌 】 지도 1~2

'경북에 안동 하회마을이 있다면 경남엔 산청 남사마을이 있다' 라고 할 정도로 남사마을은 경남의 대표적인 양반고을이다. 옛 담벼락이 잘 보존된 곳이라 하여 '남사예담촌' 이라는 이름으로도 불리는 이곳에선 전통 한옥의 아름다움을 제대로 구경할 수 있다. 본격적인 걷기를 시작하기에 앞서 남사예담촌의 고즈넉한 정취를 둘러보기로 한다.

20번 국도변에 있는 남사마을은 정류장부터 기와지붕처럼 되어있어 남다르다. 정류장 맞은편에 남사식육점이 있고(1), 그 뒤편이 남사예담촌이다. 편의상 지도에서는 마을 외곽을 돌아 이동한 것으로 표기했음을 밝힌다.

가장 먼저 만나게 되는 고택은 '분양고가' 인데 그곳에 '산청3매화' 중의 하나인 원정매(일명 분양매)가 있다. 진양 하씨가 32대째 살고 있는 곳으로, 원정매를 심은 사람은 원정공 하즙(河楫)이란 사람이다. 추정 수령이 700여 년 된 이 매화나무의 원목은 고사하고 말았으나, 같은 뿌리에서 돋거나 새로 심은 나무에서 봄철이면 연분홍 꽃망울을 힘차게 터뜨려 고목의 역사를 대신하고 있다.

◀ 남사마을은 옛 담벼락이 잘 보존된 곳이라 남사예담촌이라 칭한다 (1-1지점).
▶ 덕산골마을로 넘어가는 고개에서 본 다랑이논 (5~6지점).

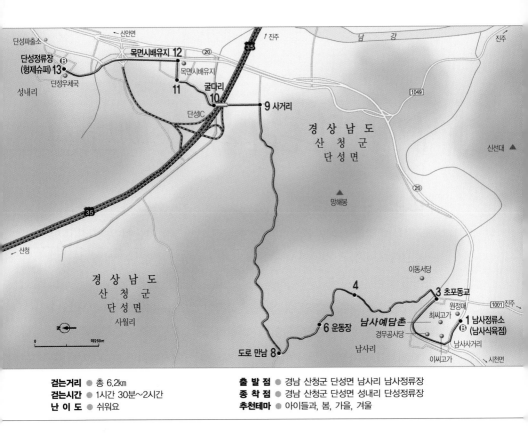

걷는거리 ● 총 6.2km
걷는시간 ● 1시간 30분~2시간
난 이 도 ● 쉬워요

출 발 점 ● 경남 산청군 단성면 남사리 남사정류장
종 착 점 ● 경남 산청군 단성면 성내리 단성정류장
추천테마 ● 아이들과, 봄, 가을, 겨울

　다음으로 최씨고가와 이씨고가를 둘러볼 만하다. 각각 경상남도 문화재자료 117호와 118호인 두 고택은 전통적인 남부지방 사대부 한옥의 모습을 하고 있다('들러 보세요' 참조). 이 외에도 경무공사당을 비롯해 사양정사, 이사제 등의 서재, 서당 등 선조들의 생활상이 녹아있는 전통 가옥들이 많다. 하지만 남사마을은 관광용 민속촌이 아닌 실제 주민들이 생활하는 곳이라 문이 닫힌 곳이 많다. 빠짐없이 돌아보려면 주차장에 있는 안내판을 잘 살펴 찾아 다니거나 문화해설사의 도움을 받는 것이 좋다('Walking Tip' 참조).

【 초포동교-뒷산 길 】 지도 3~8

　남사마을의 돌담길과 전통 가옥들을 둘러본 다음 진행할 코스는 마을을 휘감아 도는 사수(남사천)와 나란히 뻗은 붉은색 도로다. 1번 지점이었던 남사식육점에서 좌측으로 직진하면 만날 수 있고, 남사마을 돌담길을 따라 마을을 관통해도 만나게 되어 있다. 어쨌든 이 도로를 만나면 우측으로 틀어 개천을 따라 걷는다. 이내 나타나는 초포동교(3)라는 다리를 건너 좌측 길을 따라가면 뒷산으로 들어서게 된다.

남사마을의 뒷산 길은 사월리 덕산골마을로 통하는 길이다. 부드럽고 낮은 두 봉우리 사이를 가로지르는, 최고 높이 150m 정도의 언덕길이다. 남사마을을 벗어나는 초반 길은 대나무가 길손을 감싸준다. 대나무 숲 사이의 폐가를 지나면 금방 갈림길(4)이 나오는데 왼쪽 길로 접어들어 직진하고, 바로 다음 갈림길(5)에서도 10시 방향 왼쪽 길을 따라 나아간다. 갈림길 2개를 지나는 동안 주위를 감싸고 있던 수목들이 조금 헐렁해지는 느낌을 받게 되는데, 5번 지점을 지나는 순간부터 오른쪽으로 조망이 열린다. 낮은 구릉 사이로 층층이 열을 지은 다랑이논들이 펼쳐진다. 이 고개만 넘으면 덕산골은 금방이다.

거의 평평한 고갯마루를 걷다보면 뜬금없이 운동장(6)이 나온다. 이곳을

돌 러 보 세 요

경남의 전통 가옥 | 최씨고가와 이씨고가

남사마을에 있는 최씨고가와 이씨고가는 전통적인 남부지방의 사대부 한옥이다. 경상남도문화재자료 117호인 최씨고가에 들어서면 먼저 손님을 맞이하는 사랑채가 눈에 들어오는데, 좌우로 안마당과 연결되는 중문이 있다. 동쪽 중문으로 들어가면 안채가 한눈에 들어오는 개방적 구조이고, 서쪽 중문으로 들어가면 안채가 보이지 않도록 'ㄱ'자 모양으로 담을 둘러쌓았다. 유교 사상의 영향이 강하게 나타난 사대부 주택의 유형으로 남녀의 공간을 나누고 여성 공간에 대한 독립성을 부여한 배치 방법이라 한다. 이씨고가 역시 경상남도문화재자료 118호인데, 최씨고가와 달리 동서 중문이 없다. 사랑채를 지나오면 사랑채와 나란히 배치된 안채가 바로 눈에 들어온다. 대신 조상을 모신 사당이 안채 좌측, 안 보이는 곳에 숨어있는 독특한 배치를 띠고 있다.

겨울 남사마을 길. 옛 돌담과 회화나무에 축복처럼 눈이 쌓였다.

【 도로—단성면소재지 】 지도 8~13

1차선 포장도로를 따라 한동안 걷는다. 자동차보다 사람을 더 많이 볼 수 있는 한적한 길이다. 이송목장 젖소축사를 지나면 아까 고개를 넘으며 보았던 다랑이논들이 오른편으로 펼쳐진다. 계속 도로를 따라 오르막 하나를 넘으면 민가들이 보이면서 새터마을로 들어선다. 그다지 볼거리가 없는 동네이므로 잰걸음으로 빠져나간다. 큰 나무가 있는 쉼터를 지나 조금 더 직진하면 농로와 맞닿은 사거리가 나온다(오른쪽 멀리 드림모텔이 보임). 여기서 좌측으로 비닐하우스와 논 사이 길로 진행하면 굴다리(10)가 보인다. 굴다리 아래를 통과하면 배양마을로 접어든다. 배양마을도 그다지 볼거리가 없으니 그대로 이동한다. 계속 마을길을 따라가다가 배양상회를 지나 오른쪽으로 길이 나오면 그쪽으로 방향을 꺾는다(11). 이내 도로변으로 목면시배유지 전시관(12)이 나온다.

남사예담촌(남사마을)에서 약 4.5㎞를 걸어 당도한 목면시배유지 전시관. 이곳은 고려시대 문익점이 중국에서 몰래 가지고 온 목화씨를 처음 심고 재배한 곳이다. '이 땅에서의 목화 재배가 성공하여 백성들은 솜옷을 입을 수 있었다'는 역사의 현장이다. 전시관(입장료 1천원)으로 들어가면 목화와 솜 등의 재배물과 면 산업의 역사를 살펴볼 수 있다.

목면시배유지 관람이 끝나면 다시 정문을 나와 좌측으로 도로 옆을 따라 간다. 곧 사거리가 나오는데 횡단보도를 건너 계속 직진하면 단성면소재지다. 길이 헷갈릴 만한 작은 면이지만 우체국 건물을 표지삼아 직진하다 보면 단성정류소를 겸한 형제슈퍼(13)가 나타난다.

찾아가기

대중교통 – 신안면에 소재한 원지터미널에 도착한 후, 단성면 남사리행 군내버스를 탄다. 예외적으로 부산과 진주에는 남사까지 가는 시외버스가 있다.

원지터미널까지 가기
서울 남부터미널 : 05:30~24:20(24회 운행)
인천 종합터미널 : 10:40, 13:20, 16:50, 18:50
부산 서부터미널 : 05:40~19:40(수시 운행)

남사마을까지 가기
원지(중산지, 대원사행) : 06:25~20:40(30회 운행)
진주(중산리, 대원사행) : 06:10~21:10(22회 운행)

승용차 – 대전통영간고속도로 단성IC로 빠져나온 다음, 우측으로 꺾어 중산리, 시천 방면 20번 국도를 탄다. 이후 남사사거리까지 이동한 다음, 사거리에서 조금만 더 직진하면 우측에 남사예담촌 간판이 보인다.

Ⓟ 남사예담촌 간판 앞쪽의 주차장(N35 16 23.4 / E127 56 11.8)을 이용한다.

돌아오기

대중교통 – 단성면 성내리 단성정류소(형제슈퍼)에서 원지터미널로 이동한 후 다음 목적지로 향한다.

단성에서 떠나기
원지 : 06:40~20:30(30회 운행)
부산 : 06:20~19:28(33회 운행, 단성 경유 부산행)

원지에서 떠나기 〈찾아가기〉의 역순

승용차 – 단성정류장에서 중산리, 대원사행 버스를 타고 남사마을 주차장으로 돌아간다.

알아두기

숙박 남사예담촌 숙박시설(예약 http://yedam.go2vil.org → 예담장자리)
식당 단성면소재지 내
매점 남사식육점, 목면시배유지, 단성면소재지
식수 매점에서 구입하거나 사전 준비
화장실 남사예담촌, 목면시배유지

코스 100배 즐기기

남사마을은 여타의 전통마을과 달리 실제 주민들이 거주하는 마을이라 안내소 등이 없다. 그러므로 무작정 찾아가서는 만족스러운 관람이 어려울 수도 있다. 찾아가기 전에 남사마을에 살고 있는 산청군 소속 문화해설사 정구화씨에게 연락하면, 안내와 함께 마을에 얽힌 다양한 이야기를 들을 수 있다(정구화 011-789-0801).

목면시배유지의 관람은 목화가 피거나 솜을 짜는 시기인 8월초부터 9월말이 가장 좋으므로 그 외의 시기에는 통과해도 무방하다. 코스 종착점에서 원지까지만 갈 경우에는 거리가 2㎞ 정도 밖에 되지 않으므로 걸어가는 것도 가능하다.

소문난 맛집

목화식당

목면시배유지를 지나 단성면으로 들어서면 단성농협 앞에서 마주칠 수 있는 식당이다. 원래는 식육식당으로 육고기를 취급하는 곳이지만, 희한하게 추어탕으로 유명세를 타고 있다. 식당 간판 한가운데 '추.어.탕'이라고 적어놓았을 정도. 보통 추어탕을 떠올리면 짙은 색의 국물만을 떠올리기 마련인데, 이 집에서는 단배추(잎이 작은 배추)를 사용해 국물이 맑아 보이는 게 특이하다. 그 국물 맛 또한 시원하여 일품. 주인장의 인심이 워낙 좋아서인지 작은 면소재지임에도 줄을 서서 기다리는 사람이 있을 정도로 인기가 많은 식당이다.

Ⓒ(055)973-8800 🕐10:30~21:00(연중무휴) Ⓟ가능 Ⓜ
추어탕 8천원, 갈비탕 7천원, 흑돼지두루치기 2만 3천원~2만 8천원 Ⓐ산청군 단성면 성내리 80-3

제**2**부 지리산 언저리길

경남 하동군

23. 하동송림과 하동공원 / **24.** 평사리 들판과 고소성 /
25. 청학동 가는 길 / **26.** 화개 십리벚꽃길과 불일폭포

저기 섬진강, 백사청송(白沙靑松)이 다 보이네!

하동송림과 하동공원

지리산 자락의 가장 남쪽에 위치해 섬진강 물길을 바다로 배웅하는 하동은
그 옛날 팔십리포구(八十里浦口)로 유명했다. '하동포구 백사청송'을 두루 감상하면서 걷는다.
마음만 먹으면 강 건너 광양 땅까지 걸을 수도 있다. 매화 아름다운 '홍쌍리 매실가'가 지척이다.

추천 테마	아이들과	연인끼리	여럿이	숲	들	계곡	강	바다	문화유적	봄	여름	가을	겨울	난이도
	★★★	★★★	★★★	★★			★★★		★	★★★	★★	★★★	★★	쉬워요

【 하저구마을 끝—상저구마을 】 지도 1~2

　　하동읍내와 지척 거리인 목도리는 가까운 옛날만 해도 섬이었다. 섬진강과 횡천강이 육지와의 길을 갈라 '목도(牧島)'라고 불렸고, 동네 이름도 그대로 목도리로 내려온 것이다. 물이 넘나들던 곳인 만큼, 토질이 비옥해 아직도 농사짓기가 좋다고 한다.

　　버스를 이용할 경우, 목도교 아래(1)에서 "여기 내려요!"하고 말해야 한다. 버스기사에게 내려달라고 주문을 해야 할 정도로, 정류장도 없는 그야말로 길 한가운데라서 횅한 느낌을 받는다. 그 허전함을 채워주는 것은 짠 소금기를 품은 바람이다. 바닷물 섞인 섬진강 하구에서 실려 온 짠 냄새를 맡으며 강을 왼편에 두고 하저구마을로 이동한다. 비록 길바닥은 아스팔트이지만 여느 포장도로와는 달리, 삭막하다는 기분이 들지 않는다. 강변에 자란 대나무·갈대 등으로 인해 얼핏설핏 보이는 섬진강을 구경하다 보면 금세 하저구마을로 들어서게 되고, 조망도 시원하게 열린다.

　　마을로 들어서면 가장 먼저 눈에 띄는 것이 하저구나루 모습이다. 비록 정박해 있는 배들

▲ 광양에서 바라본 하동읍 전경. 섬진강, 백사청송이 다 보인다.
▶ 수령 200~300년 된 소나무들로 가득찬 하동송림(3~4지점).

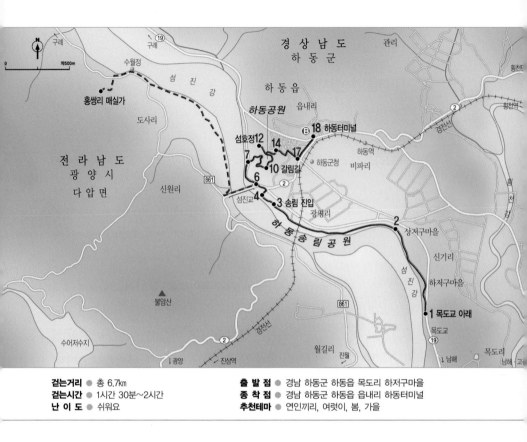

걷는거리 ● 총 6.7km
걷는시간 ● 1시간 30분~2시간
난 이 도 ● 쉬워요

출 발 점 ● 경남 하동군 하동읍 목도리 하저구마을
종 착 점 ● 경남 하동군 하동읍 읍내리 하동터미널
추천테마 ● 연인끼리, 여럿이, 봄, 가을

이 기계의 힘으로 움직이는 모터보트이긴 하지만 열을 지어 서있는 선박들은 한적한 포구의 풍경을 자아낸다. 조수 간만의 차에 따라 강바닥이 드러날 즈음, 그 위에 얹힌 배들이 조는 듯 모로 누운 포구의 모습은 더욱 살갑게 다가온다. 더구나 길 오른편으로 수북이 쌓여있는 재첩 껍데기들까지 보태져 하저구 마을은 영락없는 바닷가 포구 마을로 다가온다. 거의 비슷한 풍경이 이어지는 상저구마을 끝에 다다르면 작은 개천이 앞을 가로막는다. 개천 너머가 '하동 송림'인데 과거에는 다른 길을 통해 들어서야 했으나, 지금은 다리(2)를 건너 바로 하동송림으로 넘어갈 수 있다.

【 하동송림-하동공원 입구 】 지도 2~8

송림 공원으로 들어서긴 했지만 아직 소나무는 눈에 띄지 않는다. 일단은 섬진강과 평행하게 이어진 산책로를 따라간다. 산책로가 조성돼 있기는 하지만 조금은 밋밋한 공원이다. 하지만 하동 사람들에게는 더없이 좋은 운동장 소로, 축소판 서울한강시민공원 같은 느낌을 주는 체육공원이다. 가볍게 운동을 즐긴다는 생각으로 섬진강에 비치는 건너편 광양 땅 산자락도 감상하며 계속 길을 이어나간다.

섬진철교 아래를 지나면 왼쪽 강변으로 백사장 같은 뭍이 드러난다. 그리고 드디어 '하동송림'이 오른쪽으로 펼쳐진다. 정녕 그 명성에 걸맞은 소나무 숲이다. 경상남도 기념물 제55호로 지정돼 있는 하동송림은 조선 영조 21년(1745), 하동도호부사 전천상이 강바람과 모래를 막기 위해 심은 것이라 전해진다. 근대에 들어 하동과 광양을 잇는 섬진교를 건설하고 홍수 방지를 위한 제방 공사를 하면서 송림의 일부가 훼손되었다지만 아직도 그 진가는 변함이 없다.

송림 산책은 두 구역으로 나뉜다. 번갈아가며 자연휴식년제를 적용하기 때문인데, 그냥 열려 있는 입구(3)로 들어서면 된다. 지금까지 걸어오면서 본 광경들, 즉 포구와 백사장, 송림을 합하여 '하동포구 백사청송(河東浦口 白沙靑松)'이라 부른다. 하동8경 중 마지막 자리를 차지하는 이 명승지 안으로 들어서면 잠시 속세를 떠난 기분이 된다. 200년 이상 자란 소나무들 사이에서 산림욕을 충분히 즐기되 진행 방향은 그대로 이어간다.

곧이어 주차장이 보이는 출구(4)가 나온다. 주차장에서 매표소 뒤편을 보면 하동군의 브랜드 마크인 오색의 원(문고리)을 디자인해놓은 육교가 있다.

하동공원 북쪽을 메운 왕대나무숲 산책로
13~14

이 육교는 하동송림에서 하동공원으로 바로 향할 수 있는 지름길이지만, 이 길을 택하면 광양 매화마을로의 코스 변경이 힘들어지고, 하동공원을 가는 도중 짧게 만나는 벚꽃길을 구경하지 못한다. 그러나 육교를 이용해 곧바로 하동공원으로 진입코자 한다면 10번 지점의 전망대를 찾아가 그 이후의 설명을 따르면 된다.

매표소 뒤쪽의 육교를 이용하지 않고 하동공원으로 진행하기 위해선 일단 매표소를 나와 만나는 도로 앞(5)에서 좌회전한다. 왼편으로 나란히 모텔 두 개가 보이는데, 그대로 지나쳐 섬진교를 건너면 광양 매화마을로 갈 수 있다 ('들러 보세요' 참조). 그러나 우리는 하동공원으로 가기 위해 두 번째 섬진

들러 보세요

광양 매화마을의 지존 | 홍쌍리 매실家

지리산 지역의 봄을 알리는 것은 하얀 꽃이다. 봄이 오면 매화·배꽃·벚꽃이 순서를 다투며 산자락을 뒤덮는다. 그 중 '매화'를 구경할 곳으로 전라남도 광양에서 유명한 '홍쌍리 매실家'를 빼놓을 수 없다.

매년 봄이면 열리는 광양매화문화축제의 중심지이기도 한 '홍쌍리 매실家'는 홍쌍리에 있는 것이 아니라, 매실농장의 주인 이름이 홍쌍리다. 산등성이에 매실농장을 만들어 자유롭게 드나들 수 있도록 하여 관광지로서도 이름을 높인 것. 하동읍에서 이곳까지의 거리는 불과 4km여. 그리하여 매화 계절이면 하동읍 걷기 코스와 연계하기에 안성맞춤이다(지도 점선 구간). 6번 지점인 섬진각모텔에서 횡단보도를 건너지 말고 직진해 좌측으로 이어지는 섬진교를 건넌다. 다리를 건너자마자 오른쪽으로 유턴하듯이 돌아 갈림길 중 내리막길을 따르면 광양 쪽 섬진강변으로 내려서게 된다. 강변을 따라 좌측으로 계속 이동하다 보면 올라가는 길이 보이는데, 도로로 다시 올라서 계속 길을 따라 이동하면 정자와 함께 매화마을 이정표가 나타난다. 조금 더 직진하여 도로가 Y자로 갈라지는 지점에서 좌측으로 이동하면 왼쪽에 '홍쌍리 매실家' 표지석이 있다. 입장료는 따로 없으며 순서에 구애받지 않고 자유롭게 산책하면 된다. 이곳에서 매실된장, 매실장아찌 등의 특산품을 구입할 수도 있다.

▲ 하동공원 전망대에서 내려다 본 하동읍과 목도리 일대
▲▲ 하동공원 전망대가 있는 갈마산 자락에서 본 섬진강 전경

각 모텔 앞에 있는 횡단보도(6)를 통해 건너편 주유소 쪽으로 이동한 다음 좌회전한다. 하동송림을 나온 이후부터 섬진강은 멀어졌지만, 잠시 이어지는 도로 옆 보도는 봄이면 벚꽃이 만발해 제법 운치를 더한다. 이어 보도가 끝나고 빌라가 보이는 곳에 이르면 오른쪽으로 진입로가 열린다(7). 우회전하여 우측 벽면의 '하동공원' 이정표를 확인한 후 계속 직진한다. 순서대로 낡은 '약수터' 이정표가 보이고, 공원으로 들어서면 주차장(8)이 나온다.

【하동공원-하동터미널】지도 8~18

하동공원은 갈림길이 무수히 많다. 8번 지점 주차장에 있는 안내도를 보고 자유롭게 걸어도 무방하지만, 여기서 소개하는 코스는 전망대→충혼탑→섬

강 건너 광양 산자락을 감상하며 산책을 즐길 수 있는 하동송림 공원.

호정 순이다. 일단 8번 지점의 주차장에서 왼쪽으로 보이는 전망대(10)로 향한다. 전망대가 있는 갈마산은 해발 고도가 겨우 100m 내외에 불과하지만 주변 지대가 낮아 사방의 조망이 장쾌하게 열린다. 시원하게 불어오는 바람과 섬진강 조망을 맘껏 즐기자. 전망대 안으로 들어가면 망원경으로 일대를 둘러볼 수도 있다.

전망대 관람이 끝나면 올라왔던 방향에서 좌측으로 꺾어 충혼탑 방향으로 길을 잡는다. 화장실을 지나 충혼탑 앞(11)에 이르면 좌회전하여 섬호정으로 향한다. 지금의 섬호정(蟾湖亭 · 12)은 조선 고종 7년(1870)까지 고을 수령 부임 때 영접문으로 사용하던 것을 유림들이 이곳 갈마산으로 옮기고서 섬호정이라 이름 붙였다. 큰 역사가 담긴 정자는 아니지만 섬진강과 광양을 내려다보는 전망이 좋아 여러 작가들의 작품에 그 이름이 오르기도 한다.

섬호정을 내려와 다시 충혼탑 방면으로 이동한다. 충혼탑으로 다시 올라가는 오르막길 전에 왼쪽으로 대나무숲과 나무데크(13)가 나타나는데, 키 큰 대나무숲을 뚫고 나아가 좌측 계단으로 내려가면 이윽고 공원을 벗어나게 된다. 도로(14)를 만나면 우측으로 이동하면 되는데, 공원 담벼락이 시야를 가리므로 좌우를 잘 살피며 안전에 주의를 기울여야 한다.

공원을 빠져나온 위치는 하동읍내가 잘 내려다보이는 곳이다. 이미 하동읍에 들었으니 코스를 마무리해도 되겠으나 이동의 편의를 위해 터미널까지의 길을 설명한다. 14번 지점에서 우측으로 향하다 보면 오른편 담벼락이 잠시 끊기는 지점에서 왼쪽으로 내려가는 계단(15)이 있다. 이 계단을 따라 내려가는 방향으로 이동하면 구신라호텔(16)에 이른다. 여기서 우회전으로 이동하면 하동경찰서 앞 갈림길(17)이 나온다. 왼쪽 횡단보도를 건너 계속 직진하면 큰 삼거리가 나오면서 하동터미널(18)에 도착한다.

Traffic Guide

찾아가기

대중교통 – 하동읍 하동터미널에 도착한 후, 목도행 군내버스를 이용해 하동읍 목도리 하저구마을에서 하차한다. 그러나 목도행 버스 운행이 1일 2회에 불과하므로 택시를 이용하는 것이 편리하다(1만 2천원 내외). 기차를 이용해 하동역에 내리면 하동터미널까지 도보로 5분 거리다.

하동터미널까지 가기
서울역→하동역 23:50
서광주역→하동역 10:18
서울 남부터미널 07:30~10:00(8회 운행)
부산 서부터미널 07:00~19:00(13회 운행)

하저구마을까지 가기
하동 : 07:40~20:30(11회 운행)

승용차 – 대전통영간고속도로를 이용해 진주분기점에서 남해고속도로를 탄다. 남해고속도로 하동IC로 나와 계천사거리에서 우회전하여 하동 방면으로 계속 진행한다. 하동포구터널과 횡천교를 지나면 목도리에 들어서는데, 오른편에 LPG 충전소가 나오면 충전소 방면(우측)으로 접어든다. 들어서자마자 직진하여 아래로 내려가는 길을 택하면 목도교 아래를 지나 하저구마을에 도착한다.

🅿 하저구마을 포구가 있는 자리에 무료주차장(N35 03 11.9 / E127 46 06.2)이 있다. 그러나 목도행 군내버스가 많지 않고 걷기 코스의 종착점이 하동터미널인 것을 감안하여 터미널 인근 주차장(N35 04 14.2 / E127 45 04.6)에 주차한 뒤 대중교통을 이용하는 것이 바람직하다.

돌아오기

대중교통 – 종착점인 하동터미널에서 다음 목적지로 이동한다.
하동에서 떠나기 〈찾아가기〉의 역순
승용차 – 〈찾아가기〉의 역순

알아두기

숙박 권말 부록 information 참조
식당 16지점 이후 다수
매점 16지점 이후 다수
식수 매점에서 구입하거나 사전 준비
화장실 하동송림, 하동공원 내

Walking Tip

찾아갈 만한 또 하나의 공원

출발점인 목도교 아래에서 멀지 않은 곳, 남해군 방면으로 향하는 19번 국도변에 하동포구공원이 있다. 도로 옆에 위치해 승용차로 이동하지 않으면 찾아가기 불편한 점이 아쉽지만, 섬진강 조망은 물론 송림과 포구의 모습이 모두 갖춰져 있어 본 코스의 장점을 한 곳에 모아놓은 것 같은 장소이다. 여건이 된다면 가벼운 소풍 겸 산책 장소로 찾아볼 만하다.

소문난 맛집

소문난 재첩국

하동에 와서 재첩국 한 번 먹어보지 않는다면 이 먼 동네까지 여행 올 이유가 없다. 유명세를 탄 음식이 흔히 그렇듯 하동군 섬진강 자락 인근엔 재첩전문식당이 흔하다. 그들 중에서도 하동송림과 하동공원 사이에 있는 '소문난 재첩국' 집을 소개한다. 하동 읍내의 재첩전문식당 중에는 하동교육청 근처에 있는 동흥식당이나 여여식당도 유명하지만, 코스를 걷는 중에는 코스에서 가까운 이 집에 들러볼 만하다. 여타 전문식당과 마찬가지로 섬진강에서 직접 채취한 재첩을 듬뿍 넣는데다가 리필을 요청하면 새것과 다름없이 담아줄 정도로 인심이 후하다.

📞(055)883-6011 🕐07:00~20:30(명절 연휴 휴무) 🅿불가 Ⓜ재첩국 8천원, 재첩회덮밥 1만 2천원, 재첩회무침 2~3만원 Ⓐ하동군 하동읍 광평리 433-5

소설 〈토지〉의 무대 속으로…바람처럼

평사리 들판과 고소성

평사리는 경남 하동군 악양면에서 가장 아름다운 풍경을 보여준다.
지리산의 웅장한 산세와 섬진강 맑은 물 사이에 펼쳐진 드넓은 벌판이 장관이다.
소설 〈토지〉의 주무대인 평사리 들판과 최참판댁, 그리고 고소성까지 둘러볼 수 있는 걷기여행 코스다.

추천 테마	아이들과	연인끼리	여럿이	숲	들	계곡	강	바다	문화유적	봄	여름	가을	겨울	난이도 무난해요
	★★	★★★	★★★	★★	★★	★★★			★	★★★	★★	★★★	★★	

【 미서정류장–평사리공원 】 지도 1~5

경남 하동군 악양면(岳陽面). 삼국시대의 나당연합군 시절, 당나라 대장으로 왔던 소정방이 이곳의 지리를 보고 '중국 후난성(湖南省) 웨양(岳陽)과 닮았다' 고 말해 붙여진 이름이라 한다. 허나 하동 악양의 멋진 풍경을 굳이 중국과 연관지어 설명할 필요가 없다. 고(故) 박경리 선생의 대하소설 〈토지〉의 배경으로 너무도 유명한 평사리 들판과 최참판댁, 그리고 지리산 형제봉(성제봉) 자락에 있는 고소성만으로도 우리 민족의 숨결이 넘치는 여행지로 손색이 없다.

미서정류장(1)은 평사리 들판의 동쪽 도로변에 위치한다. 구례-하동을 잇는 19번 국도변에는 평사리 들판으로 바로 들어갈 수 있는 진입로가 많지만 노선버스 정류장이 없어 국도변 안쪽 마을까지 들어와야 한다. 일단 미서정류장에 내리면 악양면소재지 방향(북쪽)으로 도로를 따라 걷는다. 이내 '최참판댁' 이정표(2)가 나오는데, 이곳에서부터 평사리 들판 방면으로 길을 꺾는다. 축지교를 건너면 형제봉에서 흘러내리는 산 능선 앞으로 펼쳐진 놀랍도록 평평한 들판이 보인다. 축지교를 지나면 들판이 한결 가까이 다가온다. 왼쪽으로 두 갈래 길이 나오는데(3), 곧장 들판으로 내려서는 길과 둑방으로 쭈욱 연

▶ 하동야생차문화축제 기간에 맞춰 물결이 극치를 이루는 평사리 청보리밭 들판길(6~7지점).
◀ 고소성 성벽에 오르면 이곳까지 걸어온 평사리 들판과 섬진강이 한눈에 내려다보인다(19~20지점).

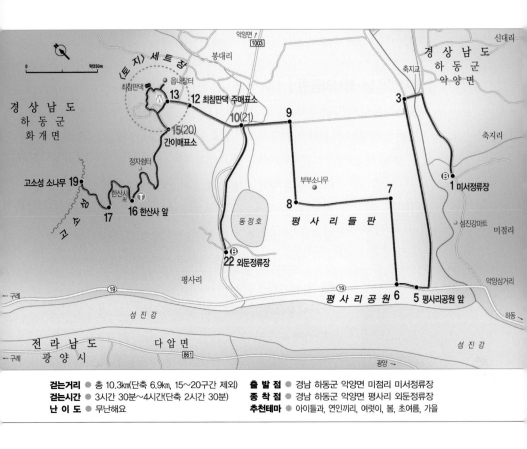

걷는거리 ● 총 10.3㎞(단축 6.9㎞, 15~20구간 제외)　　**출 발 점** ● 경남 하동군 악양면 미점리 미서정류장
걷는시간 ● 3시간 30분~4시간(단축 2시간 30분)　　**종 착 점** ● 경남 하동군 악양면 평사리 외둔정류장
난 이 도 ● 무난해요　　　　　　　　　　　　　　　　**추천테마** ● 아이들과, 연인끼리, 여럿이, 봄, 초여름, 가을

결된 길이다. 이곳에서 들판으로 내려선 뒤 우회전하여 계속 직진하면 10번 지점을 지나 최참판댁으로 가는 가장 빠른 길이다. 얼른 아래쪽 들판으로 내려가고 싶을 테지만 평사리공원을 들러보기 위해선 일단 둑길 쪽으로 진행하는 것이 좋다.

오른쪽으로 내려다보이는 평사리 들판은 풍요롭기 그지없다. 그냥 바라만 보아도 배가 부르고 절로 신명이 날 지경이다. 휘이휘이 양반걸음에 껑충껑충 사당패걸음 섞어 신바람 나게 걷다 보면 둑길이 끝나면서 19번 국도(④)가 가로놓인다. 여기서 우회전하여 조금만 이동하면 왼쪽 섬진강변에 위치한 평사리공원(5)이 기다린다. 해수욕장만큼이나 드넓은 백사장이 있어 잠시 거닐기에 좋은 곳이다. 폐기물수거 명목의 입장료(어른 1천원, 청소년 8백원)를 받는 것이 마음에 내키지 않지만 공원 외에도 볼거리가 많은 점 참고 바란다.

【 평사리 들판-최참판댁 】 지도 6~13

앞서 진행하던 19번 국도에 올라 잠시 구례 방향으로 걷다보면 오른쪽 평사리 들판으로 곧장 연결되는 진입로(6)가 나타난다. 평사리 들판에 들어서면 아까 둑방에서 내려다보았던 풍경이 이젠 수평으로 펼쳐지면서 자연 속의 한 물결로 빠져들게 한다. 고(故) 박경리 선생이 〈토지〉의 서두에 '고개 무거운 벼 이삭이 황금빛 물결을 이루는 들판'이라 묘사했던 곳. 그저 감탄이 절로 나오게 하는 이 들판은 1년 동안 보리와 쌀로 이모작을 하므로 시기에 따라 서로 다른 빛깔을 즐길 수 있다.

계속 들길을 걷되 최참판댁(토지 세트장)과 고소성 방향으로 진행하려면 국도변 6번 지점에서 처음 들길로 진입한 이후 첫 번째 만나는 갈림길(7)에서 좌회전하면 된다.

한편, 매년 5월 초순에 개최되는 하동야생차문화축제 프로그램 가운데 '청보리밭 걷기'가 있는데, 평사리 들판 중에서도 바로 이 일대의 보리밭이 중심이 된다. 허리춤까지 차올라 바람에 일렁이는 청보리밭 사이를 걷는 기분은 말로 이루 표현할 수 없으니 기회가 되면 꼭 걸어보기 바란다. 축제기간이든 아니든 7번 지점 인근에서의 길 찾기는 형제봉 방면에 서 있는 '부부 소나무'를 목표로 삼으면 된다. 〈토지〉 속 등장인물인 서희와 길상처럼 들판 속에 나

고소성으로 가는 길. 등산로지만 초반 구간을 제외하고는 편안한 숲길이다.

최참판댁 주변의 초가집들은 드라마 촬영을 했던 세트장이다.

란히 서있는 '부부 소나무' 는 평사리 어디에서든 한눈에 알아볼 수 있다.

　'부부 소나무' 를 오른쪽으로 바라보며 잠시 걷다보면 다시 한 번 갈림길 (8)이 나오는데, 역시 '부부 소나무' 가 서 있는 방향의 우측으로 꺾어 쭉 직진한 다음, 다시 나타나는 갈림길(9)에 이르러선 좌측으로 꺾는다. 금세 만나는 1003번 지방도로(10)를 건너 직진하면 고소성과 최참판댁으로 가는 갈림길(11)이 나온다. 두 길은 어차피 15번 지점의 간이매표소에서 다시 만나고 거리 차이도 거의 없으므로 아무 길이나 선택해도 상관없다. 따라서 일단 최참판댁 거리로 들어선다. 입장권(어른 1천원, 청소년 8백원)을 구입해 최참판댁 매표소(12)를 통과하면 상가가 늘어서 있는데, 그 길을 오르면 우물이 있는 갈림길(13)에 이른다. 시원한 물 한 모금으로 평사리 들판을 걷는 동안의 갈증을 풀고 왼쪽 길로 방향을 잡는다. 소설 속의 최참판댁 구경은 잠시 뒤로 미루고 고소성부터 다녀오기로 한다.

【 고소성-외둔정류장 】 지도 13~22

최참판댁 입구를 뒤로 한 채 왼쪽 길만 따라가면 금세 간이매표소(15)가 나온다. 간이매표소를 지나면 고소성으로 올라가는 외길이 시작되는데, 간이매표소를 나오기 전후해 반드시 확인할 사항이 있다. 앞서 12번 지점의 주매표소에서 구입한 입장권 소지 여부이다. 고소성에 들렀다가 다시 최참판댁으로 돌아오려면 입장권을 보여줘야 하기 때문이다.

구불구불한 아스팔트 도로를 따라 오르다보면 오른쪽으로 성벽처럼 보이는 구조물이 나타난다. '다 왔구나' 싶지만 이는 고소성이 아니라 한산사 축대 아래다. 고소성으로 가기 위해서는 한산사 계단(16)을 오른 다음, 쭉 직진해서 숲길로 접어들어야 한다. 숲길 초반은 지금까지의 아스팔트 도로보다 오히려 경사가 심하므로 쉬엄쉬엄 오르는 것이 좋다. 이내 완연한 산길이 시작되면서 경사가 완만해진다. 이제 이정표(17) 방향으로 잘 따라가면 머리 위로 고소성(18)이 나타난다.

고소성(姑蘇城)은 사적 제151호로, 동북으로 지리산을 등지고 서남으로 섬진강을 품고 있는 천연의 요새다. 정확한 축조 시기가 밝혀지지 않은 고소성 성벽은 그 높이가 3.5~4.5m에 달해 근접하기가 쉽지 않은데, 오르던 방향에서 그대로 성을 넘어 오른쪽을 보면 짚고 오

20~21

20~21

▼ 최참판댁으로 향하는 대나무 문.
▶ 소설 〈토지〉의 최참판댁 사랑채. 대청마루에 앉으면 평사리 들판이 훤히 보인다.

평사리 들판의 화룡정점이자 이정표 역할을 하는 '부부 소나무'.

를 만한 곳이 있다. 오른쪽 성벽을 오르면 성벽 중간에 소나무 한 그루가 눈에 보이므로 그곳에서 잠시 쉬면서 조망을 즐기면 된다. 고소성에서의 조망은 지금까지 걸어온 여정의 집합체 같은 것으로, 평사리 들판과 섬진강 등을 한눈에 고루 담을 수 있다.

고소성에서의 조망이 끝나면 성벽을 내려와 다시 15번 지점의 간이매표소로 되돌아간다(20). 이제 최참판댁을 둘러보는 일만 남았다. 소설을 읽었거나 드라마 또는 영화를 본 사람이라면 최참판댁이 실재하지 않는다는 것쯤은 진작에 눈치챘을 것이다. 최참판댁은 〈토지〉의 주인공 최서희가 살던 집이고, 인근의 초가집들도 드라마 촬영을 위해 만든 세트장이다. 흔히들 이곳 전체를 최참판댁이라고 부르지만, 정확히는 한옥 14동으로 이루어진 기와 건물만이 최참판댁이다. 최참판댁과 그 주위로 초가집 등을 지어 촬영 세트장을 만들고, 원래 있던 평사리 상평마을을 잘 활용해 관광지로 탈바꿈시킨 것이다.

소설이 만들어낸 최참판댁을 통해 여러 등장인물들을 머릿속에 그리다보면 새삼 〈토지〉의 감동이 되살아날 것이다. 이윽고 소설의 무대를 뒤로 한 채 앞서 들어온 12번 지점의 매표소를 빠져나와 10번 지점의 도로를 만나게 되면(21) 이번에는 우측 방향으로 향한다. 1003번 지방도로가 구례-하동간 19번 국도를 만나기 전, 외둔정류장(22)에서 버스를 기다리면 악양면소재지 쪽에서 내려오는 하동행 버스가 닿는다.

찾아가기

대중교통 – 하동읍 하동터미널에서 악양행 군내버스를 이용해 악양면 미점리 미서마을에서 하차한다. 기차를 이용해 하동역에 내린 경우는 악양행 버스를 타기 위해 하동터미널까지 이동해야 한다. 도보로 5분 거리.

하동터미널까지 가기
서울역→하동역 23:50
서광주역→하동역 10:18
서울 남부터미널 07:30~10:00(8회 운행)
부산 서부터미널 07:00~19:00(13회 운행)

미서마을까지 가기
하동 : 07:30~20:30(13회 운행)

승용차 – 대전통영간고속도로를 이용해 진주분기점에서 남해고속도로를 탄다. 남해고속도로 하동IC로 나와 계천사거리에서 우회전하여 하동읍 방면으로 계속 진행한다. 하동포구터널과 횡천교를 지나 계속 직진하다 보면 읍내삼거리에서 19번 국도를 만난다. 이후 19번 국도를 따라 계속 이동하면 악양삼거리가 나오고, 우회전하여 조금 더 이동하면 왼쪽의 섬진강마트를 지나 미서정류장이 나온다.

🅿 미서정류장에 이르기 전 왼쪽에 있는 섬진강마트(N35 08 12.2 E127 41 50.0)에 양해를 구하고 주차한 후, 도보로 이동한다.

돌아오기

대중교통 – 악양면 평사리 외둔마을에서 하동터미널로 이동한 후 다음 목적지로 향한다.

외둔에서 떠나기
하동 : 08:00~21:00(11회 운행)
하동에서 떠나기 〈찾아가기〉의 역순

승용차 – 차를 세워놓은 섬진강마트로 가려면 외둔에서 군내버스를 타고 악양삼거리 인근 개치정류장에서 내려 걸어가야 한다. 그러나 이보다는 최참판댁에서 내려와 1003번 지방도로를 만난 10(21)번 지점에서 들판 길을 곧장 가로질러 3번 지점에 도달한 후 축교를 건너면 미서정류장 방향의 섬진강마트까지 빠르게 도착할 수 있다.

알아두기

숙박 권말 부록 Information 참조
최참판댁 한옥체험관 : http://cafe.daum.net/noveltoji, (055)880-2675
식당 1지점 인근 자연횟집, 최참판댁 읍내장터
매점 최참판댁
식수 13지점, 한산사
화장실 최참판댁, 한산사 앞

평사리를 알차게 즐기는 노하우

최참판댁이 있는 〈토지〉 촬영 세트장은 매년 5월 초순에 개최되는 하동야생차문화축제와 매년 10월에 개최되는 토지문학제의 축제장소이기도 하다. 축제 기간에는 본문에 언급한 '평사리 청보리밭 걷기'를 비롯해 다양한 이벤트를 즐길 수 있다. 또한 축제 기간에는 최참판댁 관람료를 받지 않아 고소성을 다녀오는 일정이 더욱 수월해진다. 덧붙여 최참판댁 뒤편에 있는 한옥체험관뿐만 아니라 최참판댁과 인근 초가집들을 리모델링하여 숙박이 가능하게 하는 공사가 진행 중이라 앞으로 더욱 찾기 좋은 여행지가 될 전망이다.

소문난 맛집

명성콩국수

하동터미널 옆에 있는 30년 전통의 콩국수집이다. 규모는 작지만 이곳의 콩국수를 한 번 맛보면 다시 찾을 수밖에 없는 곳이다. 큰 냉면그릇 가득 담겨 나오는 콩국물의 양도 많고, 면발을 집어 올릴 때 걸죽한 국물이 따라 올라오는 광경만 봐도 이 가게의 콩국 상태를 알 수 있다. 그도 그럴 것이 하동군 내 밭에서 재배한 순수 국산콩을 담뿍 넣어 만든 콩국이기 때문이다. 콩국수의 기대치가 너무 높아 다른 메뉴에는 관심이 안갈 정도의 맛집이다.

📞(055)884-3312 🕐06:00~21:00(연중무휴) 🅿가능 🅦콩국수 5천원, 참깨죽 5천원, 팥죽 5천원, 식혜 3천원 🅐하동군 하동읍 읍내리 321-8

전설의 이상향인가 세속의 도인촌인가

청학동 가는 길

경남 하동군 청암면 묵계리에 도인촌으로 잘 알려진 '청학동'이 있다.
차를 타면 쉽게 찾아갈 수 있지만 묵계마을에서 출발해 임도를 따라 걸어 들어간다.
키가 제각각인 소나무들과 산죽군락이 내내 길동무가 되어준다. 깊은 산, 세속을 잊게 하는 고요가 가득하다.

추천 테마	아이들과	연인끼리	여럿이	숲	들	계곡	강	바다	문화유적	봄	여름	가을	겨울	난이도
	★	★★	★★★	★★		★			★★	★★	★★	★★	★	쉬워요

【 묵계초교 앞-회남재 】 지도 1~3

하동읍에서 청암면 묵계리로 가는 길은 거리에 비해 훨씬 길게 느껴진다. 약 10km를 달려 횡천면에 이르고 나서도 하동호를 지나 20km를 더 가야 하는 길. 지리산 기슭을 따라 구불구불 돌고 도는 도로에서 속도를 올릴 생각일랑 말아야 한다. 그런 길을 10분 넘게 달리다 보면 '아, 정말 깊구나' 하는 느낌이 든다. 그 깊은 산자락 도로가 살짝 숨통을 트는 자리에 묵계마을이 있다.

묵계초등학교 앞에서 주변을 둘러보면 삼거리슈퍼(1)가 보인다. 그 슈퍼를 끼고 돌면 회남마을로 가는 길이 보이는데, 우리가 찾아가야 할 임도는 회남마을 입구에 있다. 따라서 슈퍼를 왼쪽으로 끼고 돌자마자 묵계저수지 상류 물줄기 위로 놓인 회남교를 건넌 다음, 회남마을 방향으로 10여분 정도 걸어 왼쪽으로 작은 다리가 보이면 이 다리(2)를 건넌다. 작은 대나무숲이 반기는 이곳 다리를 건너는 순간부터 임도가 시작된다. '정말 깊다'고 생각했던 그 산의 품으로 들어선 것이다.

임도에 든 순간 수목이 주변을 감싼다. 키 높이가 제각각인 소나무 군락도 반갑고, 길과 길 아닌 곳의 경계를 나누듯 열을 지어 늘어선

▲ 지리산 삼신봉 자락의 마고성 가장 안쪽에 위치한 삼성궁(6-1지점).
▶ 악양-청암 간 교통의 요지인 회남재 우측 윗길이 청학동 방향이다(3지점).

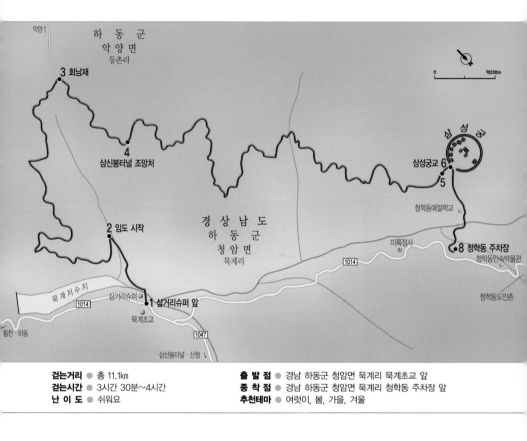

걷는거리 ● 총 11.1km		**출 발 점** ● 경남 하동군 청암면 묵계리 묵계초교 앞		
걷는시간 ● 3시간 30분~4시간		**종 착 점** ● 경남 하동군 청암면 묵계리 청학동 주차장 앞		
난 이 도 ● 쉬워요		**추천테마** ● 여럿이, 봄, 가을, 겨울		

산죽 군락도 정겹다. 특히 산죽 군락은 이 길 내내 늘어서서 걷는 동안 지겨울
정도의 길동무가 되어준다. 계속 회남재까지 가는 3km여 길은 비스듬한 오르
막이다. 그 오르막 경사가 끝나는 곳에 적당한 넓이의 평지가 나타나고 길이
두 갈래로 나뉜다. 별다른 표식은 없지만 갈림길 옆 이정표를 보아 곧 회남재
(3)임을 알 수 있다.

　회남재란 명칭은 남명(南冥) 조식(曺植 · 1501~1572)과 관련된 이름이다.
이황이 경상좌도 학맥의 태두라면 조식은 경상우도 학맥의 거봉으로서 평생
벼슬을 거부하고 초야에 묻혀 학문에만 정진했다. 고향인 합천군 삼가면에서
지내다가 산청군 시천면소재지인 덕산으로 옮겼는데, 덕산에 터를 잡기 전
지리산에서 기거할 만한 곳을 두루 찾아다니던 중 지금의 회남재를 거치게
되었다. 그러나 이곳 고갯마루에서 하동 땅 악양 방면을 바라보고는 길지가

아니라 하여 미련 없이 돌아섰다고 한다. 그래서 '남명이 돌아섰다' 는 뜻의 회남(回南)이란 지명이 붙은 것이다.

회남재는 예부터 하동에서 지리산으로 들어가는 길목인 동시에 악양면과 청암면을 연결해주는 교통의 요지였다. 한국전쟁 때 빨치산들이 악양에서 물자를 보급해오는 통로이기도 했다. 현재도 다른 임도에 비해 차량 통행이 잦은 곳이다. 잘 정비되지 않은 비포장 임도지만 악양에서 묵계로 들어오는 가장 빠른 길이기 때문이다.

【 회남재—삼성궁 】 지도 3~6

회남재에서는 악양 방면과 청학동 방면의 길을 선택할 수 있다. 무조건 청학동으로 길을 재촉하기에 앞서 악양 방면의 길 옆에서 잠깐 조망을 즐기기 바란다. 악양면의 마을과 들판 그리고 날이 좋을 때는 건너편 형제봉 능선까지 시야에 담기는데, 나뭇가지들이 가려서 썩 시원한 조망은 아니다.

이제 청학동까지의 임도는 내리막이다. 올라온 길보다 더 완만한 경사의 내리막이라 편안하고 발걸음도 빨라진다. 구부렁구부렁 곡선을 그리며 내려가는 임도를 맘껏 활갯짓하며 걷노라면 간간이 오른쪽 산 아래 풍경이 눈길을 끈다. 특히

▶ 회남재로 향하는 임도 주변엔 소나무와 산죽이 이어진다.
▼ 회남재 임도로 향하는 도로변 아래로 묵계저수지가 보인다.

1~2

6-1

회남재로부터 약 1㎞ 지점(4)에 이르면 오른쪽 저 멀리, 묵계에서 산청으로 넘어가는 고개인 묵계치와 그 아래 삼신봉터널로 이어지는 도로가 아스라이 손짓을 한다. 계속되는 임도 주변은 산죽이 도열하는 가운데 드문드문 키 큰 대나무들도 길동무로 합세한다. 여전히 깊은 산. 세속을 잊게 하는 고요함만 이 가득한 구간이다.

임도 종료 지점(5)이 가까워지면 멀리 특이한 형태의 파란 지붕이 보인다. 좀 더 다가가면 자세한 형태가 보이는데, 파란 날개를 지닌 학(鶴) 모양이다. 바로 청학동박물관의 지붕이다. 이 박물관은 삼성궁에 속해 있어 삼성궁에 입장하면 둘러볼 수 있다(입장료 3천원). 삼성궁은 우리 민족의 시조와 인류의 시조를 모신다는 곳으로, 돌로 쌓아올린 마고성 길을 따라 삼성궁에 들어설 때까지 숨은 낙원 같은 산책로가 펼쳐지는 곳이므로 꼭 들러보기 바란다(소요시간 약 1시간). 삼성궁교(6)를 건너 좌회전하면 삼성궁 주차장과 매표소가 있다.

【 삼성궁─청학동 주차장 】 지도 6~7

삼성궁에서의 산책을 마치고 나면 다시 삼성궁교(6)로 돌아온 다음, 곧 직진하여 청학동(靑鶴洞)으로 내려간다. '푸른 학이 사는 동네' 라는 의미의 청학동. 중국 문헌에 따르면 청학이란 '태평 시절과 태평한 땅에서만 나타나고 운다' 는 전설의 새다. 그래서 청학동이란 명칭은 태평성대의 이상향, 유토피아로 불렸다. 우리나라에서는 지리산 자락에 그 청학동이 있다고 알려져 예부터 조식을 비롯한 이인로 · 김종직 · 김일손 등의 여러 인물들이 청학동을 찾아 나선 바 있다. 그리하여 묵계리를 비롯한 지리산 피아골 · 불일폭포 · 세석평전 등 여러 곳이 청학동일 거라는 물망에 올랐으나 사실 정확하게 청학동으

◀ 돌을 쌓아 성벽을 만든 마고성 길을 따라가면 삼성궁이 나온다.
▼ 회남재를 지나 청학동으로 내려가는 임도엔 간간이 대나무가 도열한다.

4~5

청학동박물관이 보이면 삼성궁교에 다다른 것이다.

로 밝혀진 곳은 없다. 다만 이곳에 지금의 도인촌이 형성되면서 청학동이란 이름으로 알려지게 된 것이다.

도인촌에 살고 있는 사람들은 '유불선갱정유도교'를 신봉하는 사람들이다. 그들은 '인의예지의 인간본성을 수양하여 인간윤리를 실천한다'는 교리에 따라 외부세계와 담을 쌓고 유교적인 전통 생활방식을 고수하며 살고 있다. 그리하여 이곳 주민들은 한복차림에 갓을 쓴다. 지금은 관광상품화된 측면이 보여 아쉽기도 하지만, 이곳이 '전통을 지키며 사는 마을'임은 분명하다. 또한 여유를 가지고 둘러보면 두 발 뻗고 눕고 싶은 계곡이나 정자들도 몇몇 눈에 띌 것이다.

이제 코스를 마무리할 차례. 청뢰향식당이 있는 삼거리(7)에서 왼쪽 길로 오르면 청학동 주차장(8)이 나온다. 이곳에서 내려오는 버스를 잡아타도 되고, 도인촌 구경을 더하고 싶으면 오르막길을 따라 더 올라가도 상관없다. 도인촌 안쪽이 버스 종점으로 그곳에서 버스를 타고 나올 수 있기 때문이다.

찾아가기

대중교통 – 하동읍 하동터미널에 도착한 후 청학동행 군내버스를 이용해 청암면 묵계리 묵계초교 앞에서 하차하여 걷기를 시작한다.

하동읍까지 가기
서울역→하동역 23:50
서광주역→하동역 10:18
서울남부터미널 07:30~10:00(8회 운행)
부산서부터미널 07:00~19:00(13회 운행)

묵계초교까지 가기
하동역에 내린 경우는 하동터미널까지 도보로 이동한다(약 5분 소요).
하동 : 08:30 11:00 13:00 15:20 19:00

승용차 – 대전통영간고속도로 단성IC로 나와 우회전하여 20번 국도를 탄다. 중산리 방면으로 계속 직진하다가 거림 방면 이정표가 나오면 좌회전하여 삼당교를 건넌다. 1047번 국도를 따라 계속 직진하다가 묵계 방면 이정표를 보고 좌회전하여 삼신봉터널을 지난다. 터널을 지나 나타나는 갈림길에서 우회전한 다음, 이어 좌회전하여 내려간다. 도로변을 눈여겨보면 청학동 이정표가 있는 갈림길이 나오는데, 이곳에서 직진하여 조금만 이동하면 묵계초등학교에 이른다.

Ⓟ 묵계초등학교 앞 삼거리슈퍼(N35 13 43.9 / E127 44 03.7)에 양해를 구한 다음 주차하면 된다.

돌아오기

대중교통 – 청학동 종점에서 돌아 나오는 버스를 타고 하동읍으로 이동한 후 다음 목적지로 향한다.

청학동에서 떠나기
하동 : 06:50 10:00 12:30 14:20 17:00

하동터미널에서 떠나기 〈찾아가기〉의 역순

승용차 – 하동읍으로 가는 버스를 타고 가다가 주차 장소인 묵계초교 앞에서 내리면 된다. 청학동에서 버스 시간이 잘 맞지 않으면 도보로 이동해도 된다(약 3㎞, 40분 소요).

알아두기

숙박 권말 부록 Information 참조
묵계리 내 민박 : 청암면사무소 총무과(055)880-6361
식당 삼거리슈퍼 부근, 삼성궁 내부, 청학동 주차장 부근
매점 삼거리슈퍼, 삼성궁 내부, 청학동 주차장 부근
식수 매점에서 구입하거나 사전 준비
화장실 삼성궁 주차장, 청학동 주차장

청학동의 축제

본 코스는 회남재 길에 관한 의미와 삼성궁을 제외하고는 딱히 즐길 거리가 없다. 하지만 이 지역에서 벌어지는 축제들이 있어 시기만 맞춰간다면 또 다른 관광을 즐기고 올 수 있다.

매년 2월 말~3월 초에 고로쇠약수제가 개최된다. 경칩 전후로 열리는 행사라 매년 차이가 있으니 미리 하동군청 문화관광과 홈페이지(http://tour.hadong.go.kr)에서 확인하기 바란다. 행사는 주로 청암면 묵계리 등지에서 진행되는데 고로쇠 물마시기 대회 등의 이벤트를 즐길 수 있고, 고로쇠수액을 살 수도 있다.

11월경엔 개천대제가 열린다. 총 3부로 구성되어 굿마당을 별리고 전제를 올리는 등의 행사인데, 관람이 아닌 탐방객과 함께 진행되는 행사이기에 더욱 의미가 깊다. 자세한 상황은 홈페이지 참조. www.bdsj.or.kr

소문난 맛집

자연산장

청학동 내에는 민박을 겸한 식당들이 즐비하게 늘어서 있지만, 청학동 주차장에 있는

자연산장에 유독 많은 이들의 발길이 쏠린다. 코스 종착점인 이유도 있지만 식당 옆에서 직접 토종닭들을 키우고 있는 모습이 보이기 때문이다. 이처럼 직접 기른 토종닭을 사용한 백숙과 산에서 캔 산채 요리의 독특한 맛은 물론, 그 재료의 신선함에 믿음이 간다. 식사 외에도 산나물 파전이나 약초동동주 같은 먹거리도 즐길 수 있다.

☎(055)882-4137 🕗08:30~10:00(연중무휴) Ⓟ가능 Ⓦ 산채비빔밥 6천원, 산나물파전 6천원, 동동주 6천원, 촌닭백숙 4만원 Ⓐ하동군 청암면 묵계리 1537-6

남도제일의 명품 걷기코스

화개 십리벚꽃길과 불일폭포

'화개장터'로 유명한 하동군 화개면은 지리산 화개천이 섬진강과 합류되는 지점이다.
강 건너편은 전남 광양, 강 상류는 전북 구례다. 화개천 따라 십리벛꽃길 끝에는 쌍계사와 불일폭포가 있다.
벚꽃 피는 4월뿐만 아니라 언제 찾아도 즐겁게 걸을 수 있는 곳이다.

추천 테마	아이들과	연인끼리	여럿이	숲	들	계곡	강	바다	문화유적	봄	여름	가을	겨울	난이도 무난해요
	★★	★★★	★★★	★★★		★★★	★		★★★	★★★	★★	★★★	★	

【 화개터미널−목압마을 입구 】 지도 1~6

"전라도와 경상도를 가로지르는 섬진강 줄기 따라 화개장터에…"

화개장터는 노래의 제목이 될 정도로 우리 역사상 가장 유명한 장터 중 하나였다. 지금은 관광지가 되어 실질적인 장터는 사라졌지만 섬진강과 지리산의 아름다움은 예나 지금이나 변함이 없다.

구멍가게만한 화개터미널(1)은 옛 모습을 그대로 보여준다. 화개장터와는 개천 하나를 사이에 두고 마주보고 있다. 그러나 지역 특산품을 사기 위함이 아니라면 장터로 향할 필요는 없다. 발걸음을 쌍계사 방향으로 잡는다.

아스팔트 도로를 따라 쌍계사로 향하는 길이 십리벚꽃길이다. 벚꽃 개화 시기엔 온통 하얀 꽃으로, 여름엔 짙은 녹색의 잎들로 터널을 이루는 길이다. 길 오른편으로는 화개천이 흐르고 개천 양옆으로 차밭이 펼쳐진다.

화개중학교를 지날 무렵부터 왼쪽으로 나무데크가 이어진다. 나무데크를 처음부터 걸으려면 일방통행로로 바뀐 위쪽 도로로 올라가 걸어야 한다. 그러나 아래쪽 도로를 따라 조금만 더 걸으면 나무데크 진입 계단(2)이 나온다. 나무데크 위로 올라서면 벚나무 터널에선 벗어나지만 벚나무 물결 너머에 펼쳐진 지리산 남부능선을 감상하며 산책을 즐길 수 있다. 곧이어 나무데크가 끝나면(3) 다시 도로 옆 보도로 돌아가 쌍계사 방향으로 걸음을 이어간다.

이후로는 벚나무들이 조금 뜸해진다. 그 대신 색다른 풍경의 차밭과 화개천을 고루 감상하며 걷다보면 쌍계사 주차장 근처에 이른다. 오른쪽 다리(4, 5)를 건너면 곧 쌍계사로 들어간다. 그러나 쌍계사는 본 걷기코스의 최종 목적지다. 국사암을 거쳐 불일폭포부터 들르기 위해 도로를 따라 계속 직진하여 일단 목압마을까지 간다. 목압

◀ 화개장터에서 쌍계사로 향하는 도로변의 벚나무들이 봄이면 십리 꽃길을 만든대(2~3지점).
▼ 국사암에서 불일폭포로 향하는 초입의 오솔길(9~10지점).

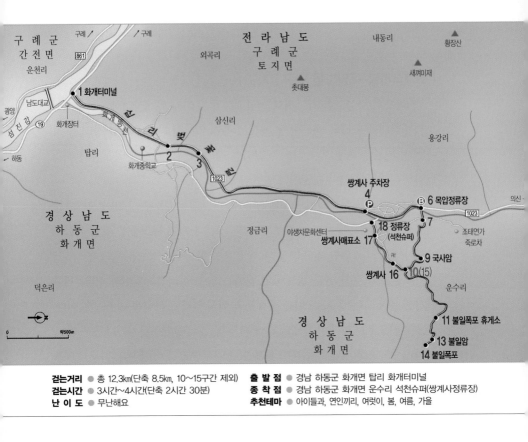

구 례 군
간 전 면

운천리

구례 / 구례

861

전 라 남 도
구 례 군
토 지 면

외곡리

내동리

황장산

새꺼미재

촛대봉

용강리

1 화개터미널

19 광양
섬진강

하동

화개장터

탑리

화개중학교

2

삼신리

3

1023

쌍계사 주차장

4

B 6 목압정류장

7

의신 →

조태연가
죽로차

경 상 남 도
하 동 군
화 개 면

덕은리

정금리

야생차문화센터
쌍계사매표소 17

18 정류장
(석천슈퍼)

9 국사암

10 (15)

쌍계사 16

11 불일폭포 휴게소

경 상 남 도
하 동 군
화 개 면

13 불일암

14 불일폭포

운수리

0   약500m

걷 는 거 리 ● 총 12.3㎞(단축 8.5㎞, 10~15구간 제외)
걷 는 시 간 ● 3시간~4시간(단축 2시간 30분)
난 이 도 ● 무난해요

출 발 점 ● 경남 하동군 화개면 탑리 화개터미널
종 착 점 ● 경남 하동군 화개면 운수리 석천슈퍼(쌍계사정류장)
추 천 테 마 ● 아이들과, 연인끼리, 여럿이, 봄, 여름, 가을

정류장(6)에 이르러 오른쪽을 보면 멋진 나무문이 반긴다.

【 목압마을─불일암 】 지도 6~13

큰 사찰의 일주문 같은 입구를 지나 마을로 들어선다. 이곳부터는 국사암
이정표를 따라 진행하면 된다. 첫 번째 이정표(7)를 만나기 직전에 왼쪽으로
'죽로차' 라고 적힌 빨간 이정표를 볼 수 있는데, 시간 여유가 있다면 한 번쯤
둘러볼 만한 곳이다 ('들러 보세요' 참조).

계속 국사암 방향으로 조금 더 오르다 보면 고도가 약간 높아지면서 왼쪽
산비탈에 자리 잡은 차나무들이 눈에 띈다. 십리벚꽃길에서 보았던 차밭과는
또 다른 느낌으로 다가오는 푸른 빛깔들. 하동차의 명성은 바로 이 야생 차나
무들에서 비롯된 것이다. 계속 오르다 보면 오른쪽으로 미륵불상과 함께 큰

연못이 보인다. 연꽃이 피는 여름철에는 눈요깃거리가 되어주는 곳이다.

국사암(9)에 도착하면 일단 사찰을 둘러보자. 워낙 고요한 산중의 암자라 발걸음이 절로 조심스러워진다. 그다지 구경거리가 없는 작은 암자이지만 '국사암' 본 건물 맞은편 문 밖의 큰 나무에 이르면 잠시 발걸음이 멈춰진다. 뿌리에서는 한 몸이던 가지들이 네 방위를 가리키듯 각자의 방향으로 뻗어있는 모습이 매우 신비롭다. 또 이 나무 옆에서 정면을 바라보면 발길을 재촉하는 오솔길이 선명하게 보인다.

짧은 구간이지만 깊은 인상을 주는 오솔길을 지나면 곧 갈림길(10)이 나온다. 왼쪽이 목적지인 불일폭포 방향이다. 그러나 이후 불일폭포로 향하는 길은 걷는 이의 체력을 고려해야 한다. 위험하진 않으나 돌밭 구간이 있어 발목에 무리를 느낄 수 있기 때문이다. 부담이 된다면 여기서 곧장 최종 목적지인 쌍계사로 빠지면 된다.

그렇지만 포기하면 후회막급. 불일폭포로 향하다보면 나무의자가 있는 쉼터에서 큰 바위 하나를 볼 수 있는데, 고운 최치원이 지리산의 이상향 '청학동'을 찾아다닐 때 학을 불러 타고 간 곳이라는 '환학대(喚鶴臺)'이다. 또 이 자리에서 쌍계사에 있는 진감선사대공탑비

▶ 불일폭포로 향하는 마지막 구간은 길이 험해 주의를 요한다.
▼ 쌍계사 인근에 이를 때까지 벚꽃의 향연은 계속 이어진다.

12~13

3~4

14
불일폭포(佛日瀑布). 2개의 봉우리 사이로 흘러내리는 60m 높이의 폭포수는 우람하기 그지없다.

의 비문을 지었다는 말도 전해진다.

환학대를 지나 숲길 사이를 나아가다 보면 일순간 시야가 확 트인다. 지리산 고산 분지 중의 하나인 불일평전(佛日坪田 · 11)이다. 아주 넓지는 않지만 깊은 산자락 가운데에 이렇게 평평하게 열린 공간이 있다는 게 신기하다. 이곳 평전 끝 무렵에 불일폭포 휴게소가 있다. 한때 산꾼들 사이에서 봉명산방이라고 불리며 유명했던 이곳은 지금도 음료수 · 초코바 등을 무인판매로 운영하고 있다. 간단히 목을 축인 후 계속 불일폭포로 향한다.

곧 나타나는 이정표(12)를 지나면 불일폭포 가는 길의 최대 난코스가 시작된다. 정비되지 않은 바위를 밟으며 가야 한다. 한 쪽으로 목책이 설치돼 있어 위험하지는 않지만 길이 좁고 경사가 제법 심하므로 조심해야 한다. 이윽고 사면으로 올라서면 지금까지와는 뭔가 다른 소리가 들린다. 귓속으로 흘러드는 듯한 물소리…. 아래쪽 계곡은 말라 있어도 이쯤에서는 시원한 물소리가 언제나 들린다. 바로 불일폭포가 얼마 남지 않았음이리라. 하지만 그 전에 왼쪽으로 불일암(佛日庵 · 13)이 있으니 잠시 들러 또 한 번 목을 축이자.

【 불일폭포-쌍계사정류장 】 지도 14~18

불일암을 지나 깎아지른 절벽에 만들어놓은 계단을 따라 내려서면 불일

들러 보세요

3대째 잇는 전통 수제녹차 | 조태연家 죽로차

전남 보성의 녹차밭이 대량 생산을 위해 줄지어 조성한 인공차밭인 데 비해, 하동의 녹차밭은 산기슭에 띄엄띄엄 자란 야생차밭이다. 하동 야생차를 62년부터 3대째 이어오며 손으로 만드는 집이 있다. '조태연家 죽로차'. "올곧지 않은 차는 팔지 않겠다"는 선친의 뜻을 이은 장인정신으로 가업을 계승하고 있는 곳이다. 본 걷기코스 도중 7번 지점에 이르기 직전의 왼편에 이정표가 있다. 이곳을 찾아가면 차 시음도 할 수 있고 하동 차의 역사를 들을 수도 있다.

16 쌍계사 팔영루와 구층석탑의 모습. 팔영루는 진감선사가 섬 진강 물고기를 보고 불교음악을 작곡한 곳이라 한다.

10~11 불일폭포로 가는 길은 산죽을 비롯한 다양한 수목이 주위를 감싼다.

폭포(14)가 점차 모습을 드러낸다. 용이 승천하면서 꼬리로 살짝 쳐 두 봉우리가 만들어졌고, 그 사이로 물이 흘러 폭포가 되었다는 불일폭포. 장장 60m 높이에서 수직 낙하하는 장대한 물줄기는 이곳까지 걸어온 여정을 보상해주고도 남을 명장면이다. 어지간한 카메라 렌즈엔 한 번에 다 담지 못할 만큼 높은 폭포다. 불일폭포의 장엄한 모습을 한껏 감상한 다음에는 오던 길을 되짚어 10번 지점까지 되돌아간다.

10번 지점의 갈림길에 이르면(15), 이번엔 왼쪽 쌍계사 방향으로 내려갈 차례다. 거리는 200m 남짓. 이내 목탁 소리와 독경 소리가 들릴 것이다. 쌍계사는 조계종 제13교구 본사. 최치원이 비문을 쓴 국보 제47호 진감선사대공탑비와 보물 제380호 쌍계사부도를 비롯한 많은 문화재들이 있으니 여유를 가지고 찬찬히 둘러보자. 쌍계사 탐방을 끝내고 일주문으로 나오면 쌍계사(雙磎寺) 이름의 연유인 두 개의 물줄기도 보게 된다.

키 크고 깡마른 나무들이 열병하듯 서있는 쌍계사 길을 따라 내려가다 보면 쌍계사 매표소(17)를 지나 식당들이 늘어서 있다. 그리고 소규모 주차장을 지나 버스정류장인 석천슈퍼(18)에 이르면, 오감이 즐거운 남도제일의 명품 걷기코스가 끝난다.

찾아가기

대중교통 – 하동읍 하동터미널이나 구례읍 구례터미널에 도착한 후, 현지 군내버스를 이용해 화개터미널까지 간다. 서울에서는 화개터미널로 가는 직행버스가 있다.

하동터미널까지 가기
서울역→하동역 23:50
서광주역→하동역 10:18
서울남부터미널 07:30~10:00(8회 운행)
부산서부터미널 07:00~19:00(13회 운행)

구례터미널까지 가기
열차를 이용해 구례구역에 내리는 경우는 구례터미널까지 군내버스(수시 운행)나 택시(5천원 내외)를 이용해야 한다.
서울 용산역~구례구역(전라선) : 06:50~22:45(13회 운행)
서울 남부터미널 : 07:30~22:00(8회 운행)

화개터미널까지 가기
하동(화개 · 쌍계사 · 구례행) : 07:10~20:30(수시 운행)
구례(화개 · 쌍계사행) : 06:30~18:00(9회 운행)
서울 남부터미널 : 07:30~22:00(8회 운행)

승용차 – 88올림픽고속도로 남원IC로 나와 인월 방면으로 좌회전했다가 구례 · 순천 방면 19번 국도에 올라선다. 계속 직진하다가 구례군청 이정표를 따라 오른쪽으로 빠져나오자마자 첫 교차로에서 하동 방면으로 좌회전한다. 이후 19번 국도를 따라 계속 직진하다가 오른쪽 남도대교가 보이면 첫 신호등에서 좌회전한다. 조금만 직진하면 오른쪽에 택시 주차장과 함께 작은 규모의 화개터미널이 있다.

🅿 화개터미널 오른쪽 천변 주위의 주차장(N35 11 22.8 / E127 37 25.9)을 이용한다.

돌아오기

대중교통 – 화개면 운수리 쌍계사정류장에서 화개까지 내려가거나, 곧장 하동 또는 구례까지 이동한 후 다음 목적지로 향한다.

쌍계사에서 떠나기
화개 : 06:30~21:00(12회 운행)
하동 : 06:45~17:45(21회 운행)
구례 : 07:30~18:40(7회 운행)

화개 · 하동 · 구례에서 떠나기 〈찾아가기〉의 역순

승용차 – 쌍계사정류장에서 버스로 화개에서 내려 주차장로 돌아간다.

알아두기

숙박 화개터미널 인근 모텔 및 1~4구간 사이 모텔
식당 1~5지점, 16~18지점
매점 1~5지점, 불일폭포 휴게소, 16~18지점
식수 국사암, 불일암, 쌍계사
화장실 화개터미널, 3~4지점 사이, 국사암, 불일암, 쌍계사

쌍계사 저렴하게 둘러보기

이 코스는 종착점이 코스 중간 지점(4~5지점)과 가까워 코스 변경이 매우 자유롭다. 4지점이나 5지점에서 바로 쌍계사로 접어들어 이후 코스를 역순으로 진행하거나, 코스를 쌍계사에서 짧게 마칠 수도 있다. 그러나 이 경우에는 쌍계사 매표소를 지나야 하므로 관람료 1천 8백원을 지불해야 한다. 본 책에 소개한 코스대로 국사암으로 돌아 내려오면 관람료를 내지 않아도 되는 지혜(?)도 발휘된다.

성수기엔 11지점의 불일폭포 휴게소에서 파전이나 도토리묵 등을 팔기도 하지만 그 시기가 확실치 않으므로 크게 기대하지 않는 것이 좋다.

제**2**부 지리산 언저리길

전남 구례군

27. 연곡사와 피아골 / **28.** 오산 사성암과 마고실 벚꽃길 /
29. 서시천 둑길과 봉성산공원

지리산 남부계곡의 절경에 반하다

연곡사와 피아골

연곡사를 지나 피아골자연관찰로로 들어서면 울창한 수목들이 푸른 산책로를 열어 보인다.
완만한 숲길을 올라 조금 힘들 때쯤 표고막터에 다다르면 삼홍소까지 아름다운 피아골을 감상할 수 있다.
풍성한 물줄기가 여러 개의 폭포와 담, 소를 만들어 어디나 절경이다.

추천 테마	아이들과	연인끼리	여럿이	숲	들	계곡	강	바다	문화유적	봄	여름	가을	겨울	난이도
	★	★★★	★★★	★★★		★★★			★★★	★★★	★★★	★★★	★★	조금 힘들어요

【 연곡사 주차장-직전마을 】 지도 1~4

지리산 왕시리봉과 통꼭봉으로 달리는 높은 능선 사이의 깊은 골짜기, 그것이 피아골이다. 옛날 피(벼과 식물의 일종)를 많이 재배하던 곳이라 '피밭골'이라 부르던 것에서 피아골이 유래했다고 한다. 지금은 산길 앞까지 도로가 깔렸고 피밭은 사라졌지만 항시 물이 넘치는 계곡은 당당히 그 자리를 지키고 있다.

연곡사(燕谷寺) 주차장(1)이 출발점이다. 군내버스는 피아골 안쪽까지 더 들어가지만 연곡사를 들르기 위해선 연곡사 주차장에서 내려야 한다. 주차장을 벗어나 산 쪽으로 향하면 홍단풍나무가 가로수처럼 늘어서 있다. 홍단풍은 일본에서 들어온 외래 수종으로 일 년 내내 잎이 붉다. 단풍 명소 피아골로 향하는 초입임을 알려주려는 듯 검붉은 색을 발하며 서 있다.

연곡사 매표소(2)에서 문화재관람료(어른 2천원, 청소년 1천원, 어린이 7백원)를 내고 들어선다. 버스를 타고 지나가도 지불해야 하는 입장료 개념이다. 매표소를 지나면 오른편으로 연곡사 일주문(3)이 보인다. 화엄사를 창건한 연기조사가 이곳을 지나다가 제비가 노니는 연못을 보고는 상서롭다고 여겨 이 연곡사를 세웠다고 한다. 사찰

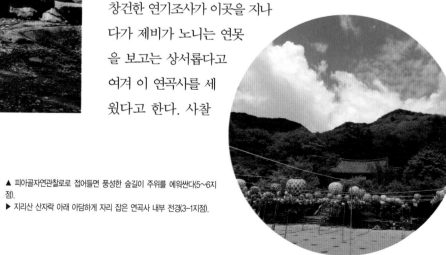

▲ 피아골자연관찰로로 접어들면 풍성한 숲길이 주위를 에워싼다(5~6지점).
▶ 지리산 산자락 아래 아담하게 자리 잡은 연곡사 내부 전경(3-1지점).

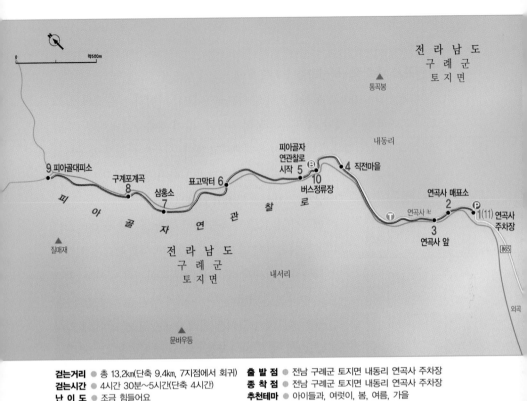

전 라 남 도
구 례 군
토 지 면

통꼭봉

내동리

피아골자
연관찰로
시작 **5**
B
10
버스정류장

4 직전마을

9 피아골대피소
구계포계곡
8
삼홍소
7
표고막터 **6**

연곡사 매표소
2

피 아 골 자 연 관 찰 로

T 연곡사 천

1(11) 연곡사
주차장
P

질매재

전 라 남 도
구 례 군
토 지 면

내서리

3
연곡사 앞

865

외곡

문바우등

걷는거리 ● 총 13.2㎞(단축 9.4㎞, 7지점에서 회귀)	**출 발 점** ● 전남 구례군 토지면 내동리 연곡사 주차장
걷는시간 ● 4시간 30분~5시간(단축 4시간)	**종 착 점** ● 전남 구례군 토지면 내동리 연곡사 주차장
난 이 도 ● 조금 힘들어요	**추천테마** ● 아이들과, 여럿이, 봄, 여름, 가을

건물은 한국전쟁 때 불탄 것을 새로 지었지만, 고승들의 사리를 모신 부도(浮
屠)는 그대로 보존돼 있다. 통일신라 때의 동부도가 국보 제53호, 고려 때의
북부도가 국보 제54호로 지정돼 있다.

연곡사를 지나면 하천이 새로운 길동무로 등장한다. 도로 왼편 아래로 떨
어져 있기는 하지만 시원한 물소리가 우렁차게 들려온다. 올라갈수록 홍단풍
은 조금씩 사라져가고 대신 계곡과 수목의 푸른 빛깔이 주변을 메워간다. 점
차 숲이 가까워진다고 느낄 즈음, 뜬금없이 넓은 주차장과 천왕봉산장을 비
롯한 집들이 나타난다. 직전마을(④)이다. 직전(稷田)은 우리말로 피밭. 즉 '피
밭골에서 피아골이 되었다'는 설을 뒷받침해주는 마을이다. 지금은 이곳까
지 도로가 깔리고 민박을 겸한 식당들이 늘어서 있어 자연 그대로의 모습을
잃은 것이 안타깝다.

【 피아골자연관찰로–삼홍소 】 지도 5~7

　　직전마을을 지나면 흙길이 나오면서 '피아골자연관찰로(5)'가 시작된다. 도로보다 한 단계 좁아진 길 옆으로 수목이 하늘을 가리며 푸른 빛깔의 기분 좋은 산길을 열어준다. 직전마을까지 도로를 걷느라 느끼지 못했을 뿐 이미 피아골 깊숙이 들어온 것이다. 연곡사부터 그랬지만 앞으로도 쭉 외길이라 그저 한가롭게 걸음을 이어나가면 된다. 자연관찰로답게 곳곳에 상식게시판들이 서 있다.

　　산길이라고 생각되지 않을 만큼 완만한 길을 오르다보면 표고막터(6)에 이른다. 표고막터는 표고버섯을 재배하던 곳이다. 왼쪽 다리를 건너면 버섯을 재배하던 흔적이 곳곳에 남아 있다. 또 그 장소를 상징하기 위해 버섯 모양으로 쉼터를 만들어놓아 눈길을 끈다.

　　표고막터를 지나면 돌밭이 펼쳐지며 길이 험해진다. 이 피아골자연관찰로는 기존의 등산탐방로를 따르는 것이라 어쩔 수 없는 부분이다. 대신 표고막터부터 뛰어난 경치가 펼쳐지니 눈은 더 즐거워진다. 사실 표고막터부터 7번 지점의 삼홍소까지가 피아골의 하이라이트 구간이다. 피아골 단풍 사진이 대부분 이 구간에서 촬영된다. 굳이 단풍철이 아니라도 담과 소를 만들어 휘돌고 꺾이며 흐르

▶ 피아골대피소에서 하산하는 길. 오를 때의 고생을 보상해 준다.
▼ 표고막터에 있는 다리 아래쪽 계곡은 피아골 단풍 단골 촬영지 가운데 하나다.

6-1

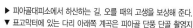

4-1

는 계곡물이 눈을 즐겁게 한다. 당장이라도 뛰어들고 싶지만 국립공원지역이므로 함부로 물에 들어가선 안 된다.

길이 험해도 피아골의 계곡미에 홀려 감탄사를 연발하다 보면 금세 삼홍소(7)에 도착

▲ 직전마을 앞 계곡. '풍덩' 뛰어들고픈 마음을 불러일으킨다.
▶ 피아골 삼홍소. 가을 단풍철이면 주변이 온통 붉은색으로 물든다.

한다. 삼홍소에는 세 가지 단풍이 있다. 산에 타는 산홍(山紅), 물에 비친 수홍(水紅), 사람들의 얼굴마저 붉어지는 인홍(人紅)이 있어 삼홍소(三紅沼)란다. 지명 자체가 단풍과 관련된 이곳 역시 피아골 단풍 사진 단골 촬영장소로, 그만큼 빼어난 경치를 자랑한다.

【 삼홍소─연곡사 주차장 】 지도 7~11

삼홍소(7)까지는 멋진 풍경에 취해 그다지 힘든 줄 몰랐을지라도 돌밭 길을 1km여 걸었으니 다리가 뻐근해졌을 법하다. 이후로도 피아골대피소까지의 길은 결코 평탄치 않다. 그래서 삼홍소에서의 회귀를 고민해봐야 한다. 앞서 말했듯이 이 코스의 하이라이트는 삼홍소까지이기 때문에 억지로 피아골대피소로 향할 필요는 없다.

그러나 피아골대피소까지 가는 길이 생각 이상으로 험하지는 않다. 삼홍소까지 올라온 길과 비교해 경사진 구간이 가끔 나올 뿐이다. 10분 정도 걸으면 출렁다리를 하나 건너 구계포(九階泡)계곡(8)에 이른다. 이정표가 있는 곳에서 오른쪽을 보면 이름에 걸맞게 넓은 와폭이 층을 이루며 떨어진다. 웅장함보다는 정겨움이 묻어나는 폭포다. 그 모습이 오밀조밀해 피아골의 모습

지리산 깊숙한 곳에서부터 삼홍소를 거쳐 흘러내리는 계곡물은 멀리 섬진강으로 이어진다.

을 대변해주는 것 같다.

　구계포계곡을 지나면 남은 곳은 피아골대피소뿐이다. 끝이 없을 것만 같은 계곡과 울창한 숲 사이로 길이 이어진다. 이내 바위에 기대어 설치한 계단이 나오는데, 이 계단만 오르면 피아골대피소(9)에 도착한다. 피아골대피소는 지리산 주능선과는 조금 떨어진 대피소라 지나는 사람이 많지 않은 한적한 곳이다. 오히려 그 모습이 숲속 산장의 운치를 더욱 증가시켜준다. 피아골의 물만큼이나 콸콸 쏟아지는 약수를 마시며 산장지기와 인사를 나누는 낭만도 있다.

　피아골대피소에서는 오던 길을 따라 연곡사 주차장까지 되돌아가면 된다. 내려가는 길에선 계곡을 거슬러 오를 때와는 또 다른 정취를 느낄 수 있다. 그렇게 다시 직전마을에 이르면 버스 시간 안내판만 달랑 서있는 버스정류소(10)를 놓치지 말자. 이곳이 버스 종점이기 때문이다(단풍철 제외). 승용차로 본 코스를 찾은 경우를 제외하면 굳이 연곡사 주차장까지 걸어서 회귀(11)할 필요는 없다.

찾아가기

대중교통 – 구례읍 구례터미널에 도착한 후 연곡사·피아골행 군내버스를 이용해 토지면 내동리 연곡사 주차장으로 이동한다. 기차로 구례구역에 내린 경우는 구례터미널까지는 군내버스(수시 운행)나 택시(5천원 내외)를 이용해야 한다.

구례터미널까지 가기
구례구역에서 내린 경우 군내버스(수시 운행)를 이용해 구례터미널로 이동한다.
서울 용산역→구례구역(전라선) : 06:50~22:45(14회 운행)
서울 남부터미널 : 07:30~22:00(8회 운행)
광주 종합터미널 : 06:20~20:35(26회 운행)
부산 서부터미널 : 07:00~19:00(11회 운행)
연곡사 주차장까지 가기
구례 : 6:40~19:40(14회 운행)
승용차 – 88올림픽고속도로 남원IC를 나와 인월 방면으로 좌회전했다가 구례·순천 방면의 19번 국도를 탄다. 계속 직진하다가 구례군청 이정표를 따라 오른쪽으로 빠져나오자마자 첫 교차로에서 하동 방면으로 좌회전한다. 토지면소재지를 지나 계속 직진하면 외곡삼거리(외곡검문소)가 나오는데, 여기서 좌회전하여 도로를 따라가면 연곡사 주차장이 나온다.

🅿 연곡사 주차장(N35 15 03.0 / E127 35 31.4)

돌아오기

대중교통 – 토지면 내동리 피아골정류소나 연곡사 주차장에서 버스를 이용해 구례로 돌아온 후, 다음 목적지로 향한다.

피아골정류소에서 떠나기
구례 : 07:10~18:30(9회 운행)
연곡사 주차장에서 떠나기
구례 : 07:20~19:30(13회 운행)
구례에서 떠나기 〈찾아가기〉의 역순
승용차 – 원점회귀 코스

알아두기

숙박 권말 부록 Information 참조
직전마을 민박 : 토지면사무소(061)780-2941
피아골대피소 : (061)783-1928
식당 연곡사 주차장 인근, 직전마을
매점 연곡사 주차장 인근, 직전마을
식수 연곡사, 피아골대피소
화장실 연곡사 주차장, 연곡사, 3~4지점, 직전마을, 피아골대피소

연곡사 산책코스

　연곡사는 544년(신라 진흥왕 5)에 연기조사가 창건한 고찰이지만 임진왜란과 한국전쟁을 거치며 불타고 중건하기를 반복하여 오래된 사찰의 느낌이 없다. 대신 국보 제53호인 연곡사 동부도(통일신라)와 국보 제54호인 연곡사 북부도(고려)를 비롯하여 연곡사 서부도(조선), 현각선사탑비(고려) 등의 보물들이 남아있어 다양한 시기의 문화재를 한 번에 볼 수 있다. 또한 이 문화재들은 대적광전(大寂光殿) 뒤의 숲에 있어 문화재를 둘러보면서도 짧은 산책을 즐길 수 있다.

산아래첫집

　이름 그대로 피아골과 가장 가까이 붙은 민박 겸 식당이다. 산과 가장 가깝다는 지리적 요건과 식당 이름이 주는 어감이 짐짓 발걸음을 잡아끈다. 직전마을의 다른 식당과 비교해 아주 색다른 메뉴는 없지만 방문객들의 입소문으로 인해 여러 방송국과 일간지, 월간지를 통해 소개된 곳이다. 계절별로 산에서 채취한 산야초를 이용한 산채정식 등이 맛깔스럽고, 제철(여름·가을)에는 계곡에서 직접 낚은 송어회까지 즐길 수 있다. 원점회귀 코스의 특성상 오다가다 허기가 질 때 자유롭게 찾을 수 있다는 장점이 있고, 피아골정류소도 가까워 버스시간을 맞추기에 최적의 장소다.

☎(061)782-7460 　⏰사전 예약 시 무관(명절 연휴 휴무) 🅿 가능 🍴산나물정식 1만 3천원, 산나물비빔밥 7천원, 송어회 3만 5천원, 한방백숙 4만원 📍구례군 토지면 내동리 1211-1

굽어보는 섬진강 도도하고도 유유

오산 사성암과 마고실 벚꽃길

발아래 섬진강을 보며 산길로 들어서서 해발 500m 오산 활공장에 이르면 읍내는 물론
부드럽게 뻗은 지리산이 한눈에 들어온다. 활공장 가까이 연기, 원효, 도선, 진각 등 고승들의 수행처
사성암이 있다. 기암절벽에 몸을 기댄 사성암 약사전이 특히 눈길을 끈다.

추천 테마	아이들과	연인끼리	여럿이	숲	들	계곡	강	바다	문화유적	봄	여름	가을	겨울	난이도 무난해요
	★★	★★	★★			★★	★★		★★	★★	★★	★★★	★★	

【 각금마을 주차장-패러글라이딩 활공장 】 지도 1~6

아침에 출발하다 보면 하늘은 화창하게 맑은데 유독 오산 주변으로만 짙은 안개가 깔려 산의 모습이 보이지 않는 경우가 있다. 이는 오산의 서쪽 및 북쪽 두 사면과 맞닿아 있는 섬진강에서 기화되는 수증기가 안개로 바뀌기 때문에 생기는 현상이다. 그러니 당황할 것도, 그날의 코스를 바꿀 필요도 없다. 정오쯤이면 햇볕이 걷어낼 운무의 장관을 만끽하기 위해 서둘러 오산으로 가야 한다.

오산을 오르는 등산로는 여러 방면에 있으나 걷기를 위한 코스는 각금마을에서 시작하는 것이 좋다. 구례읍에서 문척(동해) 방면 버스를 탄 후 각금마을 주차장(1)에서 내려 출발한다.

각금마을 주차장에 내리면 앞은 오산이요 뒤는 섬진강이다. 산으로 가다가도 오른쪽 섬진강으로 자꾸 시선이 갈 것이다. '멋지구나!' 하는 탄성이 절로 터져 나온다. 하류로 내려가는 섬진강 물결과 반대 방향의 산을 향해 오르다보면 첫 번째 등산로 이정표(④)가 나온다. 이곳에서 '오산·사성암' 이정표를 따라 본격적인 산길로 들어선다. 이 시점부터 바위 너덜지대가 이어진다. 좌우로 산 사면을 타고 흘러내린 바위군 사이로 오롯이 열린 오솔길. 돌장군들의 호위를 받으며 개선하는 기분이다. 지그재그로 걸어 오르는 동안 숨이 찰 때마다 고개를 돌리면 저 아래로 흐르는 섬진강 물

▶ 오산 사성암으로 향하는 산길에서 뒤돌아보면 섬진강 조망이 시원하게 열린대(4~5지점).
▶ 각금마을로 가는 도로변. 봄철 벚꽃이 아름다운 길이대(16~17지점).

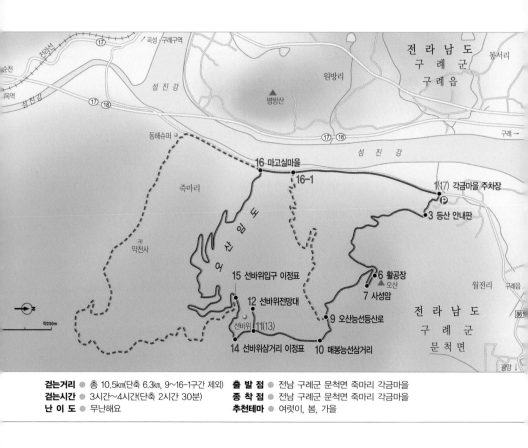

전 라 남 도
구 례 군
구 례 읍

봉서리

곡성·구례구역

원방리

병방산

섬 진 강

구례→

동해슈퍼

16 마고실마을

16-1

1(17) 각금마을 주차장

죽마리

P

3 등산 안내판

약천사

오산

6 활공장

7 사성암

월전리 구례읍

15 선바위입구 이정표

12 선바위전망대

9 오산능선등산로

선바위 11(13)

14 선바위삼거리 이정표

10 매봉능선삼거리

전 라 남 도
구 례 군
문 척 면

약250m

광양

걷는거리	● 총 10.5km(단축 6.3km, 9~16-1구간 제외)	출 발 점	● 전남 구례군 문척면 죽마리 각금마을
걷는시간	● 3시간~4시간(단축 2시간 30분)	종 착 점	● 전남 구례군 문척면 죽마리 각금마을
난 이 도	● 무난해요	추천테마	● 여럿이, 봄, 가을

결이 어깨춤을 추듯 힘을 북돋워준다.

등산로에 접어든 이후로는 한동안 갈림길이 없으니 그야말로 길 따라 발길 따라 걸음짓만 하면 된다. 바위 너덜지대를 지나면 어느덧 산의 안쪽으로 접어들게 된다. 수목이 그다지 빽빽하지 않으면서도 사방의 조망마저 좋지 않아 지루한 길이지만, 다행히 구간이 길지 않으니 조금만 참으로 된다. 나무 벤치 2개가 있는 쉼터부터는 약간 급한 경사가 이어지는데, 이곳을 오르면 나뭇가지 사이로 어렴풋이 인공구조물이 보인다. 인공구조물의 정체는 임도를 통해 사성암을 오가는 순환버스 정류장이다. 이 정류장에 거의 다다를 무렵, 길이 Y자로 갈라진다(5). 곧바로 패러글라이딩 활공장(이하 활공장)으로 가기 위해 왼쪽 길을 택하지만, 사실 어느 길을 택해도 거리는 비슷하다.

둥그런 언덕에 촘촘히 박힌 나무계단을 하나씩 밟고 힘주다 보면 이윽고 활공장(6)에 이른다. 코스 초반에 보았던 섬진강은 순천 방면의 조망이었던 데 비해, 이곳에서는 구례읍 전경(정면)과 지리산 모습(오른쪽)까지 한눈에 담긴다. 손바닥 하나면 충분히 가려지는 구례읍과 오른쪽 멀리 부드러운 곡선을 그리며 달리는 지리산 능선! 이런 장관을 고작 해발 500m의 높이에서 볼 수 있다니 뜻밖이다.

【 사성암–선바위삼거리 】 지도 6~14

구례읍을 바라보는 활공장 자리에서 오른쪽에 있는 '오산약수터' 이정표를 따라가면 오산(鰲山) 정상으로 갈 수 있다. 그러나 정상까지 가는 길은 경사가 가파르고 험해 본 걷기코스에선 생략한다. 다만 정상을 들러볼 사람들은 오산 정상 표석이 실제 정상보다 약간 밑에 있다는 사실을 참고 바란다.

이제 본 코스의 하이라이트인 사성암(四聖庵)을 둘러볼 차례다. 앞서 활공장으로 진입하던 나무계단 오른쪽의 대나무 사립문(코스 안내도 6번 사진 참조)으로 들어가면 곧장 사성암(7) 경내로 접어든다. 기암절벽에 몸을 기댄 사

오산 패러글라이딩 활공장에 서면 구례읍과 주변 평야가 한눈에 담긴다.

7

기암절벽에 기대 세워진 사성암 약사전의 모습.

성암 약사전을 보는 순간 '어떻게 저런 곳에 법당을 지었을까?' 하는 감탄이
절로 나온다. 사성암에는 볼거리가 많으니 30분 정도 시간을 두고 천천히 둘
러보도록 하자(소요시간 약 30분, '알고 가면 좋아요' 참조).

　사성암을 둘러본 다음에는 약사전 앞의 콘크리트길을 따라 내려갈 차례
다. 앞서 지나온 5번 지점(Y자 갈림길) 근처의 순환버스 정류장(8)을 지나 계
속 길을 잇게 되는데, 진행 도중 왼쪽으로 보이는 '오산능선등산로' 이정표

(9)를 놓치지 않도록 주의해야 한다. 이곳에서 선바위로 향하기 위해 다시 산 길로 접어들게 되는데, 좁은 언덕길 300m 정도만 고생하면 '매봉능선삼거리(10)'를 만난다. 이제 오른쪽 둥주리봉 방면으로 넉넉하고도 평평한 능선 길을 따라 이동하기만 하면 된다. 그저 평범한 등산로로 봉우리 하나만 넘으면 '선바위전망대' 이정표(11)가 나타나고, 오른쪽으로 250m 정도만 내려가면 넓은 바위 위(12)에서 왼편으로 우뚝 서있는 선바위를 감상할 수 있다.

선바위를 감상한 후에는 반드시 되돌아 올라가야 한다. 아래쪽으로 길이 있어 보이지만 폐쇄된 등산로로, 길이 매우 가파르고 험하다. 따라서 11번 지점의 '선바위전망대' 이정표 자리로 되돌아온 후(13), 다시 둥주리봉 방면으로 길을 잡으면 금세 '선바위삼거리(14)'를 만난다.

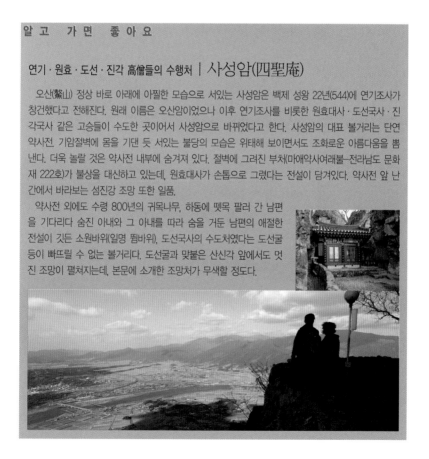

알고 가면 좋아요

연기 · 원효 · 도선 · 진각 高僧들의 수행처 | 사성암(四聖庵)

오산(鰲山) 정상 바로 아래에 아찔한 모습으로 서있는 사성암은 백제 성왕 22년(544)에 연기조사가 창건했다고 전해진다. 원래 이름은 오산암이었으나 이후 연기조사를 비롯한 원효대사 · 도선국사 · 진각국사 같은 고승들이 수도한 곳이어서 사성암으로 바뀌었다고 한다. 사성암의 대표 볼거리는 단연 약사전 기암절벽에 몸을 기댄 듯 서있는 불당의 모습은 위태해 보이면서도 조화로운 아름다움을 뽐낸다. 더욱 놀랄 것은 약사전 내부에 숨겨져 있다. 절벽에 그려진 부처(마애약사여래불–전라남도 문화재 222호)가 불상을 대신하고 있는데, 원효대사가 손톱으로 그렸다는 전설이 담겨있다. 약사전 앞 난간에서 바라보는 섬진강 조망 또한 일품.

약사전 외에도 수령 800년의 귀목나무, 하동에 뗏목 팔러 간 남편을 기다리다 숨진 아내와 그 아내를 따라 숨을 거둔 남편의 애절한 전설이 깃든 소원바위(일명 뜀바위), 도선국사의 수도처였다는 도선굴 등이 빠뜨릴 수 없는 볼거리다. 도선굴과 맞붙은 산신각 앞에서도 멋진 조망이 펼쳐지는데, 본문에 소개한 조망처가 무색할 정도도.

마고실마을로 내려가는 임도 구간은 편안하고 아늑한 산책로 분위기를 자아낸다.

【 마고실마을 임도-각금마을 】 지도 14~17

선바위삼거리의 우측 하산로가 마고실마을로 내려가는 길이다. 이 길로 접어들자마자 주의해야 할 점이 있다. 길을 유심히 확인하지 않으면 정면의 바위로 향하게 되어 길이 막히므로 나뭇가지에 달린 등산로 표식을 잘 살피며 오솔길을 찾아 내려가도록 한다. 꼬불꼬불한 길을 20분 정도만 내려오면 콘크리트 임도(15)가 나온다.

여기서부터 마고실마을까지 1시간 거리의 임도는 산책코스로 더할 나위 없이 좋다. 주변의 수종이 대부분 소나무라 사철 내내 산림욕을 즐길 수 있고, 붉은 빛깔의 키 큰 적송(赤松)들이라 보기에도 아름답다. 봄에는 지리산 대표 야생화인 노란 히어리들도 자주 보인다. 또 구불구불한 임도를 내려가는 동안 다양한 각도에서 오산 능선과 선바위를 볼 수 있어 지루할 틈이 없다.

이윽고 마고실마을(16)로 내려오면 도로를 만난다. 옛 건설교통부가 선정한 '한국의 아름다운 길 100선'에 포함된 '동해리벚꽃길'이다. 이 길은 하동군 화개면의 십리벚꽃길과 함께 지리산의 대표적인 벚꽃길로서 봄이면 섬진강벚꽃축제가 열린다. 유유히 흐르는 섬진강을 따라 유유자적 걷다보면 어느덧 각금마을 주차장이 다시 나타난다(17). 총 10.5㎞를 걸어 출발점으로 돌아온 것이다.

찾아가기

대중교통 – 구례읍 구례터미널에 도착해 동해행 군내버스를 이용해 문척면 죽마리 각금마을 주차장에 내려 걸음을 시작한다.

구례터미널까지 가기

서울 용산역→구례구역(전라선) : 06:50~22:45(14회 운행)
서울 남부터미널 : 07:30~22:00(8회 운행)
광주 종합터미널 : 06:20~20:35(26회 운행)
부산 서부터미널 : 07:00~19:00(11회 운행)

각금마을까지 가기

기차를 이용해 구례구역에 내린 경우는 각금행 버스가 있는 구례터미널까지 별도의 군내버스(수시운행)나 택시(5천원 내외)를 이용해야 한다.

각금 : 07:10~18:10(7회 운행)

승용차 – 88올림픽고속도로 남원IC로 빠져나와 인월 방면으로 좌회전했다가 고속교차로에서 구례·순천 방면 19번 국도를 탄다. 계속 직진하다가 구례군청 이정표를 따라 오른편으로 빠져나와 구례군청으로 향한다. 구례군청 앞 로터리에서 9시 방향 도로를 탄 후 직진하다가 사성암 이정표를 따라 우회전하여 이동하면 오산 등산로 안내판이 있는 각금마을 주차장이 나온다.

P 각금마을 주차장(N35 11 08.4 / E127 28 19.2)을 이용한다.

돌아오기

대중교통 – 문척면 죽마리 각금마을 주차장에서 구례읍으로 이동한 후 다음 목적지로 향한다.

각금에서 떠나기

구례 : 07:20~17:10(6회 운행)

구례읍에서 떠나기 〈찾아가기〉의 역순

승용차 – 〈찾아가기〉의 역순

알아두기

숙박 권말 부록 Information 참조
식당 권말 부록 Information 참조
매점 8지점
식수 사성암
화장실 각금마을 주차장, 사성암

다양한 오산 걷기 코스

풍부한 볼거리를 거느린 오산은 등산코스가 다양한 방면으로 열려있다. 그 덕분에 10㎞ 내외의 걷기코스도 다양하게 엮을 수 있다. 본문에 소개한 코스 외에 가장 짧은 코스에서 긴 코스 순서로 소개하자면, 사성암까지 둘러본 후 8번 지점의 순환버스 정류장에서 버스를 타고 내려오는 것이다. 버스 요금은 편도 1천 5백원이고, 이 코스를 선택할 경우 총 소요시간은 1시간 30분~2시간이면 충분하다.

다음 코스는 9번 지점에서 산길로 접어들지 않고 순환버스가 다니는 길을 따라 내려오는 것으로 4.2㎞를 단축할 수 있다. 마지막 코스는 15번 지점에서 마고실마을 방면이 아닌 동해마을 방면으로 향하는 것이다. 이 코스를 선택하면 마고실마을로 향하는 임도와 비슷한 느낌의 또 다른 임도를 걸으면서 1.7㎞를 더 걸을 수 있다. 위에 설명한 코스들은 모두 같은 선상인 동해임도로 내려오므로 각기 내려선 지점에서 버스를 타거나, 각금마을 주차장으로 원점회귀가 가능하다. 또한 이 코스들 외에도 오산 등산로를 잘 연구해보면 다양한 난이도를 지닌 가지각색의 코스를 만들어볼 수도 있겠다.

소문난 맛집

동바리해장국

동바리해장국은 해장국과 설렁탕을 전문으로 취급하는 식당이다. 비록 체인점이긴 하지만 '체인점은 맛이 없다'는 고정관념을 깨뜨려주는 곳으로, 큰 뚝배기 가득 담겨 나오는 설렁탕과 살이 듬뿍 붙은 뼈를 사용한 뼈다귀해장국은 보기만 해도 군침이 돌고 배가 부를 정도. 24시간 내내 영업하는 곳이라 시간에 구애받지 않고 이용할 수 있다는 장점도 있다. 또한 구례터미널에서 가까운 거리에 있어 오가는 시간에 따라 편리하게 찾을 수 있는, 구례 여행에서 꼭 알아두어야 할 맛집이다.

☎ (061)783-0042 🕐24시간 영업(연중무휴) P가능 M해장국 6천원, 설렁탕 6천원, 갈비탕 8천원 A구례군 구례읍 봉남리 11-9

구례읍과 섬진강이 일목요연하구나

서시천 둑길과 봉성산공원

구례읍 북동쪽에는 서시천과 섬진강이 흐르고, 서쪽에는 봉성산이 버티고 있다.

이러한 지형을 따라 구례읍 언저리를 한 바퀴 도는 가벼운 산책코스가 있다.

아침 물안개가 피어오를 때는 섬진강이, 구례읍 야경을 볼 때는 봉성산 공원 산책로가 더 근사하다.

추천 테마	아이들과	연인끼리	여럿이	숲	들	계곡	강	바다	문화유적	봄	여름	가을	겨울	난이도 쉬워요
	★★	★★★	★★★	★			★★★			★★★	★★	★★	★	

【 구례터미널–둑길 산책로 】 지도 1~4

구례읍의 한쪽 끝에서 걷기 시작해 정반대편까지, 걸음이 느린 사람이라도 30분 정도면 도달할 수 있을 정도로 구례읍은 작다. 그렇게 작은 읍내지만 언저리를 따라 도는 길에는 볼거리도 산재하고 자연의 정취도 흠뻑 느낄 수 있는 멋진 산책로가 펼쳐진다.

구례터미널 버스 승강장(1) 쪽으로 빠져나오면 시원하게 뚫린 도로와 마주하게 된다. 도로 옆 보도를 따라 좌측으로 직진해가면 ㅓ자 삼거리(2)를 만나고, 횡단보도를 건너면 아래로 흐르고 있는 서시천을 볼 수 있다. 산책로의 시작은 바로 이곳이다.

여기서 하천 이름의 유래에 관해 이야기하지 않을 수 없다. 전설에 따르면 진시황의 명을 받아 불로초를 구하러 온 진(秦)의 방사 서복(徐福–서불이라고도 하나 그가 지나간 곳엔 徐市라고 적혀 있다)이 지나간 곳이라서 서시천이라 부른다고 한다. 그러므로 전설대로라면 '徐市川'이라 해야 맞는데, '西施川'이라 쓰는 경우를 종종 볼 수 있다. 서시(西施)는 중국 춘추시대 월나라의 미녀다. 월나라 재상 범려가 그녀를 발탁해 오왕 부차에게 보냈고 부차가 그 미색에 빠져 정사를 소홀히 한 탓에 월왕 구천에게 패한 것은 유명한 얘기다. 구례군청에 따르면

▲ 봉성산공원 정상의 전망대에서 바라본 구례읍 전경(14지점).
▶ 서시천 산책로를 따라가다 보면 섬진강이 점점 가까워온다(3~4지점).

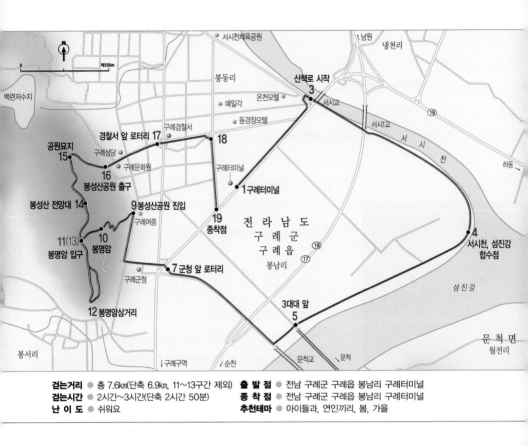

걷는거리 ● 총 7.6km(단축 6.9km, 11~13구간 제외)　출 발 점 ● 전남 구례군 구례읍 봉남리 구례터미널
걷는시간 ● 2시간~3시간(단축 2시간 50분)　　종 착 점 ● 전남 구례군 구례읍 봉남리 구례터미널
난 이 도 ● 쉬워요　　　　　　　　　　　　추천테마 ● 아이들과, 연인끼리, 봄, 가을

"언제부턴가 한자 표기가 바뀐 채 통용되어서 혼란을 주고 있다"니 알쏭달
쏭하지만 '徐市川'이 맞는 표기다.

　횡단보도를 건너면 왼쪽은 서시천체육공원으로 가는 길이고, 오른쪽은 서
시교 방면으로 가는 길이다. 서시천체육공원 방면으로도 서시천을 거슬러 올
라가는 산책길이 뻗어있으나, 길이만 길 뿐 밋밋하므로 오른쪽 방향을 택하
도록 한다.

　서시교 방면으로 조금만 이동하면 '황토산책로 가는 길'이란 표지(3)와
함께 나무데크가 있다. 이 나무데크를 따라서 서시교와 서시1교 아래를 연달
아 지나면 서시천을 굽어보기 좋은 둑길이 펼쳐진다. 사실 서시천을 따라 걷
는 산책로보다 이내 나타나는 섬진강 합수점(4)이 더 볼만하다. 서시천에서
들어오는 수량 정도에는 아랑곳하지 않고 유유한 흐름을 지키는 섬진강. 이

른 아침 물안개가 피어오를 때 걷노라면 은은한 감동을 자아낸다. 탁 트인 풍광에 눈을 맡기며 둑길을 따라가면 오른쪽으로 돌담이 나온다. '3대대' 란 군부대의 담벼락이다.

【 3대대–봉성산공원 입구 】 지도 5~9

3번 지점에서 보았던 산책로 표지에 '서시교↔3대대' 라고 적혀 있었듯이 둑길은 3대대 정문 앞(5)에서 잠시 끊긴다. 왕복 2차선 도로가 앞을 가로지르는데, 이 도로를 따라 우측으로 가도 다음 목적지인 구례군청으로 갈 수 있다. 그러나 길찾기의 편의를 위해 도로를 건너 정면의 둑길을 조금만 더 걷자. 금세 또 도로가 나오는데, 이 도로에서 우측으로 꺾어 직진하면 구례군청 앞 로터리(7)에 이른다.

로터리를 피하기 위해 차들은 빙글빙글 돌아가지만 사람까지 그럴 필요 있나. 횡단보도를 건너 구례군청으로 다가가서 오른쪽 담을 끼고 오른다. 군청 뒤편에서 만나는 T자 삼거리(8)에서 우회전하면 봉성산공원 가는 길이다. 봉성산공원의 정식 출입구는 한참을 걸어가야 있지만 곳곳에 있는 작은 출입구들을 택해 올라가도 된다. 이 위치에서 가장 가까운 입구는 구례여중 입구다. 정자 쉼터를 지나 길 왼쪽에 있는 봉명암 이정표(9)를 따라가면 나온다. 봉명암 이정표 따라 잠시 좁은 골목길을 오르면 소나무 숲이 펼쳐진다. 나무 계단을 하나씩 오르며 공원 안을 산책하기 시작한다.

【 봉성산공원–구례터미널 】 지도 10~19

나무 계단이 끝난 지점에서 조금만 더 걸으면 갈림길(10)이 나온다. 봉명암이 있는 곳이지만 그다지 볼 품 없는 작은 암자라 그대로 가로질러 통과해도 좋다. 좁은 길을 따라 빠져나오면 '봉명암 입구' 이정표(11)가 나온다. 이곳에서 오른쪽 방향이 봉성산 정상으로 향하는 길이다. 그러나 잠시 둘러가기로 한다. 반대편 왼쪽으로 내려가 공원 가로수들을 따라 걷다가 '봉명암삼거리' 이정표(12)가 나타나면 다시 오던 길로 되돌아 나오도록 한다. 길을 따라 그냥 내려가면 구례농고 앞 도로가 나오므로 주의해야 한다.

봉성산공원에도 벚나무가 많아 봄철
벚꽃 구경이 가능하다.

군부대 담벼락을 따라 심어놓은 풍성한 꽃잔디.

봉성산공원 초입은 소나
무 그늘이 드리워진 계단
으로 이어진다.

11번 지점에서 12번 지점을 돌고 온 거리는 왕복 700m. 이제 정상 방향으
로 그대로 직진할 차례. 계단을 따라 계속 직진만 하면 봉성산 정상(14)에 이
른다. 봉성산은 해발 166m 밖에 되지 않지만 구례읍내와 건너편 지리산 능선
들을 바라보기에 모자라지 않은 높이다. 또 2층짜리 전망대가 있어 좀 더 높
은 위치에서 좀 더 멀리 볼 수 있다. 게다가 봉성산공원 산책로는 밤에도 불
을 밝히므로 구례읍 야경을 보러 올라오기에도 좋은 곳이다.

아담한 구례읍을 굽어본 후에는 진행하던 방향으로 직진하여 내리막 계단
으로 내려간다. 공원 산책로들이 얼기설기 얽혀 있으므로 이정표를 참고해
들르고 싶은 곳으로 가되, 봉성산 입구로만 빠져나가면 된다. 본문에서는 쭉
직진하여 공원묘지를 지나 봉성산 입구로 나간다(16).

구례읍 주변을 도는 코스이므로 봉성산공원을 나오면 바로 구례읍이다.
읍내 구경은 여행자의 취향에 맡기고 우선 귀로에 오를 수 있는 구례터미널
방향을 안내한다. 봉성산공원을 나오면 좌측 내리막길로 쭉 직진한다. 읍내
한복판에 이르면 작은 로터리(17)가 나오는데 직진하여 지나친다. 두 블록 정
도만 더 직진해 왼쪽에 미니스톱 편의점이 위치한 사거리(18)가 나오면 정면
횡단보도를 건너 우회전하자. 조금 더 걸어 큰 도로와 만나는 곳에 이르면 왼
쪽에 구례터미널이 있다(19).

찾아가기

대중교통 – 구례읍 봉남리 구례터미널에 도착한 후 바로 걷기를 시작한다.

구례터미널까지 가기

구례구역에서 내린 경우 군내버스(수시 운행)를 이용해 구례터미널로 이동한다.

서울 용산역→구례구역(전라선) : 06:50~22:45(14회 운행)

서울 남부터미널 : 07:30~22:00(8회 운행)

광주 종합터미널 : 06:20~20:35(26회 운행)

부산 서부터미널 : 07:00~19:00(11회 운행)

승용차 – 88올림픽고속도로 남원IC에서 빠져나와 인월 방면으로 좌회전했다가 구례·순천 방면 19번 국도에 올라선다. 계속 직진하다가 구례군청 이정표를 따라 오른쪽으로 빠져나와 직진하다보면 오른쪽에 구례터미널이 있다.

🅿 구례터미널 앞 도로 갓길(N35 12 23.2 / E127 28 9.2)에 일렬주차 하면 된다.

돌아오기

대중교통 – 종착점인 구례터미널까지 도보로 이동해 귀로에 오른다.

구례에서 떠나기 〈찾아가기〉의 역순

승용차 – 〈찾아가기〉의 역순

알아두기

숙박 권말 부록 Information 참조

2지점 인근 모텔

식당 16~19지점 사이

매점 16~19지점 사이

식수 매점에서 구입하거나 사전 준비

화장실 구례터미널

여행시간 절약하기

본 코스는 구례읍 주변을 걷는 것이므로 반드시 안내한 순서대로 걷지 않아도 된다. 3~5번 지점까지 거니는 섬진강 둑길 코스는 아침 물안개가 자주 올라오는 곳이므로 아침 산책로로 이용하고, 9~16번 지점인 봉성산공원은 구례읍 야경을 볼 수 있는 곳이므로 저녁 산책 코스로 이용하는 것도 좋다. 여행 일정을 짤 때 이 점을 참고하면 아침에 섬진강변 물안개 산책을 즐기고, 낮에는 구례권의 여타 코스를 둘러본 후 저녁에 봉성산공원을 산책하는 등, 1일 2~3코스 섭렵이 가능해 진다.

소문난  맛집

부부식당

원조 대사리탕을 맛볼 수 있는 식당으로, 대사리는 다슬기의 전라도 사투리이다. 구례경찰서 인근에 있는 부부식당은 구례읍 내에서 다슬기탕을 맛볼 수 있다는 편리함을 제공한다. 아욱을 넣고 끓인 다슬기탕이 가장 인기 있는 메뉴이고, 큼지막한 그릇에 가득 담겨 나오는 수제비도 일품이다. 주메뉴도 중요하지만 밑반찬 또한 이 집의 자랑거리. 일반 가정집 밑반찬과 다를 것 없어 보이지만 각각의 맛 자체가 뛰어나다. 외관만 보고 결코 지나쳐선 안 될 맛집이다.

📞(061)782-9113 🕚11:30~20:00(첫째·셋째 월요일, 명절 연휴 휴무) 🅿가능 ⓜ다슬기탕·다슬기수제비 7천원(특 1만원), 다슬기회무침 2~3만원 🄰구례군 구례읍 봉동리 298-34

제**3**부 권말부록&별책부록

Information – 남원시/함양군/산청군/하동군/구례군
주요 지명 색인
지리산 둘레길 & 언저리길 휴대용 코스 가이드북

남원시 Information
춘향도 함께 걷는 전래문화의 땅

인구 약 9만 명의 남원시는 청동기 이후부터 사람이 살기 시작한 매우 유서깊은 지역이다. 불멸의 고전 〈춘향전〉과 〈흥부전〉의 무대로, 이와 관련된 관광지와 축제 등의 지역 콘텐츠가 잘 개발되어 있다. 지리산국립공원 북서쪽에 자리 잡은 남원시는 철쭉으로 유명한 바래봉이나 뱀사골계곡 등을 이용한 지리산 트레킹 코스를 갖추었다. 또한 지리산길 안내센터가 있는 인월면소재지는 지리산 둘레길의 관문이 되기도 한다. 남원시청 (063)625-6131 www.namwon.go.kr

주요 관광지(지역번호 063)
2011년 8월 현재

이 름	형 태	주 소	전화번호	특 징
광한루원	유적지	천거동 78	620-6830	조선시대 대표적인 정원과 누각(www.gwanghallu.or.kr)
국악의 성지	전시관	운봉읍 화수리 산1	620-6905	판소리를 비롯한 국악과 관련한 체험. 전시공간
만인의총	유적지	향교동 628	620-6913	정유재란 때 왜적과 맞서 남원성을 지키다 순절한 민관군의 합장 무덤
실상사	사찰	산내면 입석리 50	636-3031	흥덕왕 3년(828)에 개창한 최초의 선종가람
춘향테마파크	테마거리	어현동 37 일원	620-6792	〈춘향뎐〉 영화 촬영장소 및 사랑의 테마 관광지(www.namwontheme.or.kr)
향토박물관	박물관	어현동 158-13(춘향테마파크 내)	620-6792	남원 문화유산. 민속자료 전시관(www.namwontheme.ok.kr)
혼불문학관	문학관	사매면 서도리 522	620-6788	최명희 씨의 소설 〈혼불〉 테마 문학관(www.honbul.go.kr)

지역축제

축 제 명	기 간	장 소	특 징
뱀사골고로쇠약수제	경칩 전후(3월 초순)	산내면 부운리 반선주차장	고로쇠나무 수액 채취시기와 맞물려 진행
지리산바래봉철쭉제	4월 말~5월 하순	운봉읍 용산리 바래봉 철쭉 군락지	바래봉 철쭉 시즌과 동시 개최(www.unbong.or.kr)
춘향제	5월 첫째주	광한루원 및 남원시내 일원	남원의 대표적인 향토축제(www.chunhyang.org)
허브축제	5월 말~6월 초	운봉읍 용산리 춘향허브마을 허브밸리	허브단지 개화시기와 맞물려 진행(www.herbfestival.or.kr)
흥부제	(음)9월 9일	춘향골 체육공원, 국립민속국악원 등	흥부전과 관련된 행사, 공연 진행(http://heungbu.or.kr)
지리산뱀사골단풍제	10월 말	뱀사골입구 야영장	단풍철에 다양한 행사 개최(www.baemsagol.com)

추천 맛집

상 호	대표음식	주 소	전화번호	상 호	대표음식	주 소	전화번호
종가집	한정식	금동 52	626-9988	부산집	추어탕	천거동 160-163	632-7823
이화회관	한정식	쌍교동 174-1	625-8332	새집추어탕	추어탕	천거동 160-206	625-2443
가나안식당	한정식	쌍교동 217	632-5566	현식당	추어탕	천거동 160-6	626-5163
학향	한정식	어현동 37-67	626-5191	춘향골계장집	계장정식	향교동 46-3	635-5885
지산장	한정식, 추어탕	죽항동 80	625-2294	유성식당	흑돼지구이, 국밥	산내면 대성리 653	636-3046
황금식당	추어탕, 갈비탕	쌍교동 168-2	625-5247	천왕봉산채식당	산채비빔밥	산내면 부운리 215-9	626-1916
친절식당	추어탕	천거동 160-1	625-5103	전주식당	산채정식	산내면 부운리 245	626-3362
남원추어탕	추어탕	천거동 160-15	625-3009	통나무가든	산채정식	산내면 부운리 와운마을 373	626-3791

상 호	대 표 음 식	주 소	전화번호	상 호	대 표 음 식	주 소	전화번호
황산토종식당	흑돼지구이, 국밥	운봉읍 동천리 564	634-7293	에덴식당	산채비빔밥	주천면 고기리 706	626-1633
지리산기사식당	백반	인월면 인월리 221-8	636-2329	들불식당	고등어구이백반	주천면 장안리 139-1	626-7668
두꺼비집	어탕국수	인월면 인월리 250-4	636-2979				

숙박업소(지역번호 063)

* 민박은 지역 읍,면사무소로 문의

상 호	형 태	주 소	전 화 번 호	상 호	형 태	주 소	전 화 번 호
남원자연휴양림	휴양림	갈치동 산 315	636-4000	일성지리산콘도	콘도	산내면 대정리 805-1	636-7000
원져호텔	여관	도통동 496-3	626-3614	하늘정원	펜션	산내면 덕동리 343	010-3604-3013
노블레스모텔	여관	도통동 496-5	631-0555	부운산장	산장	산내면 부운리 153-2	626-3614
중앙하이츠콘도	콘도	산곡동산 70	626-8080	지리산파크텔	여관	산내면 부운리 239-2	626-2114
한국콘도	콘도	어현동 37-122	636-7007	와운산장	산장	산내면 부운리 316	625-3023
올인모텔	여관	월락동 산 102-41	635-8871	토비스콘도	콘도	산내면 장항리 221	636-3663
하얏트모텔	여관	월락동 산102-4	635-8873	흥부골자연휴양림	휴양림	인월면 인월리 산53-1	636-4032
로망스장	여관	향교동 1046-4	632-2536	구룡관광호텔	호텔	인월면 중리리 1-3	631-6300
빌리모텔	여관	향교동 177	625-7800	들꽃향기	펜션	주천면 고기리 2-16	010-3638-7641
오페라모텔	여관	향교동 2-6	635-0600	지리산용궁가족휴양림	휴양림	주천면 용궁리 20-8	626-1518
지리산맑은물	펜션	산내면 내령리 251	636-0002	그린피아	여관	주천면 용담리 277-1	636-7200

교통관련

남원역	631-3229
남원고속터미널	632-2000
시외터미널	633-1001
시내터미널	631-3116
택시온(택시)	1588-0500
남원콜(택시)	080-629-2580
교통봉사대(택시)	626-4606
가족콜(택시)	080-626-7789
그린콜(택시)	080-635-2800
행운교통(택시)	626-6205
춘향콜(택시)	080-625-2002
고급콜(택시)	636-4800
그린렌트카	626-7078
뉴삼일렌트카	631-1001
대한통운렌트카	632-7830
호성렌트카	625-1862

시,읍,면사무소

남원시청(문화관광과)	620-6165
운봉읍	634-0024
금지면	635-1040
대강면	626-7304
대산면	625-7956
덕과면	626-2088
보절면	620-6611
사매면	634-8004
산내면	636-3004
산동면	626-8855
송동면	634-6644
수지면	620-6603
아영면	626-5775
이백면	635-8031
인월면	636-2301
주생면	631-8950
주천면	625-8331

유용한 전화번호

남원종합관광안내소	632-1330
남원경찰서	632-7000
남원문화원	633-1852
지리산국립공원북부사무소	625-8911

허브축제

춘향제

함양군 Information
선비의 풍류가 흐르는 물레방아 고장

예로부터 '좌(左) 안동, 우(右) 함양'이라 하여 영남 오른쪽에 위치한 선비의 고장으로 꼽혔을 만큼 예와 전통이 잘 보존된 고장이다. 그에 따른 문화유산이 도처에 산재한다. 산세와 물길이 빼어나 '함양산천'으로 표현되는 함양은 또한 산삼과 산약초가 유명한 청정지역으로 약 4만명의 군민들이 생활하고 있다.

함양군청 (055)960-0114 www.hygn.go.kr

주요 관광지(지역번호 055)   2011년 8월 현재

이 름	형 태	주 소	전화번호	특 징
벽송사/서암정사	유적지	마천면 추성리 259 / 산15	962-5661	수많은 고승을 배출했다는 벽송사와 불교조각예술의 극치를 보여주는 서암정사
상림숲	공원	함양읍 운림리 349-1	960-5766	최초의 인공숲으로 다양한 문화재와 볼거리 산재(http://tour.hygn.go.kr)
용추계곡	자연물	안의면 상원리 일대	964-0711	용추폭포를 비롯한 빼어난 절경을 간직한 원시림
용유담	자연물	휴천면 송전리 모전마을 입구	960-5431(면사무소)	9마리 용이 살았다는 전설이 있는 임천강 상류의 협곡
화림동계곡	문화탐방로	서하면 봉전리, 황산리, 다곡리 일대	960-5481(면사무소)	문화재급 정자들과 아름다운 경관을 따라 걷는 나무데크 탐방로

지역축제

축 제 명	기 간	장 소	특 징
백운산벚꽃축제	4월	백전면 백전초등학교 운동장	벚꽃제례를 비롯한 다양한 전래행사 진행
산나물채취	4~5월	각 읍면별 11개소	산나물 채취 방법 및 조리법 안내, 현장 채취 체험
산삼축제	7월	상림 일대	산삼 · 산약초와 관련된 행사와 심마니 체험 실시(http://sansam.hygn.go.kr)
물레방아축제	10월 중순	상림 다목적광장	함양의 대표적인 축제. 다양한 문화 · 체험행사가 펼쳐짐(http://watermill.hygn.go.kr)

추천 맛집

상 호	대표음식	주 소	전화번호	상 호	대표음식	주 소	전화번호
옥연가	백연정식	함양읍 교산리 1033-8	963-0107	광주리농원	염소불고기	마천면 추성리 107	962-5648
금농	생선쌀밥	함양읍 교산리 1036-6	963-9399	두레박흙집	염소불고기	마천면 추성리 2552	962-5507
늘봄가든	오곡정식	함양읍 교산리 946	962-6996	칠선산장	산채정식	마천면 추성리 299	962-5630
청학산	죽염콩잎곰국	함양읍 구룡리.641-2	962-4183	동백가든	뽕잎요리	백전면 양백리 1025-1	962-8532
울산식당	추어탕	함양읍 용평리 607-17	963-3317	멧돌관광농원	닭백숙	병곡면 광평리 624	963-9033
월산식당	흑돼지삼겹살	함양읍 용평리 607-4	963-3969	수동메기탕	메기탕	수동면 원평리 734-23	963-5536
달동네	고동정식, 대구뽈찜	함양읍 용평리 702-3	963-1230	삼일식당	갈비탕, 갈비찜	안의면 금천리 49-24	962-4492
돌담	염소불고기	함양읍 용평리 722-7	963-3198	안의원조갈비	갈비탕, 갈비찜	안의면 당본리 12-1	962-0666
칠구식당	콩나물국밥(아침 가능)	함양읍 용평리 777-7	963-2349	송림회관	닭백숙	안의면 상원리 131	963-0929
갑을식당	쇠고기곱창전골	함양읍 용평리 834	962-3540	천궁산장식당	닭백숙	안의면 상원리 851	962-0082
옌뱃식식당	흑돼지삼겹살	함양읍 운림리 88-5	963-8890	금수강산	촌된장정식	안의면 월림리 682	963-7279
경남식당	흑돼지삼겹살	마천면 가흥리 524-2	962-5037				

물레방아축제

지안재

숙박업소(지역번호 055)

* 민박은 지역 읍,면사무소로 문의

상 호	형 태	주 소	전화번호
스카이모텔	여관	함양읍 용평리 616-7	962-8444
하얏트모텔	여관	함양읍 용평리 622	962-9696
엘도라도모텔	여관	함양읍 용평리 673-5	963-9449
디올모텔	여관	함양읍 용평리 691-15	964-2104
인산동천	관광농원	함양읍 죽림리 1048-4	963-8792~3
백무황토방	펜션	마천면 강청리 187-1	962-5277
지리산반달곰	산장	마천면 강청리 203-1	962-5353
메아리산장	산장	마천면 강청리 백무동 211	962-5340
벽소령모텔	여관	마천면 삼정리 192	962-5640
정자나무모텔	여관	마천면 삼정리 201	962-5513
두란산장	산장	마천면 삼정리 495	964-2598
지리산자연휴양림	휴양림	마천면 삼정리 산161	963-8133
삼봉산생물펜션	펜션	마천면 촉동 1178	963-5411

상 호	형 태	주 소	전화번호
오매실	관광농원	백전면 대안리 173-1	962-8150
윗골	관광농원	병곡면 광평리 624	963-9033
새들모텔	여관	서하면 봉전리 231-4	964-0656
동호모텔	여관	서하면 봉전리 33	964-1738
에쿠스모텔	여관	수동면 화산리 221	962-5578
운성장모텔	여관	안의면 금천리 167	962-9889
용추자연휴양림	휴양림	안의면 상원리 일대	963-9611
경남용추	펜션	안의면 신안리 1359-1	964-0708
경남화이트	펜션	안의면 신안리 986-5	963-2866
용추리조트	여관	안의면 신안리 산 480-5	963-7988
플로리아벨리	펜션	안의면 하원리 1366	963-7733
지리산리조트	펜션, 여관	휴천면 남호리 762	963-5761

교통관련

함양시외터미널	963-3281
함양지리산고속	963-3745
안의택시	962-4015
세일택시	963-4000
신진택시	963-2400
삼성렌트카	963-4321
세종렌트카	962-4321
서경렌트카	962-2000

군,읍,면사무소

함양군(문화관광과)	960-5555
함양읍	960-5411
마천면	960-5421
백전면	960-5501
병곡면	960-5511
서상면	960-5491
서하면	960-5481
수동면	960-5451
안의면	960-5471
유림면	960-5441
지곡면	960-5461
휴천면	960-5431

유용한 전화번호

경남제2종합관광안내소	964-2710
상림관광안내소	960-0711
용추관광안내소	964-0711
함양문화원	963-2646
함양경찰서	962-0112

상림 함화루

산청군 Information
온통 산으로 둘러싸인 지리산 청정골

산청은 산약초의 고장으로 목화 최초 재배지와 남명 조식의 유적지가 있는 곳이다. 지리적으로 경호강, 덕천강, 남강 등의 물줄기가 흐르고, 지리산을 비롯해 웅석봉, 황매산 등의 높고 넓은 산자락들이 곳곳에 자리하고 있어 어느 곳에서나 늘 청량함을 풍긴다.

산청군청 (055)970-6000 www.sancheong.ne.kr

주요 관광지(지역번호 055)
2011년 8월 현재

이 름	형 태	주 소	전 화 번 호	특 징
대원사 계곡	유적지, 자연물	삼장면 유평리 일원	972-8068	비구니 참선도량인 대원사를 끼고 있는 맑은 계곡(www.daewonsa.net)
남명조식 유적	유적지, 전시관	시천면 원리, 사리	970-6421~3(문화관광과)	조선시대 실천유학의 대가인 남명 조식의 유적(www.nammyung.org)
전통한방휴양관광지	테마관광지	금서면 특리 일원	970-6461	약초전시장과 판매장이 있고 산청한의학박물관에 볼거리 풍부
황매산영화주제공원	영화촬영지	차황면 법평리	970-8151	수많은 영화, 드라마 촬영지로 5월 철쭉과 가을 억새 관찰지로도 유명
남사예담촌	유적지	단성면 남사리	972-5575	전통한옥의 아름다움을 알려주는 마을(http://yedam.go2vil.org)

지역축제

축제명	기 간	장 소	특 징
고로쇠축제	3월	삼장면, 시천면 지리산 전역	해발 1,000m 이상의 지리산 고산지대에서 채취한 수액의 우수함을 알리는 축제
산청한방약초축제	5월초	산청읍 및 전통한방휴양관광지 일원	산청의 약초를 널리 알리는 축제 www.jirisanherbfestival.or.kr
황매산철쭉제	5월	차황면 법평리 황매산 일원	황매산 정상 자락을 가득 채우는 선홍빛 철쭉의 향연
남명선비문화축제	10월	시천면 덕천서원 일원	남명 조식의 삶과 정신을 기리는 지역민속축제

추천 맛집

상 호	대표음식	주 소	전화번호
자연촌식당	한방민물고기찜	산청읍 산청리.315-5	973-8700
고향한정식	한방토끼탕	산청읍 옥산리 291-1	974-0307
허준갈비	한방돼지갈비	산청읍 지리 170	973-0736
덕원흑돼지식당	육류요리	산청읍 지리 740-2	973-8868
지리산약두부	약두부버섯전골	산청읍 지리 750-17	974-0288
장자골숯불갈비	한정식	산청읍 차탄리 457-1	973-0991
송림산장식당	십전대보오리백숙	산청읍 차탄리 478-1	972-2988
삼거리식당	고동탕	금서면 매촌리 631-8	973-2663
청정돈육식당	육류요리	금서면 주상리 215-1	973-0025
약초와버섯골	약초버섯전골	금서면 특리	973-4479
지리산 참숯굴	육류요리	단성면 길리 26-3	974-0117
갑을식당	한방닭오리백숙	삼장면 유평리 24	973-0053
소막골산장식당	산채비빔밥	삼장면 평촌리 658	972-5369
산꾼의집	산채비빔밥	시천면 동당리 746-2	972-1212
산청생고기	육류요리	시천면 사리 922-5	974-4319

상 호	대표음식	주 소	전화번호
초원횟집	횟집	시천면 사리 926-8	973-8300
큰집식당	육류요리	시천면 신천리 510	972-1340
아기자기식당	한정식	신등면 양전리 159	972-3116
만선식당	한정식	신등면 양전리 161-8	972-3755
목촌전통음식점	산채비빔밥	신안면 신기리 907	973-9000
홍화원식당	한방갈비탕, 오곡밥	신안면 외송리 621-10	973-9555
두류횟집	횟집	신안면 하정리 925-3	972-0751
양지식당	육류요리	신안면 하정리 928-9	973-8838
생비량한방	한정식	생비량면 도리 604	973-1457
금호기사식당	한정식	생비량면 도전리 239-3	972-7978
제일식당	한정식	생초면 어서리 245-1	972-1995
파도식당	한정식	생초면 어서리 251-3	972-2074
생초식육식당	육류요리	생초면 어서리 273-5	972-2172
진미식당	오리, 닭백숙	생초면 어서리 766-6	972-4325

*민박은 지역 읍,면사무소로 문의

상 호	형 태	주 소	전화번호
웅석관광농원	관광농원	산청읍 내리 지곡마을	973-8565
경호장여관	여관	산청읍 산청리 188-10	973-2625
리앙스모텔	모텔	산청읍 산청리 192-4	972-7756
영남장여관	여관	산청읍 산청리 196-1	972-6767
그린장여관	여관	산청읍 산청리 255-2	973-4637
산청파크장	여관	산청읍 옥산리 161-9	973-2955
킹모텔	모텔	산청읍 지리 304	973-7645
프로포즈모텔	모텔	금서면 매촌리 631-13	973-6199
단성장여관	여관	단성면 강누리 191-6	973-6616
테마모텔	모텔	단성면 길리 241-15	973-1773
진산관광농원	관광농원	단성면 길리 길리마을	973-0645
리오모텔	모텔	단성면 남사리 160-1	972-0234
비너스모텔	모텔	단성면 백운리 204-2	973-1993
영산산장펜션	펜션	단성면 백운리 388	973-4637
드림모텔	모텔	단성면 사월리 256-20	974-0557
운곡관광농원	관광농원	단성면 운리	972-5377
알프스모텔	모텔	단성면 창촌리 761-9	972-3154
청계산장여관	여관	단성면 청계리 80	972-5007
삼장여관	여관	삼장면 대포리 10-2	973-3848
아모르산장모텔	모텔	삼장면 석남리 254	973-8238
늘푸른가든궁전	여관	삼장면 석남리 269-2	972-7721
더존모텔	모텔	생비량면 가계리 1023	972-7908
산장파크여관	여관	생비량면 가계리 775-11	973-6500
록수장여관	여관	생비량면 가계리 777-1	973-6390
리베라모텔	모텔	생비량면 화현리 826	974-2244

상 호	형 태	주 소	전화번호
좋은날모텔	모텔	생초면 신연리 834	973-6050
백만장여관	여관	생초면 어서리 278-5	973-1661
덕산관광휴양지	펜션	시천면 동당리 577	973-7239
서지관광농원	관광농원	시천면 반천리 반천마을	972-1451
덕산장여관	여관	시천면 사리 734-9	972-8610
경일모텔	모텔	시천면 신천리 56-4	973-0868
모텔젠	모텔	시천면 신천리 9-10	973-6002
지리산대웅모텔	모텔	시천면 중산리 410-2	973-8181
지리산계곡호텔	모텔	시천면 중산리 505-1	972-1441
지리산통나무산장	펜션	시천면 중산리 544	973-0666
지리산뷰캐슬	펜션	시천면 중산리 544-11	973-2250
중산자연휴양림	휴양림	시천면 중산리 중산마을	972-0675
숲속정원	관광농원	신등면 모례리 756-19	973-8258
옥궁모텔	모텔	신안면 외송리 957	973-9986
사파리모텔	모텔	신안면 하정리 452	972-5586
경호파크	모텔	신안면 하정리 924-2	973-5204
동궁모텔	모텔	신안면 하정리 924-8	973-5750
초원파크	여관	신안면 하정리 924-9	973-8253
서울파크여관	여관	신안면 하정리 925-2	973-1492
헤라모텔	모텔	신안면 하정리 925-8	973-3242
그린파크	모텔	신안면 하정리 925-9	973-6857
랑데뷰모텔	모텔	신안면 하정리 926-1	973-8345
버킹궁모텔	모텔	신안면 하정리 926-6	974-0560
씨에프모텔	모텔	신안면 하정리 927-6	972-2299

교통관련

산청버스정류장	972-1616
원지버스정류장	973-0547
중산리버스정류장	972-1122
대원사버스정류장	972-9352
산청교통(군내버스)	973-5191
산청개인택시	972-4848
단계개인택시	973-4455
단성경호택시	972-0037
원지개인택시	972-0752
차황개인택시	972-7959
화계개인택시	973-0332

읍,면사무소

산청읍	970-8001
금서면	970-8201
단성면	970-8351
삼장면	970-8251
생비량면	970-8451
생초면	970-8151
시천면	970-8301
신등면	970-8501
신안면	970-8401
오부면	970-8101
차황면	970-8051

유용한 전화번호

경남제2종합관광안내소	964-2710
문화관광해설신청	970-6421~3
산청경찰서	972-0112
산청문화원	973-0977
유평탐방지원센터	972-7775
지리산국립공원 사무소	972-7771
지리산국립공원 중산리분소	972-7785

하동군 Information
지리산과 섬진강이 함께 멈추는 고장

경상남도 서부지역에 위치해 전라남도와 경계를 이루는 곳으로 지리산 자락이 멈추는 곳이기도 하다. 전북 진안에서 발원한 섬진강이 남해로 빠져나가는 모습을 지켜보는 고장이다. 하동포구의 정취가 흐르는 곳으로 약 5만명의 군민이 생활하고 있다

하동군청 (055)880-2114 www.hadong.go.kr

주요 관광지(지역번호 055)

이 름	형 태	주 소	전화번호	특 징
대도마을	마을탐방	금남면 대도리	880-6203(면사무소)	하동군 최남단의 섬에 위치한 어촌체험마을(www.daedo.pe.kr)
삼성궁	유적지	청암면 묵계리 청학동	884-1279	지리산 삼신봉 아래 깊숙이 숨어있는 청학동 도인들의 성전(www.bdsj.or.kr)
쌍계사	유적지	화개면 운수리 일원	883-1901	화개장터, 불일폭포와 연계되는 고찰
최참판댁	마을탐방	악양면 평사리 일원	880-2383	드라마 〈토지〉를 촬영한 세트장. 평사리와 연계.
하동포구공원	공원	하동읍 읍내리 일대	880-2376(문화관광과)	하동포구 팔십리의 흔적을 맛볼 수 있는 공원.

지역축제

축 제 명	기 간	장 소	특 징
화개장터벚꽃축제	4월초	화개면 탑리 일원	화개장터와 10리 벚꽃길을 함께 즐길 수 있는 축제
야생차문화축제	5월초	하동읍, 악양면, 화개면 일원	하동의 자랑인 야생차 시음 등을 즐길 수 있는 하동군 최대 축제
토지문학제	10월	악양면 평사리 최참판댁	소설 〈토지〉를 재조명하고 가을 평사리 들판을 즐길 수 있는 축제
악양대봉감축제	11월	악양면 평사리공원 일원	감 중의 왕인 대봉에 대해 배우고 여러가지 체험을 할 수 있는 축제

추천 맛집

상 호	대표음식	주 소	전화번호	상 호	대표음식	주 소	전화번호
동흥식당	재첩국, 재첩회	하동읍 광평리 221-43	884-2257	금성숯불갈비	구이류	금성면 궁항리 582-4	883-3834
여여식당	재첩국, 재첩회	하동읍 광평리 223-6	884-0080	소영숯불갈비	구이류	옥종면 청룡리 142-16	882-8150
청탑한식회관	한정식	하동읍 읍내리 180	882-9988	청옥산장	정식	청암면 묵계리 884-1	884-4898
하동집	구이류	하동읍 읍내리 299	884-2231	남경새집식당	추어탕, 재첩국	화개면 덕은리 811-29	883-2395
섬진강횟집	생선회	하동읍 화심리 951-2	883-5527	쉬어가는누각	산채정식	화개면 용강리 822	884-0151
석정원	참게장	하동읍 흥룡리 1614	884-6118	동정산장	토종닭, 백숙	화개면 용강리 824-1	883-9886
원조재첩내류터식당	정어구이	고전면 전도리 1087	882-1370	혜성식당	참게탕, 은어회	화개면 탑리 626-5	883-2140
금오식당	생선회, 탕류	금남면 노량리 772-2	882-0017	만천횟집	은어회, 탕류	화개면 탑리 663-12	883-9580
가마솥식당	정식, 아구찜	금남면 덕천리 145-1	883-1403	강남식당	참게탕, 은어회	화개면 탑리 672-7	883-2147
선창가횟집	생선회, 탕류	금성면 갈사리 147-4	883-7275	청하식당	곱창전골	횡천면 횡천리 1076-1	883-9658

숙박업소(지역번호 055)

* 민박은 지역 읍,면사무소로 문의

상 호	형 태	주 소	전화번호	상 호	형 태	주 소	전화번호
섬진각여관	여관	하동읍 광평리 436-3	882-4343	유원여관	여관	진교면 진교리 420-17	884-4560
동원모텔	모텔	하동읍 읍내리 296-3	884-2215	청학동여관	여관	청암면 묵계리 1537-6	882-4137
모텔 고궁	모텔	하동읍 읍내리 298-17	884-5100	청옥산장	여관	청암면 묵계리 884-1	884-4898
미리내호텔	호텔	하동읍 화심리 1639-7	884-7292	유황천여관	여관	청암면 상이리 508-3	884-5950
월드파크	모텔	하동읍 흥룡리 1612	883-3022	칠성봉산장	여관	청암면 중이리 1335	883-7750
궁전별장여관	여관	고전면 전도리 251-52	884-1992	영빈각여관	여관	화개면 덕은리 816-14	883-2453
칠각장	여관	고전면 전도리 254	884-0380	늘봄장여관	여관	화개면 삼신리 166-1	883-2186
하안성모텔	모텔	고전면 전도리 944-5	884-0575	바로폴가모텔	모텔	화개면 삼신리 60-4	883-1985
전도별장	여관	고전면 전도리 산39-11	884-6887	화개온천모텔사우나	모텔	화개면 삼신리 86-1	883-9346
엘도라도	모텔	금남면 노량리 1-1	884-0042	통나무별장여관	여관	화개면 용강리	883-9233
진주여관	여관	금남면 노량리 774-2	882-0017	쉬어가는 누각모텔	모텔	화개면 용강리 822	884-0151
모린터장여관	여관	금남면 대송리 815-1	884-7708	그랜드모텔	모텔	화개면 운수리 706-23	884-3778
대덕장여관	여관	금남면 대송리 829-5	883-7262	지리산여관	여관	화개면 운수리 산100	883-1668
동남장여관	여관	금성면 갈사리 606	883-8429	청운장여관	여관	화개면 운수리 산97	883-1666
알프스여관	여관	악양면 미점리 450-7	884-6427	남영장여관	여관	화개면 정금리 1299-1	884-1175
두양관광농원	여관	옥종면 두양리 63-1	882-7355	팔도여관	여관	화개면 탑리	883-9569
금양각여관	여관	진교면 고룡리 7-17	882-9488	천마장여관	여관	화개면 탑리 591-1	884-4539
약수골산장	여관	진교면 안심리 411-2	884-6444	청송여관	여관	화개면 탑리 616-3	883-2485
유진장	여관	진교면 진교리 311-4	882-3339	황토장별장	여관	화개면 탑리 712	883-7605

교통관련

하동역	882-7788
하동터미널	883-2663
화개터미널	883-2793
대도호 선박(선장)	011-9323-1950
대영택시	884-5511
악양개인택시	883-3009
화개개인택시	883-2332
횡천개인택시	882-6252

군,읍,면사무소

하동군(문화관광과)	880-2376
하동읍	880-6001
고전면	880-6171
금남면	880-6203
금성면	880-6233
북천면	880-6331
악양면	880-6081
양보면	880-6301
옥종면	880-6391
적량면	880-6111
진교면	880-6261
청암면	880-6361
화개면	880-6051
횡천면	880-6141

유용한 전화번호

문화관광해설신청	880-2379
지리산국립공원 하동분소	883-1750
하동경찰서	884-0112
하동군종합관광안내소	880-2950
하동문화원	884-3923

하동송림

불일폭포

구례군 Information

계절마다 옷을 갈아입는 산과 물의 휴양지

조선 영조 때의 실학자 이중환이 저술한 지리서 〈택리지〉에 '3大 3美의 땅'으로 소개된 구례는 아늑한 지리산과 맑은 섬진강, 넉넉한 인심이 어우러진 곳이다. 산수유와 은어가 유명한 지역으로 약 3만명의 군민들이 생활하고 있다.

구례군청 (061)782-2014 www.gurye.go.kr

주요 관광지(지역번호 061)

2011년 8월 현재

이 름	형 태	주 소	전 화 번 호	특 징
계척마을	마을탐방	산동면 계천리 일대	780-2648(면사무소)	우리나라 최초의 산수유 나무가 있는 마을.
섬진강 벚꽃길	자연탐방로	문척면, 간전면 일원	780-2390(문화관광과)	전남 곡성에서 경남 하동까지 이르는 약 50㎞의 드라이브 코스
심원마을	마을탐방	산동면 좌사리 일대	780-2608	지리산권에서 가장 높은 곳(750m)에 위치해 '하늘 아래 첫 동네'라 불림
피아골계곡	자연물	토지면 내동리 일대	783-9100	지리산 반야봉 중턱에서부터 흐르는 계곡으로 가을 단풍이 유명
화엄사	유적지	마산면 황전리 12	782-0011	백제시대에 창건 후 천년을 이어온 고찰(www.hwaeomsa.org)

지역축제

축 제 명	기 간	장 소	특 징
산수유꽃축제	3월 중순	산동면 지리산온천지구 일원	가장 먼저 봄을 알리는 대표적인 생태 문화관광축제
섬진강변벚꽃축제	4월초	문척면 섬진강변 일원	산(오산)과 물(섬진강)과 꽃(벚꽃)을 모두 즐길 수 있는 축제
지리산 남악제	4월 중순	화엄사 시설지구 및 공설운동장 일원	지리산 노고단에서 조상들이 지내던 제사를 계승하는 축제
피아골단풍축제	10월	토지면 내동리 연곡사 주차장 일원	지리산 맑은 계곡과 붉은 단풍이 어우러지는 축제

추천 맛집

상 호	대 표 음 식	주 소	전화번호	상 호	대 표 음 식	주 소	전화번호
계산관광농원	한식	구례읍 계산리 1099-1	783-3001	집으로	오리전골	구례읍 백련리 583-9	782-6421
남광가든	갈비찜	구례읍 봉남리 10	782-8801	월성가든	생고기	구례읍 백련리 585-2	782-3210
동바리해장국	해장국	구례읍 봉남리 11-9	783-0042	남촌회관	한식	구례읍 신월리 368-5	782-5888
절구통일식	생선회	구례읍 봉동리 106-14	782-1662	지리산회관	매운탕	구례읍 신월리 429	782-3124
광양참숯불갈비	돼지갈비	구례읍 봉동리 231-3	782-1004	전원가든	매운탕	구례읍 신월리 434-10	782-4733
장안식당	선짓국	구례읍 봉동리 296-7	783-8171	쉴만한물가	장어구이	간전면 운천리 286	782-7628
부부식당	다슬기수제비	구례읍 봉동리 298-34	782-9113	천지가든	흑염소구이	간전면 효곡리 24	781-4508
영실봉	갈치정식	구례읍 봉동리 448-12	782-2833	초가원식당	사찰음식	광의면 방광리 93	781-2222
우리돼지한마리	돼지고기 구이	구례읍 봉북리 1435-10	783-4535	송이식당	산채정식	마산면 마산리 288	782-5785
명지회관	오리고기	구례읍 봉북리 1436-2	783-5775	주부가든	백반류	마산면 마산리 436-2	782-6282
오거리식당	고기류	구례읍 봉북리 1447-10	782-8983	지리산옛이야기	버섯덮밥	마산면 황전리 244-3	783-2261
블루마운틴	돈가스	구례읍 백련리 577-3	783-2235	백화회관	산채정식	마산면 황전리 397-1	782-4033
지리산갈비촌	숯불갈비	구례읍 백련리 579-9	783-5400	현대식당	버섯비빔밥	마산면 황전리 479-3	782-5113

상 호	대표음식	주 소	전화번호
모아식당	산채비빔밥	마산면 황전리 546	782-4549
산나물식당	산채정식	마산면 황전리 546	782-1356
전주식당	콩나물국밥	마산면 황전리 546	782-4067
청내식당	산채정식	마산면 황전리 546	782-2867
지리산식당	산채정식	마산면 황전리 546-109	782-4054
강남가든	버섯전골	마산면 황전리 산10-6	782-7644
백제회관	흑돼지구이, 추어탕	산동면 관산리 718-1	783-2867
한국회관	더덕백반	산동면 관산리 718-2	783-1150
혜림회관	산채정식	산동면 관산리 718-2	783-3898

상 호	대표음식	주 소	전화번호
산하가든	갈치정식	산동면 관산리 720-2	783-3720
양미한옥가든	산닭구이	산동면 좌사리 55	783-7079
은행나무집	흑염소	산동면 탑정리 746	781-6006
덕인관	떡갈비	산동면 탑정리 848	781-7881
할매된장국집	버섯비빔밥	산동면 탑정리 895-5	783-6931
우종회관	산닭구이	토지면 외곡리 303	782-5321
섬진관광농원	산닭구이	토지면 외곡리 340-1	782-5576
다슬기식당전문점	다슬기수제비	토지면 파도리 346-5	781-6756

숙박업소(지역번호 061)

* 민박은 지역 읍,면사무소로 문의

상 호	형 태	주 소	전화번호
그리스텔	호텔	구례읍 봉동리 306-12	782-8700
온천모텔	모텔	구례읍 봉동리 178-1	782-0021
그린파크	모텔	구례읍 봉동리 178-8	782-7998
예일각	모텔	구례읍 봉동리 200-2	782-5500
동경장모텔	모텔	구례읍 봉동리 208-8	781-0300
섬진강모텔	모텔	구례읍 신월리 398	783-0448~9
마리모텔	모텔	마산면 마산리 563-3	783-0710
지리산 한화리조트	리조트	마산면 황전리 32-3	782-2171
월등파크호텔	호텔	마산면 황전리 32-1	782-0082
지리산 스위스관광호텔	호텔	마산면 황전리 427-1	783-0156
샤롯데호텔	모텔	마산면 황전리 158-2	783-6262
지리산워커힐호텔	모텔	마산면 황전리 158-4	782-7777
지리산 사랑파크	모텔	마산면 황전리 402-91	783-0313
지리산파크모텔	모텔	마산면 황전리 521-3	782-9881

상 호	형 태	주 소	전화번호
화엄각	모텔	마산면 황전리 521-5	782-9911
지리산프리스관광펜션	펜션	마산면 황전리 521-4	783-4700
송원리조트	리조트	산동면 관산리 447-1	780-8000
상아파크호텔	호텔	산동면 관산리 521	783-7770
그랜드호텔	호텔	산동면 관산리 711-3	783-1011
제일온천호텔	호텔	산동면 관산리 714-1	783-1001
꿈의 궁전	모텔	산동면 관산리 555	783-2602
지리산신선호텔	모텔	산동면 관산리 721	783-6644
노고단관광온천	모텔	산동면 관산리 722-1	783-0161
알프스온천장	모텔	산동면 관산리 732-3	783-2566
영빈각	모텔	산동면 관산리 732-1	783-2888
지리산가족호텔	리조트	산동면 대평리 729	783-8100
산동(광천)약수장	모텔	산동면 탑정리 702-3	781-5820
섬진강은빛물결펜션	모텔	토지면 외곡리 산179-10	010-4626-8613

교통관련

구례공영터미널	780-2730~1
구례여객운수사	782-5151
백운콜택시	782-6569
중앙택시	781-8811
섬지택시	782-2737
산동가마온천택시	781-1296
광의개인택시	781-0030
오산택시	781-5005
동부렌트카	782-9666
하나렌트카	782-6599

군,읍,면사무소

구례군(문화관광과)	780-2450
구례읍	780-2911
간전면	780-2931
광의면	780-2961
마산면	780-2951
문척면	780-2921
산동면	780-2981
용방면	780-2971
토지면	780-2941

유용한 전화번호

구례경찰서	781-0112
구례문화원	782-8802
문화관광해설신청	780-2227
전남관광안내소	544-0507
지리산국립공원남부사무소	783-9100
화엄탐방지원센터	783-9105

주요 지명 색인

ㄱ

1122고지 123
가락국 149, 179
가장마을 21
각금마을 249
간장소 131
감식초공장 35
강회백 70
개미정지 17
개평마을 161
개평초등학교 161
거연정 169
경모정 172
경무공사당 200
경호강 63
계척마을 87
계화부인 149
고갯마루 87
고동재 57
고로쇠나무 181
고소성 219
곡전재 73
광양 매화마을 210
광의면 85
광한루 101
광한루원 101
광한청허부 101
괘관산 157
교룡산 93
교룡산 순환산책로 92
교룡산 순환임도 93
교룡산국민관광지 93
교룡산성 93
구계포계곡 244
구례군청 259
구례농고 259
구례수목원 87

구례터미널 257
구룡계곡 자연관찰로 111
구룡교 114
구룡치 18
구사마을 182
구시 114
구시소 114
구유 114
구인월교 33
구형왕 149, 179
국사암 233
군자정 169
군화동정류장 27
금계~동강 구간 43
금계마을 40, 43
금계정류장 40
금계초교 43
금수강산 175
금촌마을 194
김일손 227
김종직 227

ㄴ

난동마을 85
남강천 173
남명 조식 224
남명조식기념관 70
남부군 142
남부탐방안내소 79
남사마을 199
남사예담촌 71, 199
남사천 200
남원성 93
내송마을 17
노근영 161
노덕영 156
노참판댁 162

노치마을 20
녹차길 75
농월정 173
농월정 주차장 174
늘봄가든 159
능석사 64

다랑이논 40, 185, 201
다물평생교육원 70
단성정류소 202
단속사지 70
단적비연수 186
달오름마을 30
당동마을 84
당산나무 179
당촌마을 79
대관림 153
대덕리조트 28
덕두산 28
덕산골 201
덕산골마을 201
덕산마을 70
덕산저수지 20
덕양전 179
덕음봉 108
덕음정 108
덕평봉 140
도인촌 228
돌담길 200
돌팍샘 188
동강~수철 구간 52
동강마을 50
동바리해장국 255
동부도 242
동해리벚꽃길 254
동호정 171
두꺼비집 41
둔철마을 195
둔철생태체험숲 195
둥주리봉 253
들불식당 117
등구재 35, 39

람천 21, 25
람천정 172
래프팅 63
류의태약수터 179

마고성 227
마고실마을 254
마근담 70
마을안길 75
마천면 137
망악루 156
맞배지붕 53
매동마을 35
명성콩국수 221
명승정 31
모전마을 46
목도 207
목도교 207
목면시배유지 전시관 202
목압마을 231
목압정류장 232
목장길 189
목화식당 203
목화씨 202
몽룡 105
무학대사 185
묵계리 223
묵계마을 223
묵계저수지 223
묵계초등학교 223
묵계치 226
문익점 202
물레방아 155
물레방앗간 155
미서정류장 215

바람의 나라 187
바래봉 25, 119
바래봉 철쭉능선 119

바래봉입구삼거리 122
박경리 215
박초월 27
반선마을 127
반월봉 116
밤재 87
방곡마을 53
방광~탑동 구간 82
방광마을 79, 83
방장산 101
빨간 우체통 140
빨치산 53, 142, 225
빨치산루트 44
배양마을 202
백두대간 18, 122
백련단지 161
백련사 33
백운동계곡 70
뱀사골 127
뱀사골탐방안내소 127
뱀사골터미널 127
법평리 185
법화산 149, 158
벽소령 137, 140
벽소령대피소 139
벽송사 44
변강쇠 149
변사또 106
보호수 80
본디올한의원 181
봉래산 101
봉명암 259
봉성산 260
봉성산공원 259
봉전정류장 169
부도탑 180
부부 소나무 218
부부식당 261
부자봉 140
북부도 242
분양고가 199
분양매 199
불일암 235
불일평전 235
불일폭포 235

비내리골 140
비부정 22
비전마을 27
비폭동 116
빗점골 142

사계정류장 196
사단법인 숲길 17
사무락다무락 19
사반교 26
사성암 251
사양정사 200
사운정 156
산곡동 마을회관 93
산곡마을회관정류장 98
산동면 17
산림청 146
산수유나무 87
산신각 149
산아래첫집 247
산청3매화 199
산청9경 195
산청함양사건추모공원 53
삼거리슈퍼 223
삼곡교 113
삼무산 185
삼봉산 145, 158
삼봉산 오도재 144
삼성궁 226
삼성궁교 227
삼신봉터널 226
삼정리 137
삼정마을 142
삼홍소 243
상림 153
상사계곡 54
상사마을 75
상중마을 190
상중마을회관 190
상중정류장 190
상황마을 39
쌍계사 231
쌍계사부도 236

쌍재 57, 182
새우섬 158
새집추어탕 99
샘터정 150
서림공원 25
서림교 25
서시교 258
서시천 257
서하교 173
석성 93
석천슈퍼 236
석총 왕릉 179
선국사 97
선바위 253
선바위삼거리 253
선바위전망대 253
선비문화탐방로 170
선암정 162
선유동계곡 193
선착순 나무 161
섬진각모텔 210
섬진강 73, 207, 231, 249
섬진강벚꽃축제 254
섬진교 210
섬진철교 209
섬호정 212
성산마을 145
성산마을 노인회관 145
세검정가든 183
세석평전 227
세종왕자 한남군묘 158
소둔철 194
소문난 재첩국 213
소정방 215
송대마을 44
송문교 48
송전마을 48
송전마을찻집 51
송흥록 27
수력베틀 155
수성대 34
수월교 193
수월마을 193
수월황토방 193
수정궁터 180

수철마을 57
수한마을 79
수한마을회관 79
승월교 103
시목 147
신기교 26
신선바위 162
신안면 193
신촌마을 185
신촌정류장 185
실매마을 190
심거마을 63
십리벚꽃길 231

아침재 63
악양면 73
안봉리 193
안의원조갈비집 167
애기봉 107
약사전 252
양묘사업장 21
어천~운리 구간 62
어천교 63
어천마을 63
엄천강 45
엄천교 50
연곡사 241
연꽃 산책로 154
연리목 154
연암 박지원 155
연지공원 165
영광 돼지국밥 197
영귀정 171
영원사 137
영주산 101
영화주제공원 185
오담고택 163
오도재 147
오도재휴게소 147
오미~방광 구간 72
오미마을 73
오봉산 158
오봉천 53

오산 249
오산약수터 251
오작교 101
옥지환문 105
옹녀 149
와룡암 46
와운교 129
와운마을 129
와운마을 통나무가든 133
왕산 54, 179
왕산사지 181
왕시리봉 241
외둔정류장 220
외평마을 17
요천 102
용두마을 74
용소 111
용유교 46
용유담 46
용정마을 79
우물역사관 161
운리마을 70
운봉 허브밸리 23
운봉~인월 구간 24
운봉고원 20
운봉농협 25
운봉우체국정류장 119
운봉읍 25
운봉초교 25
운서 쉼터 50
운조루 73
운지사 121
운해산장 143
울산식당 151
웅석봉 63, 182
원기마을 50
원정매 199
원터거리 17
월등관광호텔 79
월평마을 28
위령단 166
위천 153
유선대 115
유이주 73
육모정 17

육모정 주차장 111
은선병 115
음정마을 137
음정정류장 137
의신마을 140
의중마을 44
의탄교 43
이백면 17
이사제 200
이성계 27
이씨고가 200
이인로 227
이현상 142
인월~금계 구간 32
인월면 33
일두고택 163

자생식물관찰원 21
자연산장 229
작전도로 137
장만리 171
장승공원 147
장승공원 149
장안리 17
장항마을 34
장항정류장 35
전구형왕릉 179
전천상 209
정당매 70
정령치 112
정여창 161, 169
정유재란 93, 173
정취암 195
조선5현 169
조종도 173
종골삼거리 75
종암교 163
종암바위 163
주몽 187
주천~운봉 구간 16
주천면 17
주천치안센터 17
죽로차 232

중군마을 33
중황마을 38
지곡면사무소 165
지곡정류장 161
지네산 166
지리산 둘레길 17
지리산대통밥 81
지리산연두부 61
지리산자연휴양림 137
지주대 116
지초봉 85
직전마을 242
진감선사대공탑비 236
진관마을 150
진관마을회관 150
진성여왕 153
집성촌 161

차일암 171
차황면 185
참새미골 쉼터 80, 83
창원마을 39
천군 187
천년송 129
천왕봉산장 242
청암면 223
청학동 227
청학동박물관 226
청허부 101
초소전망대 189
초포동교 201
최서희 220
최씨고가 200
최참판댁 215
최치원 153
축지교 215
춘향 101
춘향골게장집 109
춘향묘 17, 111
춘향문화예술회관 103
춘향전 101
춘향촌 103
춘향테마파크 103

충혼탑 212
칠선계곡 43

커멍바우 107
탑동마을 67, 87
태왕사신기 187
터미널마트 127
토지 촬영지 164
통꼭봉 241
판소리 다섯마당 103
팔랑치 123
팔령고개 145
팔령정류장 145
평사리 들판 73, 215
평사리공원 216
표고막터 243
풍천노씨대종가 162
풍현마을 63
피아골 241
피아골대피소 246
피아골자연관찰로 243
필봉산 57, 157, 182

하동8경 209
하동경찰서 212
하동공원 210
하동송림 208
하동야생차문화축제 217
하동정씨고가 163
하동터미널 212
하동호 223
하사마을 74
하저구나루 207
하저구마을 207
하즙 199
하황마을 38
하회마을 199
학서암 113
한남마을 158
한산사 219
한오대 158

한옥황토민박마을 74
할매쉼터 38
함양 척화비 155
함양8경 153
함양고적보존회 156
함양공설운동장 157
함양안내센터 43
함양읍성 156
함양태수 153
함화루 155
행정마을 21
행정마을숲 21
향양마을 182
향토박물관 105
허준 181
헬기장 142
현수교 116
현천마을 87
협동교 25
형제봉 140
호성마을 172
화가마을 84
화개장터 131, 231
화개재 128
화개중학교 231
화개천 231
화개터미널 231
화림계곡 169
화림풍류 169
화수교 28
화엄사 77, 241
화엄사 입구 관광단지 79
환학대 233
황매산 185
황매산장 185, 191
황매산철쭉제 187
황매암 33
황산교 27
황산대첩비지 27
황산토종정육식당 125
황석산성 173
황암사 173
황전마을 77
황천강 207
회남교 223

회남마을 223
회남재 224
회덕정류장 20
회양문 53
횡천면 223
효동마을 87
휴천계곡 158
흥부 145
흥부골자연휴양림 28
흥부마을 145
흥부축제 145

● 고르고 고른 지리산의 걷기 좋은 길 ●

휴대용

코스가이드북

〈지리산 둘레길&언저리길 걷기여행〉 별책부록

길을 찾는 사람들 지음

황금시간
Golden Time

● 고르고 고른 지리산의 걷기 좋은 길 ●

길따라 발길따라 **5**

휴대용
코스 가이드북

〈지리산 둘레길 & 언저리길 걷기여행〉 별책부록

길을 찾는 사람들 지음

C·O·N·T·E·N·T·S

지리산 둘레길
01 주천~운봉 구간 _ 02p
02 운봉~인월 구간 _ 03p
03 인월~금계 구간 _ 04p
04 금계~동강 구간 _ 05p
05 동강~수철 구간 _ 06p
06 어천~운리 구간 _ 07p
07 오미~방광 구간 _ 08p
08 방광~탑동 구간 _ 09p

지리산 언저리길 – 전북 남원시
09 교룡산 순환산책로 _ 10p
10 광한루원과 애기봉 _ 12p
11 구룡계곡 자연관찰로 _ 14p
12 바래봉 철쭉능선 _ 16p
13 뱀사골계곡과 와운마을 _ 18p

지리산 언저리길 – 경남 함양군
14 벽소령 고갯길 _ 20p
15 삼봉산 오도재와 법화산 임도 _ 22p

16 상림 지나 필봉산까지 _ 24p
17 개평한옥마을과 지네산 _ 26p
18 화림동계곡과 농월정 _ 28p

지리산 언저리길 – 경남 산청군
19 왕산 임도와 구형왕 유적 _ 30p
20 황매산 영화주제공원과 임도 _ 32p
21 정취암과 선유동계곡 _ 34p
22 남사예담촌과 목면시배유지 _ 36p

지리산 언저리길 – 경남 하동군
23 하동송림과 하동공원 _ 38p
24 평사리 들판과 고소성 _ 40p
25 청학동 가는 길 _ 42p
26 화개 십리벚꽃길과 불일폭포 _ 44p

지리산 언저리길 – 전남 구례군
27 연곡사와 피아골 _ 46p
28 오산 사성암과 마고실 벚꽃길 _ 48p
29 서시천 둑길과 봉성산공원 _ 50p

〈일러두기〉
● 지도에 표기된 거리 계산은 코스 답사 시 수집한 트랙정보를 환산한 것임.
● 지도의 거리(㎞)표시 가운데 예를 들어 '0.25㎞'는 구간거리를 뜻함.
● 지도에 표기된 '누 1.25㎞'는 출발점으로부터의 누적 거리임.
● 지도의 ━━━ 은 포장길, ─── 은 흙길을 나타냄.
● 지도의 13(5)는 13번과 5번 지점이 같은 곳임을 뜻함.

01 주천~운봉 구간 ▼

주천치안센터 ▶구룡치 ▶노치마을
▶행정마을 ▶운봉농협사거리

걷는거리	● 총 14.7km
걷는시간	● 4시간 30분~5시간
난 이 도	● 조금 힘들어요
출 발 점	● 전북 남원시 주천면 장안리 주천치안센터
종 착 점	● 전북 남원시 운봉읍 서천리 운봉농협사거리
추천테마	● 아이들과, 여럿이, 봄, 여름, 가을

◀ 광활한 들길.
지리산 둘레길
1구간에서 흔히
볼 수 있다.
▶ 들판 위의
작은 섬처럼, 멀
리서도 눈에 띄
는 행정마을 서
어나무숲.

10~11   17~18

02 운봉~인월 구간 ▼

운봉농협사거리 ▶서림공원 ▶비전마을
▶흥부골자연휴양림 ▶구인월교

걷는거리 ● 총 10.5km
걷는시간 ● 3시간~4시간
난 이 도 ● 무난해요
출 발 점 ● 전북 남원시 운봉읍 서천리 운봉농협사거리
종 착 점 ● 전북 남원시 인월면 인월리 구인월교 앞
추천테마 ● 아이들과, 여럿이, 봄, 가을

9~10

▲ 둑길을 걸을수록 람천은 폭을 넓혀가고 황산이 점점 다가온다.
▶ 코스 막바지에 이르면 호젓한 숲길이 월평마을까지 인도한다.

18~19

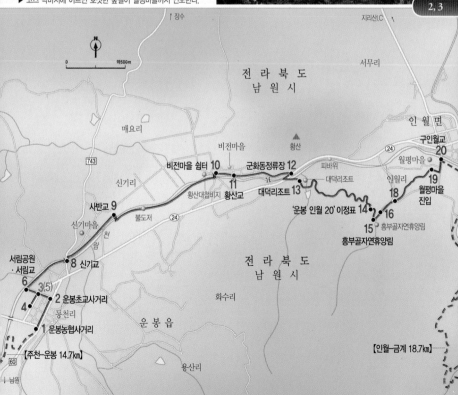

03 인월~금계 구간 ▼

구인월교▶장항마을▶상황마을▶등구재
▶창원마을 ▶금계정류장

걷는거리 ● 총 18.7km
걷는시간 ● 5시간~6시간
난 이 도 ● 무난해요
출 발 점 ● 전북 남원시 인월면 인월리 구인월교 앞
종 착 점 ● 경남 함양군 마천면 의탄리 금계정류장
추천테마 ● 여럿이, 봄, 가을

▲ 창원마을 윗당산나무 쉼터에서 내려다본 창원마을의 가을 풍경.
▶ 장항마을로 넘어가는 길은 덕두산 아랫자락을 휘감으면서 이어
진다.

04 금계~동강 구간 ▼

금계정류장 ▶의중마을 ▶송전마을
▶운서마을 ▶동강마을

걷는거리 ●	총 11.2km
걷는시간 ●	4시간
난 이 도 ●	무난해요
출 발 점 ●	경남 함양군 마천면 의탄리 금계마을
종 착 점 ●	경남 함양군 휴천면 동강리 동강마을
추천테마 ●	아이들과, 여럿이, 숲길, 물길, 봄, 가을

4~5

▲ 지리산 둘레길은 지리산을 터전으로 살아가는 주민들의 삶을 가감 없이 보여준다.
▼ 운서마을로 향하는 길에는 엄천강과 다랑이논이 펼쳐진 시원한 풍광이 기다린다.

7~8

4, 5

05 동강~수철 구간 ▼

동강마을 ▶상사계곡 ▶왕산 임도 ▶쌍재
▶고동재 ▶수철마을

걷는거리	● 총 11.9km
걷는시간	● 4시간~4시간 30분
난 이 도	● 무난해요
출 발 점	● 경남 함양군 휴천면 동강리 동강마을
종 착 점	● 경남 산청군 금서면 수철리 수철마을
추천테마	● 연인끼리, 여럿이, 숲길, 물길, 사계절

◀ 아름다운 물길이 거푸 이어지는 상사계곡.
▶ 왕산으로 오르는 상사계곡길은 잘 정비돼 있어 편하게 오를 수 있다.

6~7

6~7

06 어천~운리 구간 ▼

어천마을 ▶아침재 ▶계곡 쉼터 ▶웅석봉 임도
▶단속사지 ▶운리마을

걷는거리 ● 총 13.2㎞
걷는시간 ● 5시간
난 이 도 ● 힘들어요
출 발 점 ● 경남 산청군 단성면 방목리 어천마을
종 착 점 ● 경남 산청군 단성면 운리 운리마을
추천테마 ● 숲길, 계곡, 유적지, 봄, 가을

9~10

7~8

▲ 비온 뒤 탑동마을의 깨끗한 풍경.
▶울창한 숲길이 매력적인 어천~운리 구간. 내내 자연의 소리만
들으며 걸을 수 있다.

07 오미~방광 구간 ▼

오미마을 ▶운조루 ▶상사마을 ▶황전마을
▶방광마을

걷는거리 ● 총 12.5㎞
걷는시간 ● 4시간~5시간
난 이 도 ● 무난해요
출 발 점 ● 전남 구례군 토지면 오미리 오미마을
종 착 점 ● 전남 구례군 광의면 방광리 방광마을
추천테마 ● 아이들과, 여럿이, 숲길, 들길, 계곡, 사계절

▶ 방광마을 초입에 서 있는 커다란 보호수.
▼ 오미~방광 구간에는 울창한 소나무 숲이 많다.

13~14

16~17

방광마을 ▶참새미골 쉼터 ▶난동마을
▶지초봉 임도 ▶탑동마을

걷는거리 ● 총 11.2㎞
걷는시간 ● 5시간
난 이 도 ● 힘들어요
출 발 점 ● 전남 구례군 광의면 방광리 방광마을
종 착 점 ● 전남 구례군 산동면 탑정리 탑동마을
추천테마 ● 여럿이, 숲길, 들길, 봄, 가을

▲ 구간 종착점인 탑동마을의 논.
▶ 지리산 둘레길은 수평의 눈높이로 지리산과 마을 풍경을 담으며 걸을 수 있는 길이다.

천은사

천은제

전 라 남 도
구 례 군
광 의 면

참새미골 쉼터
2 방광마을
1
B
방광 버스정류장

0 100 200m

당·민박촌
송원가든

탑정리

8 임도 갈림길

갈림길 주의
3
갈림길
4
대전리

탑동마을
13
구례수목원(조성중)
12
임도 정상
10
화가마을 5
6
당동마을
B
신지리

B
우리콩체험장
14
탑동 버스정류장
오솔길 진입로
11
9 정자 쉼터
7 사거리
난동마을
광의면주민센터
서시천

산동면주민센터
추천
지초봉(활공장)
(602m)

외산리
구만리

구례화엄사 IC

09 교룡산 순환산책로 ▼

산곡마을회관 ▶ 교룡산국민관광지 ▶ 순환임도
▶ 국민관광지 ▶ 산곡마을회관

걷는거리 ● 총 7.6㎞
걷는시간 ● 2시간~2시간 30분
난 이 도 ● 쉬워요
출 발 점 ● 전북 남원시 산곡동 산곡마을회관정류장
종 착 점 ● 전북 남원시 산곡동 산곡마을회관정류장
추천테마 ● 숲길, 여럿이, 사계절

◀ 교룡산성 내에 있는 선국사 보제루. 남원시를 내려다보는 풍광이 뛰어난다.
▶ 산기슭을 따라 걷는 임도 산책로가 2시간 가량 이어진다.

14-1

2~3

2

1㎞지점

3

누 1.79㎞
6 왼쪽으로

0.10㎞

0.10㎞

5
갈림길 직진

0.16㎞

0.05㎞

4

정면에 하얀
주택보이는 갈림길

3

주차장 끝에 있는
'교룡산성산책로'
조성사업현장'
푯말 옆에서 임도 시작

1㎞ 푯말 있는 곳.
큰 길 따라 직진

1.05㎞

2

0.53㎞

Ⓢ 1 산곡마을회관 앞
버스정류장. 큰길 따라
낮은 오르막으로 진행

2~3

옥율리

전라북도
남원시

대산면

약300m

서도역   오수   임실

축사 앞 7   6   5   4 하얀주택 앞 갈림길
송림 갈림길 8   3㎞ 풋말

보성마을   산성역

미동마을

남원IC

구룡마을

3㎞ 풋말

순환 임도 숲길
교룡산성

교룡산성
주차장

발지압장

향교동

밀덕봉(519m)
선국사

산맥

교룡산

2(14)

산성교 13

1(15) 산곡마을회관

산성교차로

4㎞ 풋말 9

복덕봉
(484m)

공원 진입 12

매점 및
마을회관

하이츠콘도

10 내리막으로

6㎞ 풋말

교룡산곡관광지

산곡동

용정마을

만인의총

금성리

대산

문터저수지

5㎞ 풋말

폐막사 11

88 올림픽 고속도로

신정동

순창IC

남원   곡성   남원역   남원시내

10, 11

8

내리막으로 직진

10

0.30km
축사 앞에서
좌회전 후,
솔숲에서 직진

7

0.23km

솔숲 왼쪽으로

8

0.43km

10

0.60km

10

누 4.39km

9

4㎞풋말 지나면서
내리막 시작

폐막사 쪽으로
큰길 따라 진행

11

11~12

1.50km

큰길 따라
오른 으로
직진하면 식수대.

12

교룡산성·선국사

주차장 회귀완료.
우회전

14

0.31km

누 7.62km

F

0.20km   산곡마을회관 15

12~13

0.15km

13

산성교 건너
오른쪽으로

13

10 광한루원과 애기봉 ▼

광한루원 ▶ 춘향테마파크 ▶ 덕음봉 ▶ 애기봉 ▶ 춘향촌 ▶ 광한루원

걷는거리 ● 총 11.5㎞ (단축 5㎞, 1~8구간)
걷는시간 ● 3시간30분~4시간(단축 2시간)
난 이 도 ● 무난해요
출 발 점 ● 전북 남원시 천거동 광한루원 정문
종 착 점 ● 전북 남원시 천거동 광한루원 정문
추천테마 ● 연인끼리, 아이들과, 여럿이, 사계절

1~2

◀ 춘향과 몽룡. 남녀상열지사는 시대를 월해 지금도 이어진다.
▶ 옅은 안개가 상서로운 기운을 발산하는 숲길. 춘향테마파크를 나와 애기봉 가는 길이다.

10~11

4

춘향촌 정문.
오른쪽이
춘향테마파크

7

7-1

7-2 수목한우촌 지나 학항,
쉼터 이정표 방면

6
누 2.62㎞
오른쪽 춘향문화
예술회관 쪽으로

0.13㎞

승월교 건
왼쪽 판소리
테마 워킹 코스로 5

0.29㎞

0.17㎞

0.12㎞

7
춘향촌 내,
문화예술회관 앞

0.09㎞

0.20㎞

승월교 건너기

4

0.14㎞

서문 출구로 나와
정문으로 2

0.32㎞

1.07㎞

춘향테마파크 출구 나와
30m 전방 오르막으로 우회전
춘향촌 방면에서 왔으면
오르막으로 직진 8

0.20㎞

1(3, 22) Ⓢ
1.67㎞

광한루원 입구.
광한루원 관람 후
서문 출구로 나와
다시 이곳 정문으로 돌아옴.
이후 건널목 건너
요천 둑길로

광 한 루 원

9
누 4.04㎞
덕음정 방면
흙길 계단으로 좌회전

1(3, 22)

9

11 구룡계곡 자연관찰로 ▼

육모정 ▶ 춘향묘 ▶ 구룡계곡 자연관찰로 2코스
▶ 자연관찰로 1코스 ▶ 육모정

걷는거리 ●	총 6.6㎞ (단축 5.5㎞, 2~7지점 제외)
걷는시간 ●	2시간30분~3시간(단축 2시간)
난 이 도 ●	무난해요
출 발 점 ●	전북 남원시 주천면 호경리 육모정 주차장
종 착 점 ●	전북 남원시 주천면 호경리 육모정 주차장
추천테마 ●	연인끼리, 물길, 숲길, 봄, 여름, 가을

◀무릉도원이 따로 없는 절경을 간직한 구룡계곡. ▶지리산국립공원에 포함되는 구룡계곡. 물줄기를 따라 산책로 수준의 자연관찰로가 이어진다.

8~9

육모정 주차장 겸 시내버스 정류장

1 Ⓢ
0.03㎞
0.10㎞
3 춘향묘
0.29㎞

2(4,7)
왼쪽 춘향묘 보고 와서
길 건너 육모정 왼쪽
샛길로 자연관찰로 2코스 돌아오기

구룡교 건너기
0.54㎞

8 1.47㎞
탐방지원센터 오른쪽 계단
밑으로 내려가면
자연관찰로 1코스 시작

제4곡 구시소
9
0.10㎞
10
0.59㎞

5(6)
오른쪽으로 크게 한 바퀴
돌아 다시 육모정으로

자연관찰로 2코스
0.74㎞

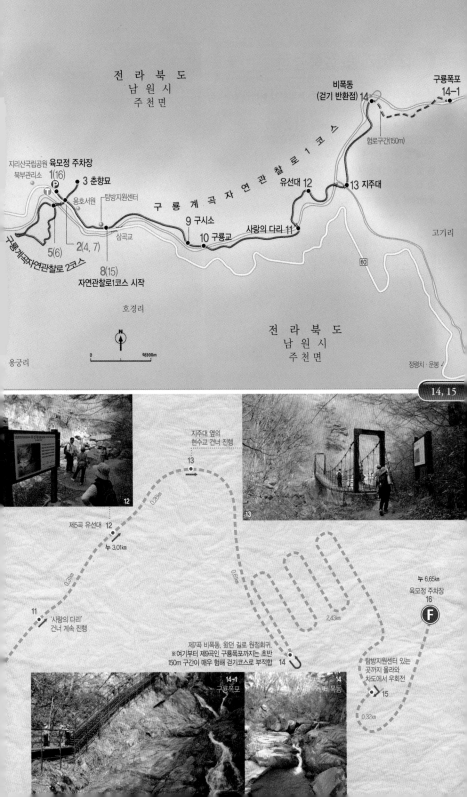

전라북도
남원시
주천면

비폭동
(걷기 반환점) 14

구룡폭포
14-1

지리산국립공원 육모정 주차장
북부관리소

1(16)
P

3 춘향묘

험로구간(150m)

구룡계곡자연관찰로 1 코 스

유선대 12

13 지주대

고기리

용호서원 탐방지원센터

9 구시소

5(6)

2(4, 7)

삼곡교

10 구룡교

사랑의 다리 11

60

8(15)

자연관찰로1코스 시작

호경리

N

0   약300m

전라북도
남원시
주천면

용궁리

정령치 · 운봉

14, 15

지주대 옆의
현수교 건너 진행

13

제5곡 유선대 12

누 3.01km

0.26km

12

13

11

'사랑의 다리'
건너 계속 진행

0.3km

0.8km

2.43km

누 6.65km

육모정 주차장
16

F

제7곡 비폭동, 왔던 길로 원점회귀.
※여기부터 제9곡인 구룡폭포까지는 초반
150m 구간이 매우 험해 걷기코스로 부적합

14

탐방지원센터 있는
곳까지 올라와
차도에서 우회전

14-1 구룡폭포

14 비폭동

15

0.32km

12 바래봉 철쭉능선 ▼

바래봉주차장 ▶ 바래봉 ▶ 팔랑치 ▶ 부운치 ▶ 바래봉주차장

걷는거리 ● 총 14,8㎞ (단축 13,7㎞, 4~7구간 제외)
걷는시간 ● 5시간 30분~6시간(단축 5시간 내외)
난 이 도 ● 힘들어요
출 발 점 ● 전북 남원시 운봉읍 용산리 바래봉주차장
종 착 점 ● 전북 남원시 운봉읍 용산리 바래봉주차장
추천테마 ● 숲길, 꽃길, 여럿이, 봄, 가을

▲ 바래봉 정상 부근에서 바라본 지리산 능선 파도.
▶ 오래 전 양떼목장이 있었던 이곳, 양들의 지칠 줄 모르는 먹성에 독성이 있는 철쭉
만 살아남아 지금의 군락을 이루게 되었다.

바래봉 1165m
누 4.90㎞

S 바래봉주차장

바래봉 샘물 5

바래봉입구삼거리.
직진해서 바래봉 갔다
정령치 방면으로 진행 4(7)

0.92㎞

2.2㎞

1.11㎞

0.35㎞

0.65㎞

0.31㎞

1.43㎞

운지사 갈림길.
바래봉 방향으로 가면
50m 전방부터 흙길 시작 2

누 1.93㎞

3

철쭉샘. 갈수기는 물 마름.
여기부터 돌길 시작

바래봉 운지사

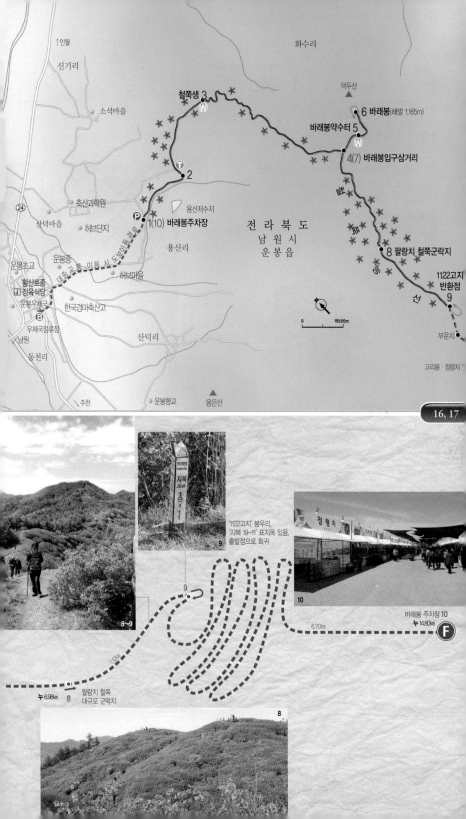

↑인월

신기리

화수리

소석마을

덕두산

철쭉샘 3
W

6 바래봉(해발 1,165m)

바래봉약수터 5
W

4(7) 바래봉입구삼거리

T 2

축산과학원

용산저수지

P 1(10) 바래봉주차장

용산리

허브단지

전라북도
남원시
운봉읍

산덕마을

운봉초교

운봉중

허브마을

황산토종
정육식당

운봉우체국

한국경마축산고

B
우체국정류장

↓남원

동천리

8 팔랑치 철쭉군락지

산덕리

1122고지
반환점
9

부운치

약500m

주천

운봉향교

용은산

고리봉 · 정령치

16, 17

'1122고지' 봉우리,
'지북 19-11' 표지목 있음,
출발점으로 회귀
9

9

8~9

10

바래봉 주차장 10
누 14.80km
F

6.70km

누 6.98km 8

팔랑치 철쭉
대규모 군락지

8

13 뱀사골 계곡과 와운마을 ▼

뱀사골터미널 ▶탐방안내소 ▶자연관찰로 ▶와운마을
▶계곡탐방로 ▶뱀사골터미널

걷는거리 ● 총 16.4㎞ (단축 13.7㎞, 4, 7~10구간 제외)
걷는시간 ● 5시간~6시간(단축 4시간 30분)
난 이 도 ● 조금 힘들어요
출 발 점 ● 전북 남원시 산내면 부운리 반선마을 뱀사골터미널
종 착 점 ● 전북 남원시 산내면 부운리 반선마을 뱀사골터미널
추천테마 ● 연인끼리, 숲길, 물길, 봄, 여름, 가을

◀ 5백년이 넘는 긴 세월동안 지리산과 함께한 와운마을 천년송.
▶ 엷은 꽃잎을 틔운 빛나무가 길 찾아 온 나그네들을 반긴다.

9

1~2

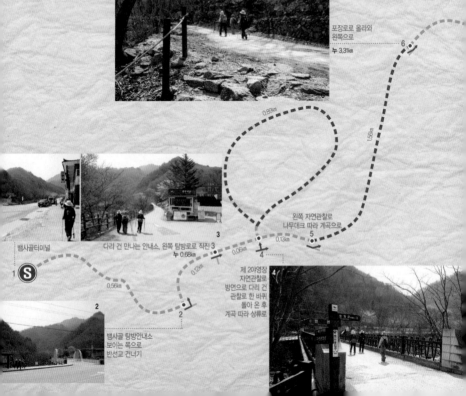

포장로로 올라와 왼쪽으로
누 3.31km

6

0.89km

1.59km

왼쪽 자연관찰로 나무데크 따라 계곡으로
5

0.13km

뱀사골터미널
S
1

다리 건 만나는 안내소, 왼쪽 탐방로로 직진 3
누 0.68km

0.12km

0.06km

4

제 20영장 자연관찰로 방면으로 다리 건 관찰로 한 바퀴 돌아 온 후 계곡 따라 상류로

0.56km

2

뱀사골 탐방안내소 보이는 쪽으로 반선교 건너기

4

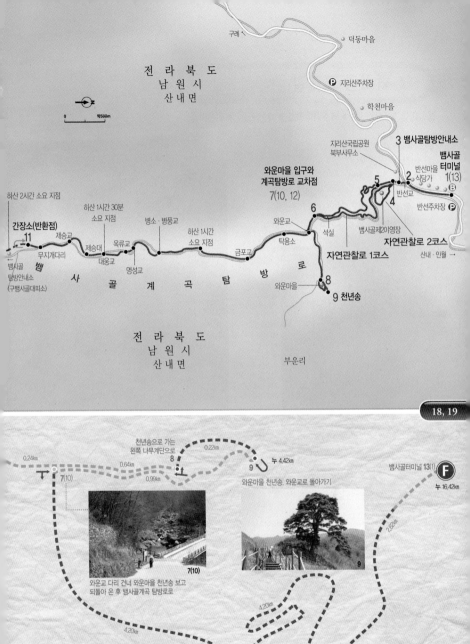

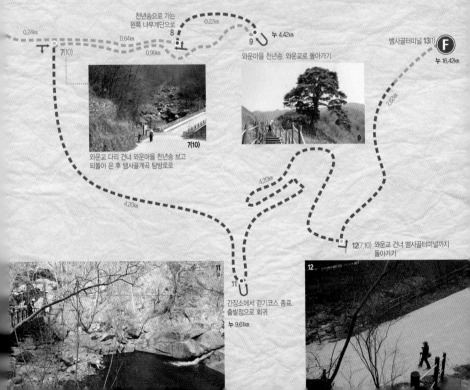

14 벽소령 고갯길 ▼

음정마을 ▶작전도로1 ▶벽소령대피소 ▶작전도로2 ▶의신마을

걷는거리 ● 총 14.7km
걷는시간 ● 5시간~7시간
난 이 도 ● 조금 힘들어요
출 발 점 ● 경남 함양군 마천면 삼정리 음정마을
종 착 점 ● 경남 하동군 화개면 대성리 의신마을
추천테마 ● 여럿이, 봄, 가을, 겨울

◀ 의신마을로 내려가는 길엔 키 높이만큼 자란 산죽들이 즐비하다.
▶ 멀리 보이는 지리산 주능선이 작전도로에서의 지루함을 덜어주기도 한다.

7~8

작전도로 끝. 벽소령대피소 방면으로 우회전

5 누 7.59km

작전도로 시작. 울타리 넘어 계속 직진

0.39km

6
벽소령대피소 도착. 취사장 옆 계단 따라 내려감

0.98km

7

5.73km

줄 잡고 내려가야하는 바위. 오른쪽으로 이동하면 걸어내려가는 길 보임

4

1.37km

3 벽소령 방면으로 계속 직진

0.29km

Y자 삼거리에서 벽소령 방면 이정표 따라 오른쪽

2

0.20km

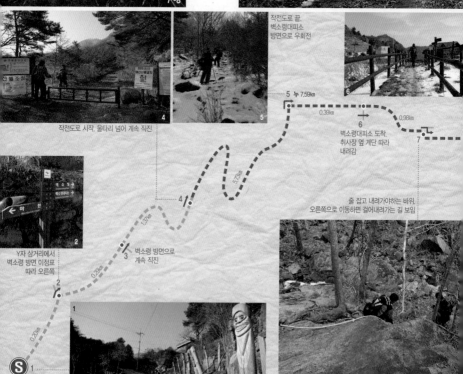

S 1
음정정류장에서 마을 안쪽으로 이동

범왕리

부운리

연하천대피소

경 상 남 도
하 동 군
화 개 면

경 상 남 도
함 양 군
마 천 면

←폐도

형제봉

벽 소 령 작 전 도 로

4작전도로 시작

삼정마을 도착
10

11
이정표

8
이정표

벽소령대피소6

5 이정표

지리산자연휴양림

이정표3

이정표 2

의신
정류장
13

12 의신마을 도착

1음정정류장

B

1023

←화개

←폐도

B

1023

함양

경 상 남 도
함 양 군
마 천 면

대성리

덕평봉

세석평전

세석대피소

강청리

0   약500m

의신, 삼정마을 이정표 있는 곳.
직진

8

8

2.16km

0.70km

누 11.82km

9

0.07km

삼정마을 도착.
콘크리트 길 따라 이동

10

의신마을 도착

12

누 14.66km

F

13
의신정류장

12

2.39km

0.26km

10

0.12km

11

헬기장, 길 따라 계속 이동

이정표 따라
의신마을로 이동

벽소령대피소 4.7km

의신마을 2.7km

버스시간표

부영회여객 부산교통
의신
정류소

의신정류소

15 삼봉산 오도재와 법화산 임도 ▼

팔령정류장 ▶삼봉산 임도 ▶오도재휴게소 ▶장승공원
▶법화산 임도 ▶진관마을회관

걷는거리 ● 총 18.6km(단축 10km, 4번 지점에서 단축코스로 회귀)
걷는시간 ● 5시간~6시간(단축 3시간 30분)
난 이 도 ● 무난해요
출 발 점 ● 경남 함양군 함양읍 죽림리 팔령정류장
종 착 점 ● 경남 함양군 휴천면 진관리 진관마을회관
추천테마 ● 여럿이, 숲길, 봄, 가을, 겨울

◀ 변강쇠와 옹녀 얘기가 깃든 오도재에 세워진 장승들.
▶ 천연항생제라 불리는 피톤치드가 꽉 들어찬 삼봉산 임도 초입의 울창한 침엽수림.

6~7

3

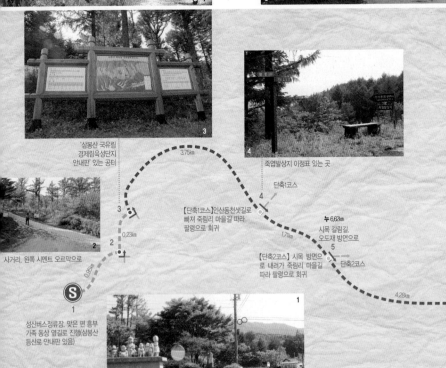

'삼봉산 국유림 경제림육성단지 안내판' 있는 공터

3

3.75km

죽엽발상지 이정표 있는 곳

단축1코스

4

【단축1코스】인산동천샛길로 빠져 죽림리 마을길 따라 팔령으로 회귀

누 6.62km

시목 갈림길. 오도재 방면으로

0.23km

1.71km

5

3

【단축2코스】시목 방면으로 내려가 죽림리 마을길 따라 팔령으로 회귀

단축2코스

4.28km

2 2

0.35km

사거리. 왼쪽 시멘트 오르막으로

S

1

성산버스정류장. 맞은 편 흥부가족 동상 옆길로 진행(삼봉산 등산로 안내판 있음)

1

전 라 북 도
남 원 시
인 월 면

서라산

경 상 남 도
함 양 군
함 양 읍

성산리

함양읍↑

함양읍↑

목현리

24

구룡저수지

조동마을

지안재

월평저수지

금반마을

월평리

흥부마을
팔령
P
B 정류장
인월
상죽마을

죽림리
수락마을

시목마을

단축 2코스

휴천면

진관리
진관마을회관

2
3
삼봉산
임도시작

흥부가족 동상

삼 봉 산 임 도

인산동천
죽염휴양지
단축 1코스

4
인산동천 갈림길

5
시목 갈림길

법 화 산 임 도

12
13
샘터정
W B

11
임도 종착점

산 내 면

삼봉산

6

7
오도재
휴게소

10
법화산
임도 시작

법화산

오도재·지리산 제문·장승공원

1023

중황리

구양리

마 천 면

마천

22, 23

차량 차단막
있는 갈림길.
왼쪽 시멘트길로

11

10

11
1.17km

4.39km

12

10 누 11.41km

0.05km

9 장승공원 시작

0.08km

0.03km

12 오른쪽
내리막으로

0.97km

F
진관마을회관 13
누 18.55km

장승공원 길 건너에서
법화산 임도 시작

7

오도재휴게소

7

0.30km

0.09km

8

6 왼쪽에 차도 보이는 갈림길. '오
도재 0.25㎞' 방면 직진

6

8

함양 안내판 옆에서
장승공원으로
내려가는 입구

16 상림 지나 필봉산까지 ▼

상림주차장 ▶ 상림 외측 산책로 ▶ 내측 산책로
▶ 필봉산 산책로 ▶ 상림주차장

걷는거리 ● 총 7.4km (단축 5.5km, 20지점에서 회귀)
걷는시간 ● 2시간~2시간 30분(단축 1시간 30분)
난 이 도 ● 쉬워요
출 발 점 ● 경남 함양군 함양읍 운림리 상림주차장
종 착 점 ● 경남 함양군 함양읍 운림리 상림주차장
추천테마 ● 연인끼리, 아이들과, 여럿이, 숲길, 유적지, 사계절

▶ 단청을 하
지 아니 더 높
은 격조가 배
어나는 사운
정.
▶▶ 능선을
따라 이어지
는 산책로가
일품인 필봉
산 코스.

S **1** 상림공원 주차장. 함양·상림 안내도
있는 곳에서 시작

2 머루 식생터널
지나 오른쪽으로

3 열리목에서
오른쪽 덩쿨터널로

4 오른쪽에
연꽃단지 시작

함화루 오른쪽 돌아
숲길 산책로로

7

6 누 2.75km
함양척화비 있는 곳에서 7시 방면 좌회전

사운정 왼쪽으로

8

5(9)

동쪽 외곽 산책로 끝.
물레방앗간 왼쪽으로 돌아
서쪽 외곽 산책로로 간다.
다시 돌아온 후에는
물레방앗간 지나 차도로
나간다

10 도로 건너
시멘트길로 직진

저수지 앞
차도에서 오른쪽

11

12 필봉산 입구
파란 가로등과 갈색 말뚝
박혀 있는 2시 방면 산길로

13 누 4.71km
10시 방향 중턱길로

함양IC

함양IC · 지곡

함양초교

함양여중

함양군청

필봉산
2구간 입구

필봉산
정상

늘봄가든

17

19

21

23

18

22

25

한남군
묘역

20

함양
정수장

1(26) 상림주차장

봉

산

책

로

대덕리

상림안내판

운림리

2

지리산IC

산불감시초소
봉우리

16

연꽃단지

4

3

6 함양척화비

* * * * * * *

8

연 꽃 단 지

백연리

15

연 상 림

7 함화루

약200m

14

상림약수터

13

필봉산 산책로입구2

함 양

역사인물
동영

꽃피는산골찻집

11

위천

10

대주교

경 상 남 도
함 양 군
함 양 읍

대병저수지

1001

5(9) 물레방앗간

병곡 · 이명

옹곡리

24, 25

삼거리 우회전

19

0.45km

18

0.10km

우회전 해 나무계단으로
필봉산 산책로 걷기

17

시멘트로로
만나면 왼쪽으로

0.20km

21

0.05km

0.42km

17

0.42km

20 누 6.45km

필봉산 정상,
반대편으로 진행

갈색 나무말뚝 있는 갈림길

한남군 묘역
끼고 왼쪽으로

0.20km

16

0.40km

22 왼쪽 오르막으로

16

0.09km

산불감시초소 있는 봉우리

20

23

0.04km

약간 오르막
으로 직진

14

15

24 계단 내려와 우회전한 후
곧 왼쪽 길로

상림주차장

26

F

0.10km

0.36km

25

누 7.36km

능선 만나면 왼쪽으로

0.15km

25

하산 완료되면
찻길에서 우회전

17 개평마을과 지네산 ▼

지곡정류장 ▶ 개평마을 ▶ 일두 산책로 ▶ 고택 관람
▶ 지네산 산책로 ▶ 지곡정류장

걷는거리 ● 총 6.8km (단축 3.5km, 21~27구간 제외)
걷는시간 ● 2시간~2시간 30분(단축 1시간)
난 이 도 ● 쉬워요
출 발 점 ● 경남 함양군 지곡면 개평리 지곡정류장
종 착 점 ● 경남 함양군 지곡면 개평리 지곡정류장
추천테마 ● 아이들과, 여럿이, 봄, 가을

▶ 고택 대부분은 주민이 살고 있어 그 집의 내력을 직접 들을 수 있다. 사초 노근영 선생 생가.
▶▶ 연꽃단지를 돌면 우람한 노송들이 호위하는 개평마을 산책로가 기다린다.

개평마을 돌못말 끼고 좌회전 후 개평교 건너 왼쪽으로

5시 방면 소나무 언덕길로

오른쪽에 종임과 중앙우물

나무다리 건넌 후 우회전 해 백련단지 돌기 4

우물역사관, 이곳 지나 계속해서 백련단지 돌기 5

13

14 중암교 건너 왼쪽부터 고택순례 시작 누 1.58km

3 지곡초교 정문 맞은 편 나무다리로 좌회전

7 시멘트로 만나는 사거리, 맞은편 돌계단으로

12 마을길 만나면 우회전

2

옛 서당 앞에서 우회전 10

11

S 1 지곡정류장, 일두고택 이정표 방면으로

동산우물 끼고 돌계단으로 좌회전

8 신선바위와 선암정 정자, 맞은편으로 내려가기 누 1.02km

백일 · 창촌 · 오평

9

마을길 사거리 우회전 한 후, 30m 전방 왼쪽 논두렁길로 좌회전

↑ 안의 · 함양

지곡IC

창평리

산책로

지네산 지리산

25 바위구간

해맞이터 24   충혼탑 23

오평마을

지곡면사무소
1(28) 지곡정류장
B 지곡교
연지공원
21(27)   2(20) 개평교
22
6 소나무 산책로 시작
4
3
백련
단지
5
지곡초교
(노참판댁)
노근영 선생 생가
우물
역사관
7
19
8 선암정
풍천노씨대종가 18
일두고택 17
11
10
9
14 13   옛 서당
12
하동 정씨 고가 16
오담고택 15

26 지네바위 반환점

24

경 상 남 도
함 양 군
지 곡 면

지곡IC

개평리

N

0   약300m

평촌리 ↓

해맞이 봉우리

24
0.78㎞
0.23㎞

충혼탑 직전
왼쪽 산책로로
23
0.20㎞

오담고택
15
0.14㎞
0.17㎞

하동 정씨 고가
16

일두고택
17

17
0.27㎞

28 누 6.83㎞
F 지곡정류장

작은 바위 넘어야
하는 곳
25

0.11㎞

27(21)
연지공원 지나쳐
지곡정류장으로

풍천 노씨 대종가
18
0.35㎞

22
0.13㎞

0.60㎞

26

0.66㎞

노근영 선생
생가(노참판댁)
19
0.26㎞

면사무소 쪽으로
길 건너 좌회전 21

누 3.26㎞
20(2)
개평마을 입구사거리,
큰길로 직진
0.39㎞

0.49㎞

19

충혼탑 돌뿌말
있는 곳에서
산길로 우회전

22

지네바위 반환점
26

18 화림동계곡과 농월정 ▼

봉전정류장 ▶ 거연정 ▶ 군자정 ▶ 동호정 ▶ 경모정 ▶ 농월정주차장

걷는거리 ● 총 6.5km(단축 4.3km, 1~23구간 제외)
걷는시간 ● 2시간 내외(단축 1시간 30분)
난 이 도 ● 쉬워요
출 발 점 ● 경남 함양군 서하면 봉전리 봉전정류장
종 착 점 ● 경남 함양군 안의면 월림리 농월정 주차장
추천테마 ● 아이들과, 연인끼리, 유적지, 물길, 사계절

▲ 옥수를 벗 삼아 사색하며 쉬고, 노래하며 걷기. 선비문화탐방로에선 이 모두가 가능하다.
▶ 여름 피서철만 피하면 이 멋진 길이 품을 활짝 열고 기다린다.

군자정

동호정. 화장실과 식수대 있음

S 1 봉전마을 버스정류장

스피커 기둥 있는 곳에서 5시 방면으로 거연정 갔다 오기
0.11km 2(4) 0.05km 5(7)
군자식당 쪽으로 군자정 보고 온 후 봉전교 건너기
0.06km 6

소나무섬 끝나고 징검다리 건너 계속 진행
14 0.08km 13(15) 0.14km 16 누 2.71km

0.09km

3 거연정

0.12km

봉전교 건넌 직후 왼쪽 나무데크로 탐방로 시작
8

징검다리 중간에서 왼쪽 동호정 갔다 오기

0.04km

0.40km 12
동호정 방면으로 징검다리 건너기
12

0.67km

11

나무데크 끝나고 우회전 후 30m 앞에서 다시 나무데크로
11

포장길에서 좌회전 후 30m전방에서 오른쪽
9

0.20km

0.55km

누 1.43km
10
고속도로 굴다리 직전 왼쪽 밭길로

10

경 상 남 도
함 양 군
서 하 면

봉전리

황산리

월림리

거연정휴게소
P B
거연정 3
1 봉전정류장
8
5(7)
6 군자정
봉전교
봉전마을
영귀정
9
11
14 동호정
10
굴다리 직전 왼쪽

비 계 화 화

탐 방 로

농월정 자리
황암사
25 26
24
서하교
27 28
안의
함양
안 의 면

16
12
17 18 19
20
23
21 경모정
22 람천정
호성마을회관
호성교
호성마을

대전통영간고속도로

남강천둑길

무어산

경 상 남 도
함 양 군
서 하 면

다곡리

N
0   약500m

지곡C

28, 29

17

지방2급하천
남 강 천
Namgangcheon (Riv.)
경상남도 지사

0.20km
17
0.1km
나무데크 끝나고
평평한 돌길로 바뀜

18
돌길 끝나고
밭길로 직진
0.15km

시멘트길 사거리
19
직진
0.09km

20
좌회전 후 30m 앞에서
오른쪽 마을 앞길로

조심스레 도로 건넌 후
오른쪽 서하교 건너기
24

24
0.19km

25
왼쪽 차도(옛길로)
0.32km

26

26
큰길 만나면 왼쪽 가드레일 넘어서
나무데크 산책로로 내려가 오른쪽

1.15km

0.24km

27
27
왼쪽으로는 농월정 가는 길,
주차장은 직진임

0.43km

큰 길에서 23
오른쪽 둑길로

28
28 누 6.45km

0.25km

F
농월정 주차장,
버스정류장은 큰길로
나가면 있음

21

21
경모정,
화장실과 식수
대 있음

0.36km

누 4.14km
22
0.16km

람천정, 정자 지나
왼쪽으로 돌다리 건너기

22

19 왕산 임도와 구형왕 유적 ▼

덕양전 ▶전구형왕릉 ▶류의태약수터 ▶쌍재 ▶향양마을

걷는거리 ● 총 11.6km
걷는시간 ● 3시간~4시간
난 이 도 ● 쉬워요
출 발 점 ● 경남 산청군 금서면 화계리 덕양전 앞
종 착 점 ● 경남 산청군 금서면 향양리 향양정류장
추천테마 ● 여럿이, 봄, 가을, 겨울

▶ 구형왕의 신하(병사들이 돌을 쌓아 만들었다고 전해지는 전(傳)구형왕릉.
▶▶ 가락국 마지막 왕의 능을 찾아가는 길목에 푸른 소나무들이 꿋꿋이 자라 있다.

6-1

4~5

왕림사 갈림길에서 직진

3

류의태약수터 갈림길 지나 직진
5 ⛲ 0.94km

0.10km

0.52km

7 임도 만나면 우회전

6

오른쪽 사면에 수정궁터, 직진
9

0.65km

0.10km
0.20km

8(11) 약수터 이정표 따라 좌측 이동
8번 지점 돌아오면 좌회전

9

10 류의태약수터, 되돌아 나감

9 10

0.17km

4 구형왕릉 주차장, 계속 직진

0.13km

0.53km

3

2 화계리 당산나무, 도로 따라 직진

0.1km

S
1 덕양전에서 전구형왕릉 방면으로 이동

1

전구형왕릉 앞 갈림길에서 왕산 표지판 따라 이동

2.02km

12 ⛲ 4.84km
Y자 갈림길, 왼쪽 흙길로 이동

12

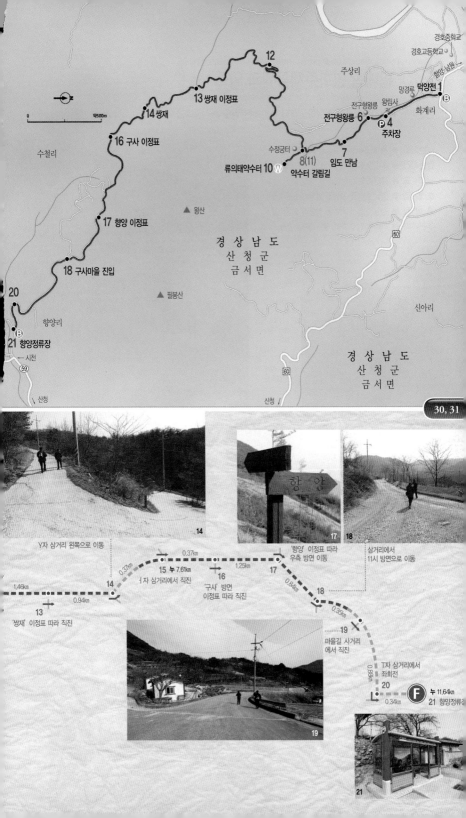

경호중학교
경호고등학교

12

13 쌍재 이정표

14 쌍재

주상리

망경릉 덕양전 1
전구형왕릉 왕림사
전구형왕릉 6
P 4
주차장

화계리

16 구사 이정표

수철리

수정궁터
류의태약수터 10
8(11)
약수터 갈림길

7
임도 만남

17 향양 이정표

▲ 왕산

경 상 남 도
산 청 군
금 서 면

18 구사마을 진입

20

▲ 필봉산

신아리

B
21 향양정류장

향양리

시천

경 상 남 도
산 청 군
금 서 면

산청

59

신청

60

14

향양 17

18

Y자 삼거리 왼쪽으로 이동

'향양' 이정표 따라
우측 방면 이동

삼거리에서
11시 방면으로 이동

0.37km

0.37km

0.37km

1.25km

1.46km

14

15 누 7.6km
ㅏ자 삼거리에서 직진

16
'구사' 방면
이정표 따라 직진

17

0.84km

18

0.94km

13
'쌍재' 이정표 따라 직진

0.35km

19
마을길 사거리
에서 직진

0.38km

20

19

ㅜ자 삼거리에서
좌회전

F 누 11.64km
21 향양정류소

0.34km

21

20 황매산 영화주제공원과 임도 ▼

신촌마을 ▶영화주제공원 ▶철쭉군락지 ▶황매산 임도 ▶상중마을

- **걷는거리** ● 총 14.5km(단축 9.3km, 9~22구간 제외)
- **걷는시간** ● 4시간~5시간(단축 3시간 20분)
- **난 이 도** ● 무난해요
- **출 발 점** ● 경남 산청군 차황면 법평리 신촌마을
- **종 착 점** ● 경남 산청군 차황면 상중리 상중마을
- **추천테마** ● 아이들과, 여럿이, 봄, 초여름, 가을

◀ 황매산 북동쪽의 황매평전은 목장이 있던 곳이라 걷기도 편하다.
▶ 옛날 목장터였던 황매산 북동쪽 자락에 피어난 철쭉들.

18

17-1

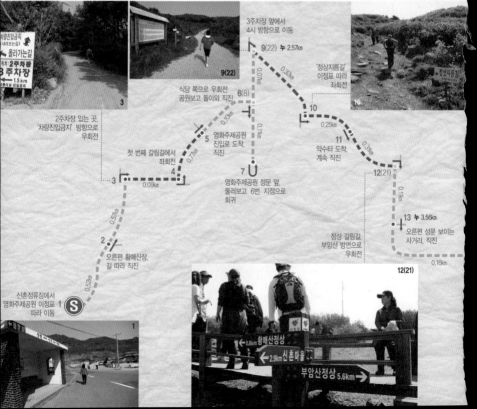

비행안입금지
올라가는길
2주차장
3주차장
1.5 km

3

3주차장 앞에서
4시 방향으로 이동
9(22) 누 2.57km

9(22)

'정상지름길'
이정표 따라
좌회전

10

식당 쪽으로 우회전
공원보고 돌아와 직진
6(8)

10

2주차장 있는 곳
'차량진입금지' 방향으로
우회전

5 영화주제공원
진입로 도착
직진

10
0.25km

11
악수터 도착.
계속 직진

첫 번째 갈림길에서
좌회전

4

3 0.09km

7
영화주제공원 정문 앞
둘러보고 6번 지점으로
회귀

12(21)

13 누 3.56km
오른편 성문 보이는
사거리, 직진

2
오른편 황매산장.
길 따라 직진

정상 갈림길.
부암산 방면으로
우회전

0.16km

12(21)

신촌정류장에서
영화주제공원 이정표
따라 이동 1 S

← 0.8km 황매산정상
← 2.9km 신촌마을
부암산정상 5.6km →

1

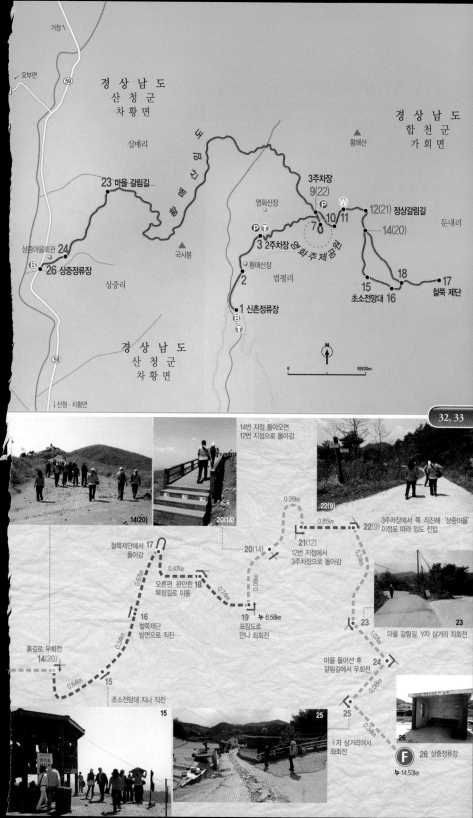

경 상 남 도
산 청 군
차 황 면

거창

오부면

59

실매리

운흥배산

영화산장

국사봉

23 마을 갈림길

상중마을회관

24

B
26 상중정류장

상중리

황매산장

3주차장
9(22)
P
10
7
11 12(21) 정상갈림길
14(20)

P T
3 2주차장
황매산장
2

법평리

1 신촌정류장
B
T

경 상 남 도
산 청 군
차 황 면

경 상 남 도
합 천 군
가 회 면

황매산

둔내리

18
15 16
초소전망대

17
철쭉 제단

N

0 약500m

↓산청·치황면

14(20)

20(14)

14번 지점 돌아오면
12번 지점으로 돌아감

22(9)

3주차장에서 쭉 직진해 '상중마을'
22(9) 이정표 따라 임도 진입

0.28km

0.85km

철쭉제단에서 17
돌아감

0.47km

20(14)

21(12)

12번 지점에서
3주차장으로 돌아감

5.24km

오른편 완만한 18
목장길로 이동

0.74km

0.09km

1.07km

0.67km

23

마을 갈림길, Y자 삼거리 좌회전

1 16
철쭉제단
방면으로 직진

19 누 6.58km
포장도로
만나 좌회전

0.34km

마을 들어선 후
갈림길에서 우회전 24

0.08km

휴길로 우회전
14(20)

0.60km

15

초소전망대 지나 직진

15

25

+자 삼거리에서
좌회전

25

0.34km

F 26 상중정류장

누 14.53km

26

수월마을 ▶선유동계곡 ▶둔철마을 ▶정취암 ▶사계정류장

걷는거리 ● 총 9.4km
걷는시간 ● 3시간~3시간 30분
난 이 도 ● 쉬워요
출 발 점 ● 경남 산청군 신안면 안봉리 수월마을 입구
종 착 점 ● 경남 산청군 신등면 양전리 사계정류장
추천테마 ● 여럿이, 봄, 가을

◀ 정취암 뒤편 봉우리에 올라서면 산청 제8경인 '정취암 조망'이 펼쳐진다.
▶ 둔철마을로 넘어가는 언덕 길.

11-1

5~6

6 고개 넘어 T자 삼거리 나오면 우회전

금촌마을 이정표 4 보고 우회전

4

누 1.89km

흙길 나온 후 첫 十자 갈림길에서 좌회전

0.03km

5

1.33km

1.60km

7 Y자 삼거리에서 왼쪽 길로 이동

1.64km

3 삼거리 나오면 우측 방향

3

수월정류장에서 마을 안쪽으로 이동

S

0.08km

0.17km

2

수월황토방 방면으로 작은 다리 건너 우회전

둔철산

수월황토방
1 2
B
수월마을 정류장

안봉리

8 도로 만남

경 상 남 도
산 청 군
신 등 면

6

4 금촌마을 이정표

모레리

대성산

9
정취암 표석

권

11 정취암

13

경 상 남 도
산 청 군
신 안 면

갈전리

5
흙길 갈림길

경 상 남 도
산 청 군
신 등 면

산청

60

14

B 차황

사계정류장 16

1006

외고리

약500m

원지

양전리

8
T자 삼거리 우회전 후,
만나는 도로 따라 이동

11
정취암 둘러본 후
개집 앞 돌계단으로
내려감

14
도로 T자 삼거리에서 우회전

누 5.12km 8
0.21km

ㅏ자 갈림길.
직진 10

0.12km

11

0.25km

12
공터 나오면 우측
방향으로 이동

14

0.27km

15
다시 도로
T자 삼거리
나오면 우회전

1.28km

0.78km

0.3km

1.7km

0.20km

9
왼편 정취암 표석 나오면
좌회전

누 7.76km 13

도로 만나 좌회전 후,
Y자 갈림길 오른쪽으로
이동

F 누 9.40km
16 사계정류장

한불교조계종
정취암

9

13

16

22 남사예담촌과 목면시배유지 ▼

남사마을(남사예담촌) ▶뒷산 ▶목면시배유지 ▶단성면소재지

걷는거리	● 총 6.2㎞
걷는시간	● 1시간 30분~2시간
난 이 도	● 쉬워요
출 발 점	● 경남 산청군 단성면 남사리 남사정류장
종 착 점	● 경남 산청군 단성면 성내리 단성정류장
추천테마	● 아이들과, 봄, 가을, 겨울

3~4

1-1

▲ 남사마을에서 사월리로 넘어가는 언덕길.
▶ 남사마을은 옛 담벼락이 잘 보존된 곳이라 남사예담촌이라 칭한다.

콘크리트 길 만나면
왼쪽으로 이동

7   누 2.18㎞

0.18㎞

운동장 지나
길 따라 직진

6

0.40㎞

두 번째 다리(초포동교)
건너 좌회전

0.09㎞

개천 나오면 오른쪽
붉은색 길따라 이동

3

5   10시 방향 길로 진입

2

0.60㎞

0.73㎞   누 1.51㎞   4

0.18㎞

3

Y자 갈림길길에서
왼편 택한 후 직진

1 Ⓢ

5

남사식육점을
정면으로
보고 좌측 이동

4

1

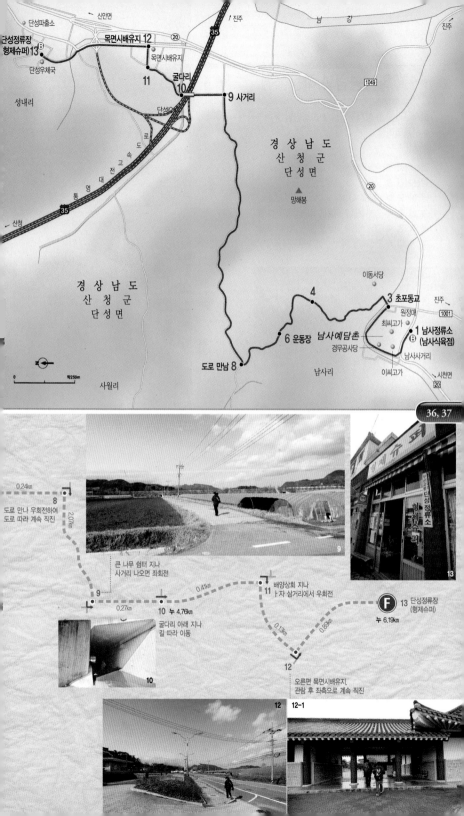

단성파출소
신안면
진주
남강
진주
단성정류장
형제슈퍼 13 B
목면시배유지 12
35
20
단성우체국
목면시배유지
1049
11
굴다리
성내리
10
9 사거리
단성IC
통영대전고속도로
20
경상남도
산청군
단성면
35
망해봉
산청

경상남도
산청군
단성면
이동서당
4
3 초포동교
원정매
진주
최씨고가
1001
6 운동장
남사예담촌
1 남사정류소 B (남사식육점)
경무공사당
도로 만남 8
남사사거리
남사리
이씨고가
시천면
사월리
20

36, 37

0.24km
8
2.07km
도로 만나 우회전하여
도로 따라 계속 직진

9
큰 나무 쉼터 지나
사거리 나오면 좌회전

0.41km
11 배양상회 지나
ㅓ자 삼거리에서 우회전

F 13 단성정류장
(형제슈퍼)
누 6.19km

0.27km
10 누 4.76km

0.13km
0.89km

굴다리 아래 지나
길 따라 이동

10

12

오른편 목면시배유지
관람 후 좌측으로 계속 직진

12

12-1

9

13

23 하동송림과 하동공원 ▼

하저구마을 ▶상저구마을 ▶하동송림 ▶하동공원
▶하동터미널

걷는거리	●	총 6.7㎞
걷는시간	●	1시간 30분~2시간
난 이 도	●	쉬워요
출 발 점	●	경남 하동군 하동읍 목도리 하저구마을
종 착 점	●	경남 하동군 하동읍 읍내리 하동터미널
추천테마	●	연인끼리, 여럿이, 봄, 가을

◀ 수령 200~300
년 된 소나무들로
가득찬 하동송림.
▶ 하동공원 북쪽을
메운 왕대나무숲 산
책로.

3~4

13~14

2~3

3

우측에 송림 나오면
진입하여 산책
진행방향은 그대로

섬진각모텔 앞에서
우측 횡단보도
건너 좌회전

6

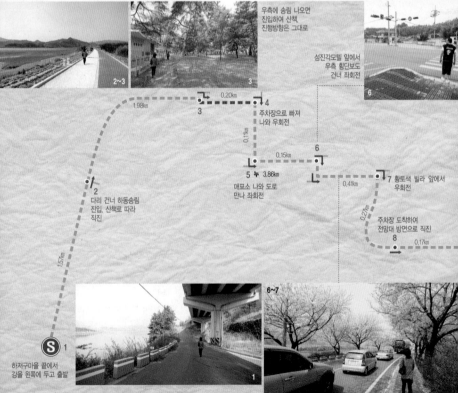

0.20km
3 → 4

1.98km

주차장으로 빠져
나와 우회전

0.13km

0.15km
5 ┴ 3.86km

6

매표소 나와 도로
만나 좌회전

0.41km

7 황토색 빌라 앞에서
우회전

0.27km

주차장 도착하여
전망대 방면으로 직진
8   0.17km

2
다리 건너 하동송림
진입, 산책로 따라
직진

1.57km

S 1
하저구마을 끝에서
강을 왼쪽에 두고 출발

1

6~7

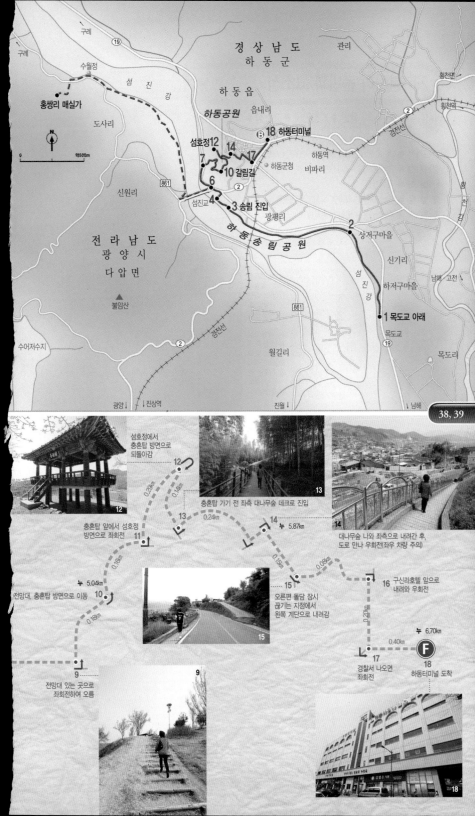

24 평사리 들판과 고소성 ▼

미서정류장 ▶평사리 들판 ▶최참판댁 ▶고소성 ▶외둔정류장

걷는거리	● 총 10.3km(단축 6.9km, 15~20구간 제외)
걷는시간	● 3시간 30분~4시간(단축 2시간 30분)
난 이 도	● 무난해요
출 발 점	● 경남 하동군 악양면 미점리 미서정류장
종 착 점	● 경남 하동군 악양면 평사리 외둔정류장
추천테마	● 아이들과, 연인끼리, 여럿이, 봄, 초여름, 가을

◀ 평사리 들판의 화룡정점이자 이정표 역할을 하는 '부부 소나무'.
▶ 하동야생차문화축제 기간에 맞춰 물결이 극치를 이루는 평사리 청보리밭 들판길.

7~8   6~7

5-1   6   8

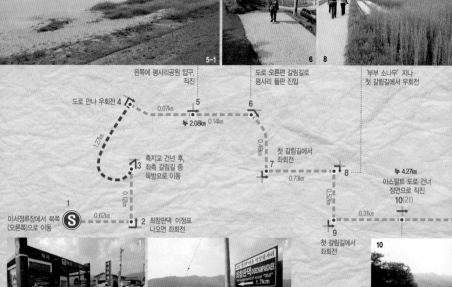

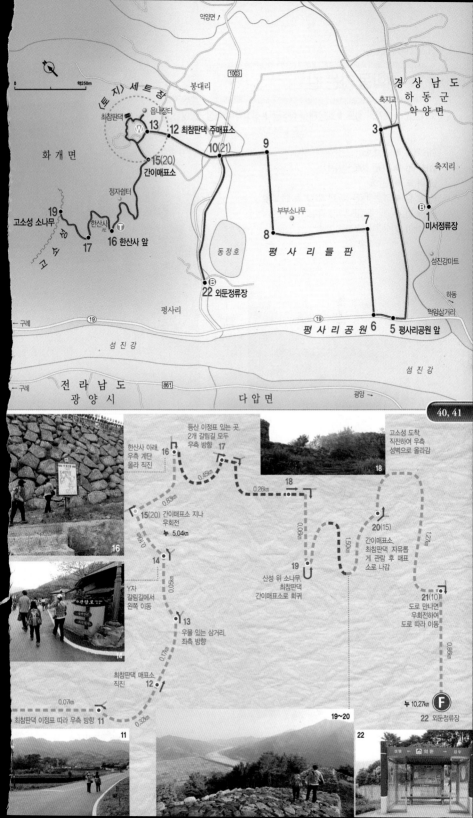

악양면

봉대리

1003

〈토지〉세트장
축지교 하동군 악양면

읍내정터

최참판댁
13
12 최참판댁 주매표소

10(21)
9
3

15(20)
간이매표소
축지리

화개면
정자쉼터

부부소나무

축지리

고소성 소나무
19
한산사
T
16 한산사 앞

17
7
B 1
미서정류장

8
평사리들판
섬진강마트

동정호
하동

악양삼거리

22 외둔정류장

평사리
B

19
구례
평사리공원 6 5 평사리공원 앞

섬진강

구례
전라남도
광양시
861
다압면
광양 →

섬진강

40, 41

등산 이정표 있는 곳,
2개 갈림길 모두
우측 방향 17

고소성 도착
직진하여 우측
성벽으로 올라감

한산사 아래.
우측 계단
올라 직진 16

0.45km
0.26km 18
18

15(20) 간이매표소 지나
우회전
누 5.04km

20(15)
간이매표소,
최참판댁 자유롭
게 관람 후 매표
소로 나감

14

0.05km
Y자
갈림길에서
왼쪽 이동

산성 위 소나무
최참판댁
간이매표소로 회귀 19

21(10)
도로 만나면
우회전하여
도로 따라 이동

1.27km

13
우물 있는 삼거리,
좌측 방향

0.17km

최참판댁 매표소
직진 12

0.07km

0.32km

최참판댁 이정표 따라 우측 방향 11

누 10.27km
F

22 외둔정류장

16

14

11

19~20

22

25 청학동 가는 길

묵계초교 ▶묵계리 임도 ▶회남재 ▶삼성궁 ▶청학동 주차장

걷는거리 ● 총 11.1km
걷는시간 ● 3시간 30분~4시간
난 이 도 ● 쉬워요
출 발 점 ● 경남 하동군 청암면 묵계리 묵계초교 앞
종 착 점 ● 경남 하동군 청암면 묵계리 청학동 주차장 앞
추천테마 ● 여럿이, 봄, 가을, 겨울

6-1

◀ 지리산 삼신봉 자락의 마고성 가장 안쪽에 위치한 삼성궁.
▶ 회남재로 향하는 임도 주변엔 소나무와 산죽이 이어진다.

2~3

2~3

소나무와 산죽이 반겨주는 묵계리 임도

2~3

회남재 도착, 청학동 방면으로 이동

10.6Km Akyang

3

3.34km

누 4.03km

0.98km

3

0.69km

2

Y자 삼거리에서 왼쪽 다리 건너 임도 진입

1 S

삼거리 민박 슈퍼 옆길로 내려 감

1

2

지도

하 동 군
악양면
등촌리

3 회남재

4
삼신봉터널 조망처

경 상 남 도
하 동 군
청 암 면
묵계리

2 임도 시작

묵 계 저 수 지

1014

삼거리슈퍼

↑ 삼거리슈퍼 앞

묵계초교

황천·하동

1047

삼신봉터널·산청 ↘

삼 성 궁

삼성궁교 6

5

청학동예절학교

미륵정사 관

1014

청학동
8 주차장

청학동민속박물관
청학동 매표소 →

경 상 남 도
하 동 군
청 암 면

약250m

4
오른편으로 삼신봉터널이
보이는 조망처

5.15㎞

임도 종료.
삼성궁 방면으로 이동

5 누 10.16㎞

0.11㎞

6

삼성궁교 건너 좌회전하면 삼성궁.
관람 후 길 따라 내려감

0.80㎞

F 8

누 11.15㎞
청학동 주차장 도착

0.08㎞

7

삼거리에서
좌측 길로 오름

7

화개터미널 ▶십리벚꽃길 ▶국사암 ▶불일폭포 ▶쌍계사

걷는거리 ● 총 12.3km(단축 8.5km, 10~15구간 제외)
걷는시간 ● 3시간~4시간(단축 2시간 30분)
난 이 도 ● 무난해요
출 발 점 ● 경남 하동군 화개면 탑리 화개터미널
종 착 점 ● 경남 하동군 화개면 운수리 석천슈퍼(쌍계사정류장)
추천테마 ● 아이들과, 연인끼리, 여럿이, 봄, 여름, 가을

◀ 불일폭포로 향하는 마지막 구간은 길이 험해 주의를 요한다.
▶ 쌍계사 인근에 이를 때까지 벚꽃의 향연은 계속 이어진다.

12~13

3~4

3

4

9

국사암 둘러보고 9
본건물 앞 문으로 나와
오솔길 이동 ⊁ 7.08km

나무데크 끝나면
오른쪽 보도로 복귀

오른편 쌍계사 가는
다리. 직진

목압정류장 앞에서
우회전
마을 진입

0.70km

6

⊁ 5.31km

0.73km

0.25km

8 국사암 이정표
따라 이동

4

0.20km

오른편 쌍계사 가는
2번째 다리. 직진

3

3.00km

0.09km

7 국사암 이정표 따라 이동

0.53km

2

왼편 나무데크로 진입

1.58km

화개터미널에서 왼쪽으로
이동해 우측 보도로 진입

1 S

7

2

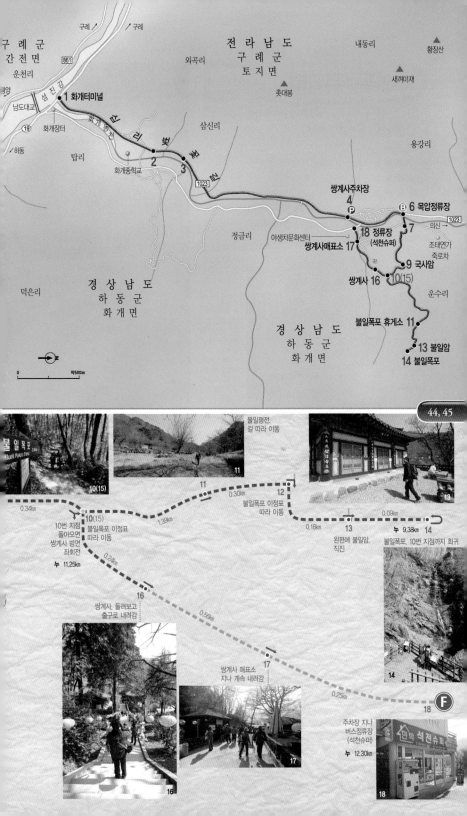

27 연곡사와 피아골

연곡사 주차장 ▶ 직전마을 ▶ 피아골자연관찰로
▶ 피아골대피소 ▶ 연곡사 주차장

걷는거리 ● 총 13.2km(단축 9.4km, 7지점에서 회귀)
걷는시간 ● 4시간 30분~5시간(단축 4시간)
난 이 도 ● 조금 힘들어요
출 발 점 ● 전남 구례군 토지면 내동리 연곡사 주차장
종 착 점 ● 전남 구례군 토지면 내동리 연곡사 주차장
추천테마 ● 아이들과, 여럿이, 봄, 여름, 가을

◀ 피아골자연
관찰로로 접어
들면 풍성한 숲
길이 주위를 에
워싼다.
▶ 피아골대피
소에서 하산하
는 길. 오를 때
의 고생을 보상
해 준다.

5~6

9~10

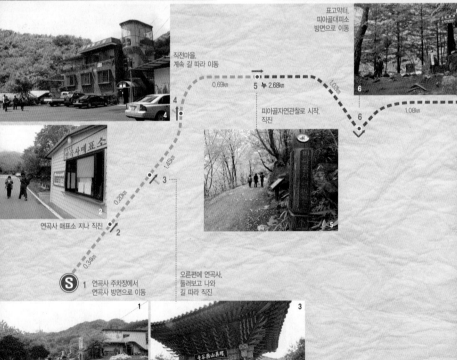

표고막터.
피아골대피소
방면으로 이동

직전마을.
계속 길 따라 이동

0.69km

5 ↗ 2.68km

1.02km

6

6

1.08km

피아골자연관찰로 시작.
직진

4

1.45km

3

0.20km

5

연곡사 매표소 지나 직진

2

0.94km

Ⓢ 1 연곡사 주차장에서
연곡사 방면으로 이동

오른편에 연곡사.
둘러보고 나와
길 따라 직진

1

3

전 라 남 도
구 례 군
토 지 면

통꼭봉

9 피아골대피소
구계포계곡
8
삼홍소
7
표고막터 6
피아골자
연관찰로
시작 5
10
버스정류장
4 직전마을

내동리

피 아 골 자 연 관 찰 로

질매재

내서리

연곡사 매표소
2
P 1(11)
연곡사
주차장

연곡사 앞
3

연곡사

865

외곡

전 라 남 도
구 례 군
토 지 면

문바우등

누 6.58km
9
피아골대피소,
역순으로 연곡사
주차장으로
4.05km

8-1
구계포계곡,
길 따라 이동
1.19km

7
삼홍교 건너 삼홍소
길 따라 이동
0.61km
8

9

버스 시간표
구례 방면
07:10 14:30
09:30 15:30
10:30 16:30
12:30 18:30
10

10
직전마을 정류소
2.49km

누 13.16km F
연곡사 주차장 도착 11

11

7

삼홍교

28 오산 사성암과 마고실 벚꽃길 ▼

각금마을 ▶오산 등산로 ▶사성암 ▶선바위삼거리
▶마고실마을 ▶각금마을

걷는거리 ● 총 10.5km(단축 6.3km, 9~16-1구간 제외)
걷는시간 ● 3시간~4시간(단축 2시간 30분)
난 이 도 ● 무난해요
출 발 점 ● 전남 구례군 문척면 죽마리 각금마을
종 착 점 ● 전남 구례군 문척면 죽마리 각금마을
추천테마 ● 여럿이, 봄, 가을

6-1

◀ 오산 패러
글라이딩 활
공장에 서면
구례읍과 주
변 평야가 한
눈에 담긴다.
▶ 각금마을
로 가는 도로
변. 봄철 벚
꽃이 아름다
운 길이다.

16~17

활공장 정상. 오른편
대나무 사립문 통과

6

사성암 둘러보고
콘크리트 길따라
내려감

7

0.11km

0.13km

누 1.73km

5

Y자 삼거리에서
'등산로' 이정표 따라
좌측 진행

ト자 삼거리에서
오산 방면으로 직진

4

0.26km

누 2.23km 8

오산 안내판
앞에서 우회전

3

0.21km

0.16km

버스 승차장. 길 따라 직진

8

콘크리트 길
만나 좌회전 2

0.1km

1

S

각금마을 주차장에서
등산로 방향으로 이동

전라선
곡성·구례구역
순천
섬진강
괴목역
병방산
구례군
구례읍
전라남도
원방리
섬진강
구례 →
동해슈퍼
16 마고실마을
16-1
1(17) 각금마을 주차장
죽마리
3 등산 안내판
약250m
약전사
15 선바위입구 이정표
6 활공장
오산
12 선바위전망대
7 사성암
월전리
구례읍
선바위
11(13)
9 오산능선등산로
861
14 선바위삼거리 이정표
10 매봉능선삼거리
전라남도
구례군
문척면
광양

48, 49

10

11(13)

15
임도 만나 마고동 방면으로 우측 방향

선삼거리 에서
로 우회전
10
0.64km
11(13)
14 누 4.48km
'선바위삼거리'에서
마고실마을 방면으로
하산
0.31km
선바위전망대로
우회전
11번 지점
돌아오면 우회전
0.19km
0.25km
0.57km
0.61km
9
12
15
능선등산로
표에서 좌측
산길로 이동
선바위전망대.
11번 지점으로 회귀
3.70km

16

9

12

16 도로 만나 우회전

1.71km

F 누 10.46km

17
각금마을 주차장으로
원점 회귀

29 서시천 둑길과 봉성산공원 ▼

구례터미널 ▶둑길 산책로 ▶구례군청 ▶봉성산공원 ▶구례터미널

걷는거리 ● 총 7.6㎞(단축 6.9㎞, 11~13구간 제외)
걷는시간 ● 2시간~3시간(단축 2시간 50분)
난 이 도 ● 쉬워요
출 발 점 ● 전남 구례군 구례읍 봉남리 구례터미널
종 착 점 ● 전남 구례군 구례읍 봉남리 구례터미널
추천테마 ● 아이들과, 연인끼리, 봄, 가을

14

◀ 봉성산공원 정상의 전망대에서 바라본 구례읍 전경.
▶ 봉성산공원 초입은 소나무 그늘이 드리워진 계단으로 이어진다.

9~10

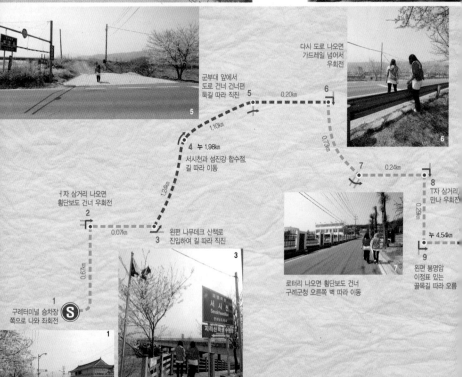

5
군부대 앞에서 도로 건너 건너편 둑길 따라 직진

다시 도로 나오면 가드레일 넘어서 우회전

0.20km

1.10km

4 누 1.98km
서시천과 섬진강 합수점. 길 따라 이동

0.24km

6

0.73km

7

8
T자 삼거리, 만나 우회전

0.28km

누 4.54km

1.26km

十자 삼거리 나오면 횡단보도 건너 우회전

2

0.07km

3
왼편 나무데크 산책로 진입하여 길 따라 직진

로터리 나오면 횡단보도 건너 구례군청 오른쪽 벽 따라 이동

왼편 봉명암 이정표 있는 골목길 따라 오름

0.67km

1
구례터미널 승차장 ⑤쪽으로 나와 좌회전

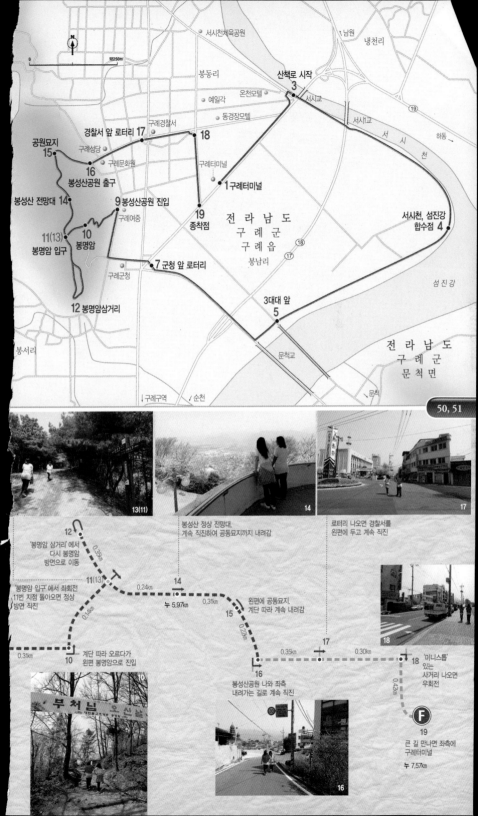

지도 라벨 (상단 지도)

서시천체육공원
남원
냉천리
봉동리
산책로 시작 3
예일각
온천모텔
서시교
구레경찰서
동경장모텔
경찰서 앞 로터리 17
18
서시1교
하동 →
19
구레성당
구레문화원
구레터미널
1 구레터미널
공원묘지 15
16 봉성산공원 출구
봉성산 전망대 14
9 봉성산공원 진입
구레여중
19 종착점
전 라 남 도
구 례 군
구 례 읍
서시천, 섬진강
합수점 4
11(13) 봉명암 입구
10 봉명암
구례군청
7 군청 앞 로터리
봉남리
18
17
섬 진 강
12 봉명암삼거리
3대대 앞 5
전 라 남 도
구 례 군
문 척 면
문척교
봉서리
문척
구례구역 / 순천

하단 사진 및 경로 설명

13(11)

14

17

봉성산 정상 전망대.
계속 직진하여 공동묘지까지 내려감

로터리 나오면 경찰서를
왼편에 두고 계속 직진

12
'봉명암 삼거리'에서
다시 봉명암
방면으로 이동
0.39km

11(13)
'봉명암 입구'에서 좌회전
11번 지점 돌아오면 정상
방면 직진
0.14km

0.24km

14
누 5.97km

0.31km

15
왼편에 공동묘지.
계단 따라 계속 내려감
0.22km

17
0.35km
0.30km

18
'미니스톱'
있는
사거리 나오면
우회전
0.42km

0.31km

10
계단 따라 오르다가
왼편 봉명암으로 진입

16
봉성산공원 나와 좌측
내려가는 길로 계속 직진

18

F
19
큰 길 만나면 좌측에
구레터미널
누 7.57km

부처님 오신날

16

휴대용 코스 가이드북

〈지리산 둘레길 & 언저리길 걷기여행〉 별책부록

초판 발행 2009년 9월 1일
초판4쇄 발행 2011년 8월 15일

펴낸이 정규도
펴낸곳 황금시간

출판등록 제406-2007-00002호
주 소 413-756 경기도 파주시 교하읍 문발리 509-1
전 화 (031)955-7272(대) 팩 스 (031)955-7273
공급처 (주)다락원 (02)736-2031

인터넷 홈페이지 http://www.darakwon.co.kr

지리산 둘레길

주천~운봉 / 운봉~인월 / 인월~금계 / 금계~동강 / 동강~수철 / 어천~운리 / 오미~방광 / 방광~탑동

전북 남원시

교룡산 순환산책로 / 광한루원과 애기봉 / 구룡계곡 자연관찰로 / 바래봉 철쭉능선 / 뱀사골 계곡과 와운마을

경남 함양군

벽소령 고갯길 / 삼봉산 오도재와 법화산 임도 / 상림 지나 필봉산까지 / 개평한옥마을과 지네산 / 화림동계곡과 농월정

경남 산청군

왕산 임도와 구형왕 유적 / 황매산 영화주제공원과 임도 / 정취암과 선유동계곡 / 남사예담촌과 목면시배유지

경남 하동군

하동송림과 하동공원 / 평사리 들판과 고소성 / 청학동 가는 길 / 화개 십리벚꽃길과 불일폭포

전남 구례군

연곡사와 피아골 / 오산 사성암과 마고실 벚꽃길 / 서시천 둑길과 봉성산공원